U0909060

¦中¦国¦管¦理¦创¦新¦前¦沿¦系¦列¦ [第二辑]

主 编：唐晓华

国家“211工程”三期重点建设项目“管理创新与大企业竞争力”

副主编：王伟光

在华合资企业核心员工跨文化管理研究

张广宁／著

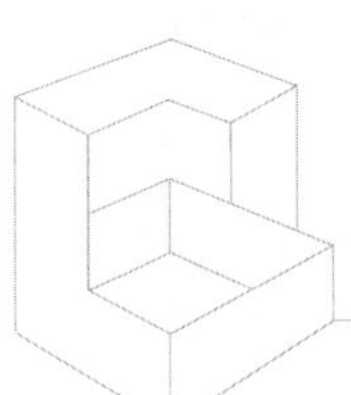

Research on the Core Employees Trans-Culture Management of Joint Venture Company in China

图书在版编目（CIP）数据

在华合资企业核心员工跨文化管理研究/张广宁著. —北京：经济管理出版社，2011.12

ISBN 978-7-5096-1681-9

Ⅰ.①在… Ⅱ.①张… Ⅲ.①合资企业—企业管理—研究—中国 Ⅳ.①F279.244.3

中国版本图书馆 CIP 数据核字(2011)第 239527 号

出版发行：经济管理出版社

北京市海淀区北蜂窝 8 号中雅大厦 11 层

电话：(010) 51915602　邮编：100038

印刷：北京银祥印刷厂　经销：新华书店

组稿编辑：陈　力　责任编辑：张　马

责任印制：杨国强　责任校对：曹　平

720mm×1000mm/16　12.25 印张　228 千字

2011 年 12 月第 1 版　2011 年 12 月第 1 次印刷

定价：32.00 元

书号：ISBN 978-7-5096-1681-9

《中国管理创新前沿》编委会

总　　序

唐晓华

《中国管理创新前沿》系列丛书，是辽宁大学“211 工程”三期建设重点项目“管理创新与大企业竞争力”研究成果的重要体现。该项目以工商管理一级学科博士授予点、工商管理和产业经济学等省级重点学科为依托，结合辽宁大学商学院省级重点研究基地“辽宁产业组织和技术创新研究中心”、“现代公司治理与成长研究中心”等科研平台，重点围绕产业组织创新、企业文化创新和制度创新等层面，研究如何通过管理创新塑造和提升企业竞争力。

创新型国家、创新型社会的建设需要创新型企业。同时，创新型企业需要不断探索适合其特点的管理创新手段、方式和保障，以提升企业创新能力和企业竞争力。管理创新作为优化配置和有效整合资源的手段，已经成为这一时代背景下我国企业发展的必然选择。管理创新是塑造和提升企业竞争力的主要措施，对世界任何国家和地区的企业具有普遍适应性，对处于经济转型期的中国企业而言，管理创新是尽快缩小与世界发达国家企业竞争力差距的重要路径。从区域经济建设需求来看，在东北振兴和全面实现辽宁振兴的关键时期，探索一条与地方经济社会发展相适应的管理创新模式，激发包括国有企业在内的企业竞争力，将是促进和保障老工业基地实现全面振兴的重要手段。与此同时，对地方性特点突出的企业管理实践的探索与整理，对于深化管理创新与企业竞争力问题的研究，丰富和提高国际管理创新研究的范畴和层次，也具有重要的理论意义。从促进科技进步的需求来看，管理创新是加快科技进步速度，促进科技成果向现实生产力有效转化的制度保证。科技进步离不开科研人员持续不断的智力投入，而影响科研人员投入的恰恰是管理水平。管理创新可以调动科研技术人员的工作主动性和积极性，激励他们全身心投入到科研工作中。因此，管理创新作为软环境建设，对科技进步硬指标的实现具有积极作用。

随着全球化的发展，国家竞争力和产业竞争力更多地体现为企业竞争力。技术、资本和劳动力都是企业竞争力的重要源泉，而管理及其创新则是将这种源泉转变为现实生产力和市场力的关键。正因为如此，近年来国内外学术界及权威机构对管理创新与企业竞争力问题研究十分关注，形成了一大批研究成果。世界经济论坛（WEF）、瑞士洛桑国际管理学院（IMD）是国际竞争力评价领域的两家权威机构。金碚、赵彦云等一大批学者围绕中国元素也做了大量研究，形成了许多高水平研究成果。其中，《全球竞争力报告》的竞争力排行榜以全球竞争力指数为基础，该指数将机构、基础设施、宏观经济环境、健康与初等教育、高等教育和培训、商品市场效率等因素作为评价切入点，全面反映了处于不同发展阶段的世界各国的竞争力状况。2010 年 9 月 9 日，世界经济论坛发布了《2010 年至 2011 年度全球竞争力报告》。中国排名上升两位至 27 位，在新兴经济体中继续领先。

“管理创新与大企业竞争力”项目将充分继承国外权威机构基于国家或地区层面进行的竞争力评价和国内基于行业层面的研究，借鉴其竞争力评价方法，从微观角度对企业竞争力进行深入的理论分析，从企业价值链各个环节研究企业竞争力问题，从软竞争力角度研究企业竞争力的提升问题，并密切结合中国改革开放 30 多年的实践经验，特别是结合东北地区国有企业改革的实践，参考国外管理创新与企业竞争力最新研究成果，构建一个具有区域特色的管理创新与企业竞争力理论分析框架，为建立企业管理创新研究体系提供理论支撑。

围绕学科建设目标、学术前沿和国家重大需求，结合前期研究成果、研究特色以及学科发展新趋势，“管理创新与大企业竞争力”项目下设“企业制度创新与大企业竞争力”、“产业组织创新与大企业竞争力”和“公司文化创新与大企业竞争力”三个研究方向。公司治理、产业组织与企业文化是企业竞争力形成与强化的三个重要微观因素。这三个要素的相互作用和协调程度，决定着企业竞争力。“企业制度创新与大企业竞争力”，重点从企业内部制度设计视角，探索大企业竞争力的动力；“产业组织创新与大企业竞争力”，重点从企业间竞争模式和行为，探索大企业竞争力的市场组织影响；“公司文化创新与大企业竞争力”，重点从企业文化、企业伦理和社会责任角度，探索大企业竞争力的社会功能。

就学科研究而言，基于上述学科发展和建设构想，我们设计了“标志性著作”（第一辑）和“标志性成果支撑性著作”（第二辑）两大系列。标志性著作的目标是围绕产业组织创新、企业文化创新和企业制度创新，探索以上述三种类型创新为主要内容的管理创新与大企业竞争力之间的逻辑关系，试图为分析这些问题提供一套基本框架和方法，共计 7 部著作。而标志性成果支撑性著作则将目标定位在围绕产业组织创新、企业文化创新和企业制度创新三大内容，重点突破这三类创新中的某个方面或环节，有的强调并购视角，有的关心集群视角，有的突出治理机制，也有的集中在供应链方面，还有的侧重财务控制等方面，这些成果主要体现在了《中国管理创新前沿》系列丛书之中。

参与此类项目的所有研究人员都来自辽宁大学商学院，形成了三个方向的研究团队和十个左右的核心研究小组。通过团队和小组成员的充分研讨与合作，在进一步明确学科发展方向的同时，也形成了一批高质量的研究成果，更塑造了一个有创新力的教学科研团队。

当然，作为现代商科发展的重要组成部分，我们的研究和设计还存在很多不是，还有值得进一步探索和努力的地方，我们的研究成果也是一种探索性的尝试。在希望我们团队研究成果能够得到学界和读者认可的同时，也向那些在此领域辛勤工作的学术前辈和同行表示敬意，因为正是这些研究者卓有成效的研究方法和研究成果，使得我们的研究重点领域和研究内容有了厚重的学术积淀基础，在此向为我们研究提供支持和帮助的各位学者致敬，也欢迎各界人士提出宝贵意见，进一步丰富和完善我们的研究成果。

前　言

随着我国经济的飞速发展和在全球贸易中地位的不断提高，可以预期的是，在21世纪以后的时间里，我国国内市场必将成为跨国公司和国际性组织投资的主要目的地。截至目前，我国已经成为发展中国家中吸收外商投资最多的国家。我国企业与外来资本进行合资，不仅可以帮助我国的经济快速发展，还有利于我国与国际上其他国家进行资源优化以及国际交换，从而引进国外先进的科学技术和高效的管理经验，从而提高国内企业以及劳务的整体素质，最终加快我国社会主义现代化建设的进程。但是，任何形式的中外企业组织模式都是一把双刃剑，中外合资亦是如此，不同的国家都有着自己独特的文化，文化的差异会导致思想的差异，从而在中外合资企业内部会存在着不同性质的跨文化问题。所以说，能否将中外合资企业跨文化问题成功解决并进行有效管理是一个具有深远意义的课题。

合资企业较之于普通性质企业有着独特的优势，它们可以在短期内创造经济神话，但与此同时，企业如何有效地管理也成为合资企业不得不面对的问题。从表面上来讲，所谓的合资企业，就是将合资双方所具备的优越的资金、技术、人才、管理等各方面进行充分有效的融合；从深层次上来说，合资企业是将不同的文化冲突进行融合。中外合资企业既是合资双方各取所需的媒介，又是地区跨文化问题的矛盾点。由于国家与国家间文化的差异，导致合资企业在企业管理各方面都持有不同的态度，甚至这些巨大差异（如世界观、价值观）在许多场合给企业形象带来污点，影响企业内部的正常管理，极大地降低了企业整体效率。因此，中外合资企业在各方面的政策制定过程中，对彼此国家的文化应该取其精华去其糟粕，从而避免跨文化问题带来的隐患，在优化各种文化的优点的基础上构建出企业独有的管理文化。

企业的核心技术及知识掌握在核心员工的手中，这类员工是企业与企业之间竞争的有力保障，也是企业绝大部分利润的来源。一般来说，20%的核心员工可以创造出80%的企业利润。因此，企业在日常的经营以及未来的规划中离不开核心员工。如何使企业核心员工资源不外流，同时还能够提高其工作积极性，发挥其最大的人力资源价值，是所有企业必须解决的问题。随着市场经济的白热化，科技市场的竞争就是人才的竞争，各企业为招揽人才无所不用其极，因此，如何留住企业人才，也是所有企业不得不面对的问题。所以说企业人才的管理，就是企业市场竞争力的管理。而合资企业的核心员工与其他性质企业又有所不同，这类人才集合了跨国企业人力资源的优势，倘若这些人才流失，将会给中外合资企业带来巨大损失。

上述问题的提出，主要目的是为了解决因身处不同文化的环境下，如何不让企业人才资源流失，同时还可以对他们进行有效的管理，企业优秀的人才资源能够得到合理的优化与配置，将会给企业带来更多的收益，同时也会增强企业与企业之间的竞争力。但跨文化问题是客观存在的，所以合理有效地处理因跨文化问题而带来的企业管理阻碍，可以将企业核心人才最大的价值发挥出来。

本书对中外合资企业在我国发展的基本情况以及管理现状进行了深入剖析，同时以国内外专家在此方面的研究为理论基础，找出合资企业因跨文化问题而产生的管理困惑根源，并且通过模型的建立全面阐述中外合资企业核心人才因文化差异而带来的管理问题。采用的研究方法为文化差异人力资源管理实践研究，并通过调查问卷对 10 家中外合资企业进行调查。以相关问题统计的数据为基础，运用统计软件进行分析，进而构建了 TCHRM 企业核心人才管理模型，即解决跨文化问题——建立统一的企业管理制度——从而建立统一的合资企业文化，对核心人才进行有效而合理地配置。

本书研究的创新点在于将学习型组织理论充分应用到企业跨文化管理中，进而改变组织性质，将管理型企业变成学习型企业。企业在建立学习型组织后，可以通过不断的学习来减少彼此间的文化冲突，从而使企业每个员工与企业的经营理念及文化宗旨有效融合，加强合资企业综合管理能力。以跨文化差异为基础，根据合资企业所在国家的基本国情以及企业自身实际制定适合自身企业的文化内涵，然后参考帕森斯高度抽象的理论中的功能模式为企业选取合资企业文化的方法，进而在此基础上对企业文化进行整理与创新，最终使企业的管理更具科学性和有效性。

我国企业自身想要得到更好的发展和创新，同时利用外资发展企业以及本国经济，必须探索出一个适合中外合资企业的管理方法——在解决跨文化问题的同时，还可以帮助我国企业建立优秀的人力资源管理，并为国内企业走向国际舞台提供相应的经验。

目录

第一章
绪论

第一节 问题提出及研究价值

一、问题研究背景

21 世纪是一个全球经济一体化的时代，经济的全球化和企业的全球化将世界各国的经济连成一体，经济全球化的加速发展，使各国经济越来越相互渗透、相互依存，任何国家再也不能，也不该闭关自守。全球化使世界各国的经济联系日益紧密，互相协作和补充的程度不断加强，跨国经营与合资企业的浪潮正在席卷全世界，推动着全球经济的共同发展。

合资企业是市场经济体制中企业的一种现代组织和经营方式，国际合资企业是国际市场经济体制中一种跨越国界的外商直接投资的组织和经营方式。随着国际政治和经济环境发生着重大的变化，一大批发展中国家都取得了政治和经济上的独立。而发达国家大型跨国企业过去的那种依靠独资经营方式在发展中国家保持技术和经营秘密并不受管理和控制，千方百计攫取利润的行为也开始受到普遍的抵制和限制。在这种情况下，国际合资经营方式应运而生，并开始成为适应东道国和跨国企业需求又能够被双方接受的一种方式。

我国企业的国际合资历程开始于 1979 年《中华人民共和国中外合资经营企业法》颁布之后，经过 30 多年的成长，这种经营方式在我国经济发展中已经扮演了非常重要的角色，在引入国际资金、先进技术和经营管理经验方面发挥了关键作用，推动了我国市场经济体制建设和与国际市场接轨的进程。21 世纪，中国将会吸引到更多的、更有实力的国外企业来这里投资，中外合资企业将会有更好的发展，这也有利于发展国际分工和国际交换，更有利于中国引进国际先进技术和管理经验，同时输出更多更好的产品，从而加速我国的社会主义现代化建设。

自改革开放以来，中国进入了经济发展最迅猛的时代，而应运而生的中外合资企业也已成为中国经济发展最重要的推动力之一。据统计，截至 2005 年底，我国累计批准设立外商投资企业 424196 个，合同外资金额 8280.6 亿美元，实际使用外资金额 4479.66 亿美元。① 截至 2006 年底，我国累计批准设立外商投资企业 59 万家，实际使用外资金额近 7000 亿美元，在外商投资企业中直接就业人员约占全国城镇劳动就业人口的 10%。而根据国务院新闻办公室于 2010 年 4 月 14 日的记者招待会公布的最新信息，截至 2009 年底，我国累计批准设立外商投资企业达到 68.3 万家，实际外商直接投资额达到 9454 亿美元。2009 年，外商投资企业工业产值、税收、出口分别占全国的 28%、22.7% 和 55.9%，直接吸纳的就业人数达到 4500 万人。② 中国加入 WTO 以后，对外贸易和外国在华投资额更是不断增加，中国已经成为世界最大的制造业基地和贸易大国之一。

合资企业在创造经济奇迹、迎合经济发展的同时也正面临着管理上的困惑，从浅层次上看合资企业是资本、技术、商品、劳务、管理的融合，而从深层次上看它的运作实际是不同国家文化的撞击、冲突、融合和吸收的过程。可以说，中外合资企业既是中西方资本、技术和管理融合的载体，也是东西方文化差异进行碰撞和摩擦的载体。由于东西方文化上的差异，各国的管理理念、管理方法与管理制度也各有不同，所以合资企业内部各方管理群体之间都会存在管理理念和方法的不断冲突与碰撞，甚至由这些不同的文化观和价值观所造成的文化差异在很多情况下也会给企业经营和商务活动带来负面影响，从而导致企业管理混乱、企业效率下降等。因此，组建合资企业，首先应重视各国文化的差异，着重吸收、融合各种文化的精华，以消除甚至避免这种文化差异和冲突给企业发展带来的阻力，争取找出各种文化的结合点，在此基础上创造出新的双方都可以接受的管理模式。

当今是知识经济的时代，企业的核心竞争力只能是知识和技能，而员工就是知识与技能的创造者和唯一的载体。所谓企业的核心员工，既是企业关键性知识和技能的拥有者和使用者，也是企业参与市场竞争的重要资本和赢得竞争的有力武器。据有关调查显示，企业中的员工同样也存在着“二八定律”，即企业中约

① 席酉民：《跨国企业集团管理》，机械工业出版社，第 163 页。

② http：//www.smechina.com.cn.

20%的核心员工创造了约80%的利润。核心员工掌握着企业的核心技术，直接影响着企业的核心竞争能力，在企业的经营和发展中占有举足轻重的地位。① 正因为如此，企业核心员工既是企业重点培养和挽留的对象，同时也往往会成为竞争对手觊觎的目标，其通常会以更优厚的待遇、更高的职位和更好的发展前景来诱使你的核心员工跳槽。因此，在开发技术占领市场的同时，在培养出企业的核心员工之后，如何管理好核心员工，提高其对企业的忠诚度，积极发挥自身的资源优势，是众多企业面临并迫切需要解决的问题。尤其是随着以人才为基础的科技竞争愈演愈烈，管理者们越来越清晰地意识到了人才的重要性，企业对人才的争夺也趋于白热化。而合资企业的核心员工有可能来自不同的国家，有着各自不同的工作方式，因此他们不同于普通企业的核心员工。在特殊的企业环境中尤其具备了不同于其他企业核心员工的技能、作用、特征，从而存在着其特有的管理难点，如何管理好合资企业核心员工的这个问题也更为迫切地摆在了我们的面前。

21世纪的今天，最重要的管理能力已经不是"资本的管理能力"，而是"知本的管理能力"、"人才的管理能力"，因此企业是否能够有效地管理自身的核心员工队伍，将会是决定企业未来竞争成败的关键因素。虽说大多数学者、企业家对这一观点已基本达成共识，但对如何解决这个问题以及如何实践好，依然有待理论和实践的继续深化。在我们的身边就存在着许多失败的案例，上海芯片工程师集体迁徙新加坡，微软公司的前全球副总裁李开复加盟Google公司，创维营销团队集体跳槽，这些都值得我们深省。管理合资企业的核心员工，就是管理合资企业的核心竞争力！

进入21世纪之后，发展逐渐成为了人类社会追求的主题，而社会和经济的发展离不开现代科学技术、文化知识的不断进步，追根溯源，又不得不把目光集聚在人力资源——这样一个现代知识、科学技术的发明创造者及其物质载体上。对于一个企业而言，物质资源是基础，是必备的物质条件。然而，若没有人力资源，再丰富的物质资源也只能称之为无用之物，也只有匹配的人力资源才能使物质资源达到物尽其用，为企业创造利益的作用。正如美国的钢铁大王卡内基所说："将我所有的工厂、设备、市场、资金全部都拿去，但只要保留我的组织人员，四年以后我将仍是一个钢铁大王。"② 人力资源是第一资源，是不可替代的能动生产要素。在现代社会经济运行中，人力资源不再被单纯地看做物质生产的客体要素，而是具有自我能动意识，并可以不断开发、居于主导地位和作用的主体资源。核心员工——人力资源的重要组成部分——伴随着社会经济的发展和现代科学技术的进步，越来越显示出其特殊的地位和重要的作用，注重起对核心员

① 孙健：《管理核心员工的艺术》，企业管理出版社2003年版。

② 林军：《论现代企业中的人本化管理》，《甘肃社会学刊》2003年第2期。

工劳动潜能的充分挖掘和利用，重视起对核心员工劳动能力的培养、训练和提高，已经成为了拉动我国现代经济成长的强有力的杠杆，已经成为了决定现代企业生存和发展的关键性要素。

在现代企业人力资源管理中，企业文化的重要作用日益凸显了出来。所谓企业文化，就是在一定的社会大文化背景下，企业在长期生产经营实践中所形成的，以精神生活为主要内容的企业整体文明之总和。其结构要素主要包括三个层面：观念层面、制度层面和物质层面。谈到企业的人力资源管理，企业的文化建设是不可不提及的。

（1）企业文化是整个企业的精神支柱和灵魂，尤其是企业价值观，是企业及其员工的价值取向，是企业在追求经营成功过程中所推崇的基本信念和奉行的目标。从哲学上说，价值观是关于对象对主体有用性的一种观念。而企业价值观是企业全体或多数员工一致赞同的关于企业意义的终极判断。企业人力资源管理毫无例外受制于企业文化。企业文化不同，企业的做事风格、精神支柱就不一样，其结果必定产生不同的人力资源管理方向、目标、制度和方法。所以，推进人力资源管理，必先塑造优秀的企业文化。

（2）有效地发挥企业文化的功能有助于实现人力资源开发管理的任务。[①] 优秀的企业文化是企业的一种无形财富，它具有传统管理不可替代的功能：凝聚功能、导向功能、约束功能、激励功能和协调功能，以及提高素质功能。这也就是对企业广大员工所产生的凝聚、导向、约束、激励、协调与培养的功能作用。这一切同人力资源管理对象和任务目的正相一致。因此，发展积极的优秀的企业文化，必有助于强化人力资源管理。

跨文化的合资企业所面临的最大困难和挑战，就是这种跨文化的差异对企业人力资源管理活动所带来的影响。文化对人们的影响涉及了从思维方式到日常行为，因此，我们可以说文化因素对合资企业的影响是全方位、全领域、全过程的。把跨文化企业的人力资源管理定义为一项极具挑战的工作一点也不为过。美国著名管理学家彼得·德鲁克认为“这是在多种经营方式中困难最多、经营要求最为复杂，也最不容易被理解的一种方式”[②]。来自不同国家、种族、民族、地区和组织的员工都具有与生俱来的文化差异，而跨文化企业中人力资源管理的重点和难点就在于如何针对这些文化差异设计出科学有效的人力资源管理制度和方法；如何在激烈的人才竞争中获得并保留住企业所需的宝贵人才；如何在合资企业中将先进科学的人力资源管理理念和方法与当地本土文化有效地结合起来；如何在人力资源管理中通过有效地沟通、培训、互助协作消除团队文化差异，熔炼

① 迈克尔·茨微尔：《创造基于能力的企业文化》，华夏出版社2000年版。

② 彼得·德鲁克：《管理：任务、责任、实践》（第二部），陈小白译，华夏出版社2007年版。

团队凝聚力；如何在多元文化企业中有效激励员工；等等。

对中外合资企业核心员工进行跨文化管理研究，其主要目的就是要在这种多元文化差异并存的企业组织环境中，设计出针对合资企业核心员工有效的跨文化管理模式，来达到合理高效地开发及使用核心员工人力资本，增强企业的竞争优势的作用。由于在跨文化企业中，这种文化差异是客观存在的，因此，我们首先要正确认识到并接受它的存在，然后才能做到利用、融合这种文化差异，发挥核心员工的竞争优势，使合资企业可以更有效地经营。以前，合资企业把过多的精力放在了诸如政治、经济、技术这样的宏观大环境以及各组织间的合作或竞争的关系上，近几年，合资企业的管理者们越来越认识到核心员工文化差异的存在对企业的经营管理的顺利进行以及长远发展都具有重要的影响。因此，越来越多的中外合资企业已经把核心员工独特的跨文化管理列入非常重要的管理新内容中。

二、问题研究意义

1. 选题的理论意义

企业的跨文化管理作为非常重要的管理新内容，越来越被提到研究讨论的日程上来。由于跨文化而引起的冲突和问题对企业经营管理的影响已经开始得到了中国企业界和学术界的重视并已开始进行了研究，但尚欠深入。从管理的发展过程来看，不论是泰罗的科学管理还是现代的管理过程理论、人类行为理论、决策理论等，其研究的焦点都大多集中于企业运行的经济因素。

跨文化管理①（Trans - Culture Management）是20世纪70年代后期在美国逐步形成和发展起来的一门新兴的边缘科学。在这种新的管理理论出现以前，对跨文化的研究仅仅是人类学家的事情。在跨国经营活动还不是很普遍的情况下，以国内经营为主的企业很少会遇到文化差异带来的困惑，因此也很少会考虑到这方面对管理的影响。② 20世纪70年代末，日本的经济迅速发展，其实力也逐渐强大起来。而日本跨国公司和合资企业卓有成效的经营管理也逐渐吸引了大家的眼球，这给美国乃至大多数西欧国家都带来了很大的压力。在这种压力下，一向自信满满的美国管理学家和专家学者们开始进行深入研究，他们针对日美企业的管理模式进行了分析，并找出了两者的差异，所得结论中突出的一点是：理性化管理缺乏灵活性，不利于激发出人们的创造性，不利于建立起与企业长期共存的理念。而塑造出一种有利于创新的文化，有利于将价值与心理因素整合起来的文化，如此才能为企业长期经营业绩的提高和企业的更好发展带来潜在的却又至关

① 陈晓萍：《跨文化管理》，清华大学出版社2005年版。

② 原毅军：《跨国公司管理》，大连理工大学出版社1999年版，第266页。

重要的推动作用。于是，在美国逐渐形成并发展起来了对于跨文化管理这个新领域的探讨和研究。跨文化管理着重研究的是如何在不同文化背景的条件下（不同国籍、不同民族文化的人在一起工作和生产）进行管理的问题。目前，国外的一些学者对企业中跨文化管理的问题进行了比较系统的研究。通过文献综述，我们可以看出目前国内外在跨文化管理研究主要包括跨文化维度分析模式、跨文化企业比较管理研究、跨文化企业管理理论三个方面。

在我国，对企业跨文化管理的研究还处于起步阶段，一些跨文化的理论体系还不成熟。改革开放后，中国涌进了大量的外商对华进行投资，从那时起中国学者们才开始着手对跨文化管理问题进行研究，并取得了一定的成果。国内有学者提出了实现企业跨文化管理的步骤；还有学者对跨国公司在中国开展跨国经营所产生的文化差异和冲突进行了研究；一些学者对中外合资合作企业所产生的跨文化问题也进行了研究和探讨；部分学者还对中外合资企业人力资源管理的跨文化差异进行了研究以及对跨文化商务交往与礼仪问题进行了调查研究。

由于在中国跨文化管理的研究才刚刚起步，而中国与国外的合资企业却越来越多，这就迫切需要有关企业跨文化管理理论的指导，因此研究中外合资企业的跨文化管理就显得十分重要。“跨文化管理”这样一个全新的企业经营管理理念，是跨国经营活动在全球范围内飞速发展的产物。它研究探讨的主要内容即企业在跨文化条件下如何克服异质文化产生的冲突和阻碍，从而进行有效的管理。在探讨如何对待和管理他方文化之前，应该首先对于这种不同的文化系统进行研究，这有助于我们客观地进行了解和认识，而非仅仅从自己的角度出发。在中国文化与他国文化共存的企业环境中，中外文化差异的冲突能否解决，中外文化能否相互渗透以及中外文化差异的融合能否实现，都关系着企业经营管理活动的成果。中外合资企业是文化差异、文化冲突的主要载体，是一种能够比较突出地反映跨文化管理状态的企业组织形式，因此，对其进行研究的意义不言而喻。

对合资企业中核心员工进行的跨文化管理，主要是通过对合资企业中多种文化的共性和差异性进行系统地分析和研究，来构建出一个适合于不同文化的核心员工的人力资源管理的模型和框架，探讨如何在不同文化结构下来避免和克服异质文化的冲突，以及如何在同一组织中通过有效的互助合作，对核心员工进行有效的跨文化管理，同时也可以为进行跨文化管理领域的企业家们提供重要的理论依据和宝贵经验。进一步来说，这样的对于中外合资企业中核心员工的跨文化管理问题的深入研究和探讨也有利于有中国特色的管理理论的形成。自从改革开放以来，众所周知，中国无论在管理理论还是实践中都有了很大的发展和提高。但是，这不能说我们已经建立起来了我们自己的管理理论体系。因为从当下的理论研究结果或者是各种书刊来看，我们自己真正的智慧结晶还是很不足，即使是在教育和培训中所涉及的内容也基本上还是以西方管理理论为主，但是，若在对这种文化和研究结果进行参考和引入时不考虑到文化适用性的问题，其结果是企业的经营管理业绩不仅不会得到提高，反而会失去自我。任何管理理论和管理智慧都应该是既定文化的结晶，我们需要在借鉴外国管理文化的研究结论的同时，立足于我国的文化特点和国情，力求创建出能够融合中华民族优秀传统、历史和文化底蕴的卓越的管理理论和体系。也只有这样，我们才能拥有自己的智慧结晶，才能真正地立足于世界。就这个意义上讲，对文化差异的重视和整合，不仅对合资企业，而且对所有企业的经营管理都具有重要意义。

2. 选题的现实意义

随着全球经济一体化及我国加入 WTO，中国市场将吸引更多的外国企业来华投资，通过与外国企业共同建立合资企业是中方企业实现其利润和扩展目标的一种重要途径。跨国公司大量地进入中国广阔的市场，纷纷建立中外合资企业，共同投资、经营、管理，共担风险和分享收益。作为对华投资和跨国经营管理战略的一个重要部分，合资企业在华的核心员工管理战略对企业经营的成败起着关键性的作用。来自不同社会制度、不同文化背景的各方，在共同创办企业时，必然有文化差异存在，而文化差异往往会引起文化摩擦和冲突。中外合资企业由于不同语言、教育、行为举止、价值观念、投资理念、人才理念、经营目标等多方面的文化差异，集中体现在人力资源管理过程中出现文化冲突、人际沟通障碍等，从而影响到企业经营战略目标的成功实施。

作为对跨文化合资企业管理中的主体——核心员工跨文化管理的理解、融合，是顺利实施合资企业跨国经营成功的重要保证。中外合资企业无论在数量上还是在规模上都有一个较大的发展，各种文化的交融愈加紧密，伴随而来的企业跨文化冲突问题将会日益显得突出，为此要求中外合资企业加强跨文化管理以实现文化融合和文化与经济的协调。在这种历史条件下，合资企业要生存和发展，就必须重视核心员工的跨文化管理。从这个意义上讲，探讨合资企业核心员工的跨文化管理的本质和规律，是合资企业在华成功经营的需要，也是我国扩大对外开放、吸收外资的需要。

20 多年来的中外合资企业发展历程表明，许多合资企业不注重企业自身的跨文化管理，在企业经营中采取短期行为，没有为企业找到一条可长期持续发展的战略规划，最终将导致企业经营失败。根据全国工业普查资料显示，亏损比例最高的是港澳台投资企业。其原因固然与我国港澳台商和东南亚华人投资规模较小有关，但主要原因是这种投资多是家族甚至个人行为，缺乏科学管理，对企业的跨文化研究以及人力资源管理方面缺乏必要的认识所致。① 而日本、欧美企业无论从企业规模、经济实力及技术层次都较前者为强，同时也更注重管理的科学性，因此投资成功的概率较高。但是，企业经营困难在一些日、欧、美合资企业中同样存在。正如国外管理人员感觉到的，同样的管理方式、同样的设备，在中国的生产效率与质量却要远低于其本土的母公司。应当说这些现象的产生并不是孤立的，而是国际、国内各种环境条件的共同影响造成的。正是在这种背景下，尤其是一批采取短期行为的政策优惠型合资企业的失败，使得现在的大部分投资者普遍认识到仅仅依靠优惠政策是不能够发展企业的，人的因素，尤其是核心员工的因素、跨文化管理因素应当成为企业经营成败的首要原因。

合资企业中的核心员工是企业价值的主要创造者，是企业的重要组成部分。管好核心员工是合资企业的重要发展战略之一，其管理的效果直接关系到合资企业能否用好核心员工，留住核心员工，保持和提高企业的竞争优势，进而关系到企业战略目标能否实现。合资企业应当寻求各种有效途径和方法，运用恰当的理念，合理配置核心员工，不断激发员工的潜能，从而留住核心员工，加快企业发展战略目标达成的进程。

本书通过对中外合资企业文化差异文化冲突的实际调查来研究合资企业核心员工跨文化管理问题，在研究合资企业核心员工进行跨文化管理的重要性和必要性及对合资企业的跨文化差异进行分析的基础上，探讨了合资企业核心员工跨文化管理的内涵、特征、模式等一系列相关问题，并分析了合资企业核心员工跨文化管理现状及存在问题的基础上提出了相应的对策建议和管理模型，这对合资企业管理发展的目标和方向及跨文化管理的进一步探讨将具有重要的现实意义。

第二节 文献综述

文化，是一个在我们生活中被频繁和广泛使用的词，但是人们却很难说清楚这一概念。世界各国对文化的定义多达上百个，而专家学者对文化的定义更是多得数不清。② 对文化的定义，各个角度都有：从描述角度下定义的认为，文化是过去传承下来的风俗习惯、规范制度、技术、理论、语言等；有的认为，文化是人类社会中代代相传的智慧结晶，是社会遗产，侧重于从文化的产生、起源及其存在缘由、流传方式等角度来对其进行定义；有的更加关注的是文化的形式或模

① 马春光：《国际企业管理》，对外经济贸易大学出版社 2005 年版。

② 来源于百度百科，http：//baike. baidu. com/view/3537. htm。

式，从组织结构方面进行定义；而有的从文化的发生和发展方面进行定义。本书所提出的“文化”概念和心理学家所理解的文化有相似之处。从心理学角度来看，对文化有其独有的定义：“文化是影响某一群体整体行为的价值观、态度和准则，是一定环境中人们精神的集体编制和规范。其具体表现形式为：在特定时期、特定地域中的处于某一民族或阶层的人们所拥有的自己特有的心理状态、思维形式、社会习惯、世态人情、行为规范等。”

一、国外学者的理论研究综述

1. 跨文化管理的维度以及分析模式

在跨文化管理学的研究领域，跨文化管理的研究学者们相继提出了许多跨文化管理的维度和分析模式，他们尝试着通过探究各国家文化的不同方面，来从不同角度研究各自的文化维度和文化系统，并根据这些文化维度和文化系统把文化要素进行分门别类的说明，然后对其进行跨文化比较，逐步找出不同文化各自的特质，以便人们在企业今后的跨文化管理过程中发挥其各自文化中好的一面，这样才有助于更加有效地进行企业的经营管理。这些研究结论为企业家们更好地进行跨文化的企业管理起到了非常有用的帮助，使其了解并把握住了各个不同国家文化的思维框架与切入视角。经研究总结，这些研究中最著名的且目前仍在跨文化管理领域占支配地位的主要有 Hofstede 的文化分维度模式、Klukhohm and Strodtbeck 价值双向模型、川普涅尔与特纳的文化分析模式、Edward T. Hall 的高情景文化语言和低情景文化语言分析模式。

（1）文化维度分析模型。霍夫斯坦德（G. Hofstede）是著名的荷兰跨文化领域的研究专家，也是最早分析文化分解维度的研究专家，他所研究和开发的系统得到了最为广泛的接受和运用，因而其影响也最大。自 20 世纪 70 年代初，霍夫斯坦德用了近 11 年的时间（其中 6 年用于搜集数据，5 年用于数据分析），深入调查了 IBM 公司分布在 50 个国家的下属分公司的近 16 万名管理人员，其研究内容涉及从员工的基本价值观及个人信念，到员工的收入、工作中所感受到的安全感、挑战性、自由度、合作精神等工作特性的各个方面。另外，还涉及了管理风格等问题。霍夫斯坦德通过对搜集到的大量数据进行分析，分析并概括出了管理人员与工作相关的文化价值观的四个方面。令人遗憾的是，那时由于条件限制，他的调查范围并没有覆盖到中国内地这个值得研究的地区。一直到 20 世纪 80 年代后，霍夫斯坦德与其他学者一起，承接了他之前的研究，提出了文化价值观的第五个维度。它们分别是权力距离、不确定性回避、个人主义与集体主义、男性化与女性化、长期取向与短期取向。①

霍夫斯坦德对于文化的分析框架被认为是迄今为止在跨文化管理研究领域中较为完整、系统的文化分析模式。其研究价值主要体现在如下三个方面：①在其对文化分析框架的研究中确定了五个方面的价值取向来作为研究文化差异的要素，这五个方面作为“坐标系”，为跨文化管理研究者或国际管理者提供了观察不同的国家文化差异性的视角。②研究表明，在对文化价值观进行解释时，人们的工作价值观与态度的差异性方面被证明比在组织中的职位、专业、年龄、性别等因素更具有说服力。这种文化性差异，即使在发达国家之间也是显著存在的。所以，科学的研究态度就应该针对各国家的具体文化情况进行具体地分析。③文化分析框架的研究结果表明了各个国家的管理风格与方法是建立在其各自文化基础上的，要提升跨文化管理活动的目标性及有效性，就必须要透过各个国家文化的差异性去观察其不同的管理方式的差异性。当然，霍夫斯坦德文化分析框架也存在一些局限性，值得我们进一步去讨论分析。首先，他对文化的研究只涉及了静态的方面，没有涉及动态的分析，例如对各个国家文化的相互影响和不断演变及影响文化价值观变化因素的分析；其次，他研究的对象主要是管理人员，相对于一般雇员来说拥有相对较少的普遍性等；最后，这是针对 IBM 的研究，其所有的研究样本全部来自这样的一个跨国公司，因此其研究结果的可信度及对其他跨国公司的意义引起了一些研究者的怀疑。

（2）语言分析模型。Edward T. Hall 是美国著名人类文化学家，他根据不同的人在与他人进行沟通过程中的各自信息具有不同的传递与接收的准确度和清晰度，由此提出了两种语言分析框架，即高情景文化语言和低情景文化语言，并尝试着用这样的架构来说明在不同文化价值观影响下的各个国家的人们在企业经营管理或者商务活动中所表现出来的不同特点和差异。他认为，任何一种文化的运行都是以其自身原则与规律、内在动力为基础的，但即便是在不同的文化中也会存在某种“共同的因素”，这时就需要沟通。因此可以说文化就是沟通。沟通可以被分为三个部分：词汇、物质存在和行为。词汇是一种表达媒体，物质存在通常是身份和地位的象征，行为贯穿于整个沟通过程中，提供的则是沟通过程中的反馈。

不同的文化语言和文化价值观在如何对待沟通中的“内容因素”和“情景因素”方面存在着很大的差异。“情景”指的是与一个事件相关的所有信息，而“内容”则是沟通的目的，是想通过沟通表达的内容。因此，在沟通过程中，“内容”与“情景”是密不可分的，它们之间是如何组合的，是文化语言特征的

① G. Hofstede. “Culture’s Consequences – International Differences in Work – Related Values”, Beverly Hills, C. A. Sage, 1980.

一种表现。他认为，以“情景”与“内容”的不同组合为基础，我们可以归结出两类文化语言。其一是“高情景文化语言”，其二是“低情景文化语言”。高情景文化语言的特征是，在整个沟通过程中，先经过编码后再被清晰传递出来的信息只占有很小的一部分。在高情景文化语言的社会里，人们更重视的是人与人之间交往和沟通过程中的“情景”而不是其中的“内容”，人们注重社会关系，努力建立社会信任，对友谊有着较高的评价，是众多文化语言中相互关系维持的较长久的一个。就我们平时的体验来说，双方沟通的目的或进程通常不是一刀切入，而是相对含蓄的，但高情景文化语言中的人们却可以非常敏感地感觉到这里面所蕴涵的信息，也常常能抓住它的含义，可以说，这个群体中个体从其早年就学会了精准地解释这些含蓄的信息。“权力越大责任越大”，因此，具有权力的人对其下属行为负有个人责任。“圈内人”之间的协议常常是以口头形式为主的，很少用书面形式来确定，因此必须有足够的信任来作为人们履行协议的基础。对“圈内人”和“圈外人”的识别较为容易，所以“圈外人”要想进入“圈内人”的群体相对较难。在商务谈判的过程中，人们其实对时间不是特别重视，但却拘泥于形式。

相比于高情景文化语言来说，低情景文化语言的特征恰好相反，在沟通过程中已经有足够的信息清楚地存在于整个编码之中。低情景文化的社会重视的是人与人之间交流和沟通中所体现的“内容”而不是“情景”。低情景文化语言社会中的人们对个体与个体之间的关系并不太重视，他们认为没有必要去“深入地了解对方”，人们并不会花费过长的时间去处理人际关系，因此通常来说他们之间的沟通是尽可能直接的，他们无法忍受和慢慢理解蕴涵的信息，人们在生活早期就被教育要准确清晰地表达自己的意思。权力不是独归于某个人而是被分散在整个官僚体系中，其中个人所承担的责任被严格地确定，协议并不会使用口头形式，必须以具有法律效力的书面形式确定，因此法律是作为履行协议的良好基础。但是对于“圈外人”与“圈内人”的限定并不是十分清晰。在谈判过程中，人们对时间和效率给予了高度重视，但却不太重视形式。

总之，根据上述关于对跨文化管理的文化维度系统的叙述，我们可以从中提炼出文化价值观的易于辨识的一些要素特质，为人们提供了“坐标系”，有助于人们观察不同国家之间的文化差异性，有助于人们在企业跨文化经营管理的过程中有章可循，能够按照不同的文化维度来认识不同国家的文化，衡量文化差异，从而处理文化冲突。但是，文化维度系统也有自己的不健全之处，它还没有给人们提供一个具体的比较模式来指导人们如何进行跨文化管理，它始终还停留在一个抽象比较的层面，这正是文化维度系统的有待加强和发展之处。

（3）文化特性分析模型。在 20 世纪 90 年代中期，荷兰管理咨询顾问冯斯·

川普涅尔与英国学者查尔斯·汉普登·特纳发表了其共同研究的跨文化比较的结论成果。他们认为，从那些表面的可以看到的东西中并不能得到文化的本质。文化，是被群体成员所共享的思维方式和系统，是人们理解世界、解释世界、解决问题与处理所遇到两难境地的一种行为方式和方法。每一种文化都具有其解决问题与处理所遇困境的自身独特的方法。每一种文化都有需要解决的问题，普遍来说有如下三个方面：①在我们处理与他人关系的过程中所产生出来的问题；②在时光流逝过程中流露出来的问题；③在人们处理与环境关系的过程中所产生的问题。由此可以总结出，我们可以通过这样三个方面来对一种文化进行分析，即人与人（或群体）的关系、人与时间的关系及人与环境的关系。

川普涅尔与特纳以著名心理学家帕森斯（Talcott Parsons）的价值观取向与关系取向的理论作为研究基础，提出了一个国家的文化具有七个基本方面的结论，其中囊括了五种关于人的关系取向和人们对时间、人与环境的态度的问题。

第一，普遍性与具体性。所谓普遍性是指群体中的所有成员以一致的“规则”为基础，遵守共同的“规章制度”的行为方式和价值取向。普遍性的价值取向认为，人的思想与行为可以运用于任何地方而不受任何限制，“真实的事物”与“美好的事物”是普遍存在的。所谓具体性的价值取向所表述的内容是以“关系”为基础的。具体性价值取向的理论认为，人们的思想与行为不应该是一成不变的，其必须以当时当地的情景因素为依据进行调整，“真实的事物”与“美好的事物”是依据具体情景而定的。

在更注重普遍性的国家里，如在美国、英国、德国、澳大利亚及一些北欧国家中，人们注重的是客观的规则，而不是组织之间或是个人之间的关系，他们普遍认同商业活动应当有自己的“游戏规则”，而圈内成员们应该严格遵守，生意归生意，人情归人情，不应该混为一谈。认为商业经营活动是公司与公司之间发生关系的活动，和人与人之间的关系无关，因此在规范商业关系时必须要使用具有法律效力的合同。在更注重具体性的国家里，如在中国、俄罗斯、韩国、委内瑞拉、印度尼西亚与阿拉伯等国家中，人们更重视的是主观性，更注重人际关系与信任，他们在做生意时先考虑到的不是签订合同，而是人们之间的关系如何。在他们的处事过程中，能够保证生意是否达成的重要因素是拥有良好的人际关系和广泛的人际关系网络。在这样的文化价值中信奉的是“买卖不成仁义在”，他们更加认同，做生意是人与“人”沟通联系的过程，而不是在与“公司”发生联系，所谓的商业活动就是一种开发和保持社会关系的过程。签订合同对他们来说并不能作为保障，而是常常将合同中的“惩罚条款”视为相互不信任或关系不密切的象征。在经营管理或合作的过程中，通常会建立一种非正式的网络关系和通过一些私下的接触去相互了解。

第二，个人主义与共有主义。川普涅尔与特纳提出的个人主义与共有主义的内容与霍夫斯坦德的个人主义与集体主义的价值观的基本含义是相似的。遵循个人主义文化的人们将自我视为一个独立的个体，这种价值观的核心即“自我取向”，更加看重和努力追求个人目标；遵循共有主义文化的人们将自己视为群体的一个部分，这种价值观的核心即“群体取向”，更加看重和追求的是群体共同目标。

第三，中性与情感性。中性文化是指人们不善于表达自己的情感，并对自身的情感采取抑制或控制行为的文化。日本与英国就是中性文化程度很高的国家，这些国家的人们大多数表现为遇事行动冷静，泰然自若，并试图将他们的情感隐藏起来。情感性文化则与中性文化截然相反，它趋向于公开情感，是一种推崇自然表露的文化。信奉这种文化的人，生活中表现为爱笑，爱大声交谈，会热情地相互问候。情感文化的典型国家有墨西哥、瑞士与荷兰等。

第四，特殊性与扩散性。特殊性文化是指个体具有私人空间，但也同样具有较大的公共空间。公共空间对于他们来说是愿意与其他人分享的地域，但是对于自己的私人空间却往往严格地被保护起来并限制其他人接触。这样的人常常表现为外向的、开放的，并且表达方式更为直接的。在这样的文化价值观下，无论是组织中的管理者还是员工都通常会将工作与私人生活严格区分开来。扩散性文化是指人们并不具有独立的个人空间和公共空间，其所拥有的个体公共空间与私人空间是重叠的。也就是说，进入了个体的公共空间也就等于进入他的私人空间，这样的人，他的工作与私人生活通常是无法分开的。举例来说，美国是典型的特殊性文化，而中国则是典型的扩散性文化。

第五，成就文化与归因文化。成就文化是指人们的能力必须与其身份相一致。在这样的文化价值观下不管他是谁，只要他取得了高成就，都会给予他较高的评价；只要他取得了成就，就会给予他社会的认可。一个人的地位与影响力是由其所达成的成就直接决定的，这包括教育水平的高低、实际工作经验与工作绩效。典型的成就取向的国家有美国、澳大利亚和瑞士等。归因文化则不同于成就文化，所关注的并不是个人的努力和成就，而是更趋向于根据个人的出身背景、年龄、性别及社会关系等外在因素来确定人们的地位与身份。典型的归因取向的国家有埃及、阿根廷、沙特、西班牙等。更确切地说，成就文化根据每个人自己后天“做了什么”来给予他们肯定、确定他们的社会地位，而归因文化则根据人们生下来“是什么”来确定他们的社会地位。

第六，时间取向。川普涅尔与特纳认为，“由于不同企业或者同一企业中不同管理者之间经常需要协调他们的经营管理活动，故他们需要有关于时间的某种可以共享的期望的存在。由于不同的文化价值观对人们之间的相互关系的前提假设不同，这不可避免地导致他们在对时间的看法和观点上也不会相同”。[①] 总结其对时间的观点，大致归纳为两个方面，其一是对时间连续性与同时性的理解；其二是对过去、现在和未来的理解。

第七，环境。川普涅尔与特纳认为的最后一种文化价值观，即是人们同环境打交道的风格和方式。在这一方面我们仍然可以区分出两种不同的价值取向。一是称为“内在控制”的价值取向，其核心内涵是控制环境；二是称为“外在控制”的价值取向，其核心内涵是适应环境。这两种价值取向直接地影响着人们如何去控制和管理社会中的日常事务。川普涅尔与特纳认为，不同文化之间只存在差异性的问题，而不存在某种文化优于另一种文化，或者某种文化好于另一种文化的问题。这种文化间的差异性表现在不同文化所选择的解决问题方式和方法的不同。

（4）价值双向分析模型。与霍夫斯坦德分维理论齐名的是 Klukhohm 和 Strodtbeck 于 1961 年发表的“价值双向模型”。该模型强调文化必须要形成适当的价值观体系，从人的本质属性、人与自然的关系、时间观念、处理事情的方式、人际关系五个基本方面对问题加以解决。

在探讨人的本性方面，文化价值观将人性分成人性本善还是人性本恶，或者说人性是后天形成可以改变的，还是与生俱来不可以改变的。关于对人性所做的前提假设会直接影响到管理的职能，尤其会影响到企业管理者的领导风格和与激励机制相关的管理职能。如果该企业的管理人员信奉的是人性本恶论，那他们自然而然就会采取严厉的广泛的控制手段来保证员工的纪律，他们认为若不管制员工，他们就不会努力地工作，所以其领导作风是专断型的。在这样的领导风格下，对于内部信息不是员工共享，而是上级领导严密控制。因此员工在组织中没有归属感，找不到可以信赖的朋友，他们唯一能忠诚的只是家庭。

在人与自然的关系方面，主要包括如下三种情况：主宰自然、与自然协调及屈服自然。每个管理人员对人与自然关系的价值观念的不同也影响着其解决战略和经营方式问题的方式和风格。若该管理人员的文化主张是自然至上，则他就会倾向于更多地屈从于现实，主张顺其自然，会做出与现实一致的反应和决定；若该管理人员的文化主张是人战胜自然，则他就会更倾向于通过人的努力去改变现状，主张最大限度地发挥人的主观能动性，对于企业经营中所遇到的问题有一个一个去战胜的勇气，总是采取积极的行动去解决组织中的问题。

在时间观念方面，可以分为过去取向、现在取向和未来取向三种。顾名思义，在过去取向的文化主张中主要强调历史、传统、经验；现在取向的文化主张

① 孙美兰：《在华日资企业文化冲突研究》，大连理工大学，2009 年。

则更注重只争朝夕、及时享乐的生活方式，这种主张的人几乎不为明天做打算；而未来取向的文化主张则相信今天所作所为必将影响未来，对未来有巨大的作用。

在做事方式方面，可以划分为两种类型："存在型"和"实干型"。两种类型各有其特点：存在型做事方式的人总是对当时发生的情况做出自然的、富于感情的反应，这种类型的员工倾向于一种与生俱来的生活方式，而实干型做事方式的人则强调通过自身的行动和努力把事情做完。他会给自己定下目标，代表了一种有强制性的目标取向。

在人际关系方面，包括三种关系形式：个人、群体和等级关系。前两个方面主要是通过由个人还是群体主导社会来区分。不同国家地区各不相同，例如美国文化主张由个人主导社会，而亚洲文化则更强调由群体主导社会，其中个人的地位由群体决定。等级关系则着重强调的是人们之间与群体之间的地位差别。不同的是，几乎所有国家和地区的文化中都强调等级观念。

"价值观双模型"将人的价值观进行二元对立的区分，这种区分属于极端的情形，在现实中使用并不普遍，只对它们作一种趋向性判断，而不能作唯一性判断。在现实生活中也并不是完全对立的，在某种情况下，有的组织会对两种价值观交替使用，有时也会融合这两种价值观达到一定状态去使用。因此，在具体操作中，我们只能联系实际去使用它们。

2. 跨文化企业管理的比较分析

针对上面阐述的文化维度系统的不足，一些学者也逐渐加深了对这方面的研究，针对不同国家的文化特质，提出了各自比较具体的有关跨文化企业管理比较观点。其中比较著名的是理查德·帕斯卡尔和安东尼·阿索斯、威廉·大内及松本厚治的美日企业管理比较。

20 世纪 80 年代初，由理查德·帕斯卡尔和安东尼·阿索斯合著的《日本企业管理艺术》一书问世。该书对比了日本企业和美国企业的结构、战略、制度、技能、人员、作风和最高目标这七个方面。作者特别选择了松下电器公司作为日本代表企业，以及其创办人松下幸之助作为代表管理者，同时选择了国际电话电报公司作为美国的代表企业，以及统领该公司 20 年之久的总裁哈罗德·吉宁作为美国代表管理者，对两者进行了深入细致的对比分析。该书采用列举大量事实案例说明的方式，得出结论，即在"硬件"诸如战略、结构、制度方面，日美企业之间没有显著的差别，差别主要体现在"软件"方面，诸如人员、技能、作风和最高目标这四个方面在日本企业更加受到重视，而他们也更善于从这七个方面来进行整体把握。该书大量的案例、深入的研究使其被认为是当时美国对日本企业管理研究中的一本名著，也同时被美国的一些著名大学列为研究跨文化企业管理的必读书之一。

1981 年，威廉·大内出版了《Z 理论——美国企业如何迎接日本的挑战》①一书，书中他对比分析了美日企业的雇用制度、控制机制、决策制度、责任制度、晋升方式、员工职业发展、对员工关怀七个方面，他称典型的美国企业管理模型为 A 型组织管理模式，把日本企业的管理模型称为 J 型组织管理模式。

威廉·大内提出 A 组织和 J 组织是两种不同的管理模式。在 A 型组织中，管理者把更多精力放到了硬性管理、形式管理、理性管理和外显管理这些方面，因此其管理的特点更显得硬性、机械化、正规化，而相对缺乏软性、柔和性、人性，以至于其整合力差，企业凝聚力也差。J 型组织则更注重软性管理、人性管理、整合管理和隐性管理这几个方面，因而其管理特点上更具有有机性、非正规性、软性和人性的体现，以至于它更加关注企业的经营理念、组织风气、企业人文、人才培养和开发、信息和技术开发能力等这些“软件”建设。在这样的管理特点的影响下，企业会具有精神的统一，凝聚力高，士气高昂，能迅速对环境变化作出反应等优点。他认为威廉·大内的研究结论，无论是 X 理论还是 Y 理论都是关于人性本善或人性本恶的假设。我们认为，在实际生活中人的本性并没有善恶之分，在企业中也是。对企业来说，重要的是去创建一种文化，构建起企业独特的文化，用这种文化去影响和约束员工，去塑造企业自身个性。而这种以企业自身个性文化为根本手段去管理组织方法，就是“Z 理论”。该文化的核心理念就是相互信任，人与人之间关系的微妙性和亲密性贯穿整个过程，对精神的运作占主要地位，并以其代替物质的运作；对理念的运作占主要地位，并以其代替制度的运作。大内的研究结论认为：“这种组织文化的发展，是适应时代的浪潮的，它能够部分地代替原始只靠对工人发布命令和严密监督的官僚手段，能够有效地发展工作中的支持关系，从而提高劳动生产率。”大内认为，在企业管理改革的过程中，这种以 Z 理论作为企业文化管理方式的企业，对于企业管理跨文化发展有着重要的意义。美资企业和日资企业在经营管理上各有其特点，对美日企业的文化来说，应当相互借鉴，了解并吸收对方的优点并调整自己的不足。这样，不论是 J 型组织还是 A 型组织，都能因为重视起自身的企业文化管理而使其经营管理得到改进。大内是第一个通过具体比较美日企业而得出解决两国企业跨文化管理差异的具体方案的科学家。

继大内之后，松本厚治先生也对日本的企业制度及欧美和中国的企业制度进行了比较研究，他是院务部事室长，毕业于东京大学经济系。他从更加广阔的社会以及文化背景方面，对日本的企业制度及欧美和中国的企业制度进行了比较研

---

① 威廉·大内：《Z 理论——美国企业如何迎接日本的挑战》，孙耀君等译，中国社会科学出版社 1984 年版。

究。他认为日本的、中国的、美国的管理模式是三种非常典型的管理模型。

松本认为，日本企业有着使其在激烈竞争的市场经济环境中处于不败地位的优势，即日本企业的制度，如终身雇用制、年功序列制、广泛的福利制度和比较平等的分配制度等，这些制度不会导致铁饭碗、大锅饭、平均主义等不好的心理；相反，年功序列制在日本企业的成长和发展中起着重要的作用，它促使企业的员工与企业的成败兴衰紧密地结合在一起，在员工心里，已经与企业形成了休戚与共的关系，员工主动与企业共同分担风险，员工对企业的忠诚和归属感也不断巩固和扩大。在日本企业中，其内部的工会与企业和企业经营者的关系并不是处于绝对对立的位置；相反，他们习惯采取遇事内部协商的方式来解决。因此松本认为，在这样的关系下，日本企业的员工已经可以称为“企业人”，而每个企业都是“企业人”的企业，他们不再被排除在外。企业人与企业经营者并肩前行，为企业内部的经营管理和企业外部的发展共同承担责任，一起行使着经营权力。终身雇用制会使员工时刻关心着企业的发展和命运，因为企业一旦破产，其员工就会失去自己多年来在企业工作的年功和各种福利，这对于每个员工来说无疑是巨大的损失。在日本的另一个特别的现象是，日本企业对“跳槽”的人都比较排斥，若有“跳槽”者想要进入新的企业工作则需要经过严格的审查，新企业会细致调查其在原单位的表现和离职原因等，除非是新企业迫切需要的人才或者特别优秀的人，否则一般都不考虑录用。这种企业制度和管理形式被松本称为“企业主义”。企业主义就是把企业与员工有效地结合起来，以及在企业内形成的高度的自律性和凝聚力。

松本也对中国的企业做了研究分析，他称中国计划经济下企业的经营模式为“观念论”上的主人翁管理模式。他认为，中国是工人阶级领导的社会主义国家，因此，国家所有即是员工所有，国家的企业即员工自己的企业。但是，很多员工虽然从观念上接受和理解这一说法，但在每天的实际工作中却没有真正感到过这种感觉。他还认为，这种“观念论”上的主人翁经营管理模式只是给人一种假象，它只给予了员工虚拟的名称，但是却没有使员工拥有主人翁的实际地位。这就导致了员工也不可能真正以主人翁的态度来对待企业和企业的劳动，这也成为了中国国有企业劳动生产率下降、员工做事态度不认真不积极、漠不关心企业发展和死活的原因。另外，他也认为，中国企业的领导者对经理的任命制方式也存在问题，这样会造成企业经营者只对他的上级负责而不是真正关心企业经营的好坏。这表现为，企业经营者把精力更多地放在如何使自己的上级和上司满意、如何处理好自己与他们的关系、如何给他们以好的印象上。他们对市场的情况并不给予很大的关心，在工作中并不注重企业产品的种类、规格和质量是否符合规格，也不去用心追求提高企业的利益，他们更注重的是如何保住自己现在的职位或者达到更高的职位，甚至个别的会使用弄虚作假的手段来达到此目的。

松本也对欧美的企业制度和管理模式进行了分析研究，指出了其具有的合理性。他对欧美企业中内部相互制衡的公司治理结构提出了赞赏，他认为这种公司治理结构既保障了企业股东的权益，又不会妨碍经营者进行自主经营，同时在当今所有者与经营者分开的结构中又能对经营者进行监督。尽管如此，美国企业中的制度也存在着许多很难克服的矛盾。例如，企业中的权力失衡，企业里的股东特别是大股东控制着董事会，其中董事长拥有着很大的权力，导致总经理的工作和决定受到董事会、董事长很大制约；在这样权力只属于部分高层的企业中，企业的员工对企业缺乏参与感和认同感，他们缺乏与企业拥有长远的一致利益的观念，心里只存在与企业暂时的利益共同区域，这使他们的稳定性差，并具有任意流动和随时做好准备的心理；由于企业在工作手册或者行为手册上把工作的要求和步骤写得烦琐细致，导致员工工作缺乏积极性、主动性和自律性，他们通常只会按照这些手册上的规定机械地进行工作，实际上没有感情没有激情，就像是把人变成了机器。这样的劳动根本就不具备工作的乐趣，人们之所以还在机械地工作只不过是把它当做一种获取工资的手段而已。工人工作也只会对属于自己的那份工作职责负责，人人自扫门前雪，不承担任何企业风险。企业里的工会也同样是这种态度，尽力回避承担经营责任，只关心企业工会会员的劳动强度、工资和其他一些要求；在美国的企业中，以财务优先的经营态度和近视的经营并不是一个企业策略方面的问题。在美国，大多数经营者受到“赢利压力”的限制，无法自主选择企业的经营形式。随着这种压力的增加，企业外聘董事所占比率越来越高，使企业经营者的自主经营权力进一步受到损害。可见，美国式的企业经营管理模式也存在许多弊端。

经过对美、日、中三个国家的企业管理模式和特点的比较，松本厚治得出结论，即日本实行的“企业主人”的经营管理模式最适合企业发展也最为优越。虽然他的结论带有着以日本企业为中心和浓厚的民族色彩，并不完全正确，但他对中美企业管理弊端的分析确实值得我们深思和借鉴。在他的研究中也着重强调了职业安全与竞争关系，进行了对职业安全与企业忠诚度关系培养的分析，在跨文化企业管理的研究和发展中都有着深刻的意义。

3. 合资企业内部的跨文化管理分析

跨文化企业比较管理理论，顾名思义，就是从对两个或者两个以上国家文化差异的比较的角度来进行分析，同时研究通过由于这些差异所导致的不同国家在企业经营管理模式上的差异，但也存在着缺陷，他没有对一个具体的跨文化企业组织的内部管理模式和问题进行具体的研究解决。因此为了弥补这一缺陷，一些学者从合资企业内部跨文化管理如何进行的角度作了一些研究和探讨。其中，具有代表性的有以下几项：

（1）跨文化企业的管理模式理论认为，在当今的形势下，按照集权的和分权的国际化企业的管理模式的发展程度，以及国际化企业旗下母公司与子公司之间、各个子公司之间的关系，我们可以归纳为三种常见的模式：本国中心模式、多元中心模式以及全球中心模式。所谓本国中心模式，就是以母公司作为企业运作的中心，是一种“集权式计划和控制”的典型的企业管理方式。由于企业运作中心在母公司，所以其决策权也自然是高度地集中在母公司。由母公司来负责确定评估各分公司的业绩指标的标准，并随时控制着子公司的人员调配和工作情况；决定子公司经营方式的也是母公司，通常母公司把自己决定的子公司的经营管理方案和经营计划以通知或意见的形式下达到子公司；通常为了强化企业在用人身份和人事安排上的国籍性，都由母国亲自确定并派遣主管到子公司。多元中心模式则不同，母公司不会过多的参与，而是用中心点来确定其中的一个分部或国外子公司的一种“分权式计划与控制”方式。这种模式下，企业不再紧握决策权，会放权到子公司，使子公司具有较大权力去评估、控制与经营管理企业；母公司与子公司之间的沟通方式十分灵活；子公司管理人员也不再由母公司直接任命，而是以当地的人应聘为主。对企业全球中心的管理模式也不再刻板单一，而是以集权与分权相结合的计划与控制模式。母公司不再崇尚集权而是趋向于给予子公司更大的自主权，母子公司之间的关系往来多会采取合作的方式，至于经营权与控制权如何分配主要取决于在母子公司之间分配的效率如何。在国际化企业的国际经营业务中，创建合资企业进行海外直接投资的形式显得日益重要。

跨文化企业管理模式理论的研究者们还以合资企业决策过程中体现出的不同特点为基础，将管理合资企业的方式分为三种基本类型：以母公司为核心的管理方式、双方共同经营的管理方式、子公司独立经营的管理方式。

（2）莫朗（R. T. Moran）提出了跨文化组织管理理论。他在所著的《跨文化组织的成功模式》和《文化协合管理》两书中指出，存在着一种隐藏性的最佳配合作用是进行跨文化组织模式管理有效性的依据，它被证明能够有效地减少由于共同工作而不可避免地产生摩擦或者冲突给企业所带来的损失。[①] 关于跨文化协同管理中文化一体化的功效指标，莫朗认为有 12 项指标：①文化一体化是一个动态的过程；②包含着两种经常被认为是相反的观点；③拥有移情和敏感性；④意味着对发自他人信息的解释，它拥有适应性和学习性；⑤协同行动，共同工作；⑥群体一致的行动大于各部门独立行动之和；⑦拥有创造共同成果的目标；⑧它与 2 + 2 = 5 相关而不是 4，由于跨文化障碍，其文化协同方程可能为2 + 2 =

① 俞文钊：《合资企业的跨文化管理》，人民教育出版社 1996 年版。

3，只要不是负数，便获得了进步；⑨对其他不同文化组织的正确且透彻的理解；⑩文化一体化而并非单方的妥协；⑪文化一体化并非指人们要做事，而是基于文化而行动时所创造的事；⑫文化一体化仅产生于多元化组织为获得共同目标而联合努力的过程之中。

（3）阿德勒（Alder）提出文化协调配合理论，他将其定义为：是一种处理文化差异的有效方法，包括管理者根据企业组织中的个别成员和事件当事人的文化形式和背景，来形成解决组织问题的方针和办法的一个过程。这种处理办法的基本是首先要承认组成组织中的多种文化存在着各个族的异同点，并且要把这些族与族之间的差异看成是一个组织构思和发展的有利因素。阿德勒在研究文化协调配合论中，也提到了企业跨文化管理中文化协调的发展方向、处理办法和一些有益的建议。

在阿德勒研究得出的文化协调配合理论的基础上，有另一位国外华裔学者也在这方面表现出了兴趣，他对三家中外合资企业进行了详细的调研，并研究总结出了促使合资企业跨文化管理取得成功的四个要素：共同的长期战略、互利、相互信任、共同经营管理。

（4）斯特文斯（O. T. Stervens）提出的组织隐模型论（Implicit Models of Organizations）理论是 Hofstede 理论的延伸，他认为，权力距离的产生与中央集权有关，然而不确定性回避和形式化产生是为了满足正式规则和规定的需要，这与将工作任务派给专家等有关。因此，不同的国家会有不同的文化，也会有不同的组织观念。“金字塔形”是法国企业的典型形式，这种架构的核心和内涵即高度的中央集权和形式化，表现为老板的地位在组织的顶端，而其他员工则位于相对下方的各个适当位置上。原西德的公司被称为“润滑机器”，因为他们用以前订的规章制度来管理组织运转，这并不是中央集权，而是一种“形式化”的体现。英国市场是典型的“乡村市场”，它既不是“形式化”，也不是中央集权，企业中组织成员之间在沟通过程中可以相互“讨价还价”，其讨论过程和结果都不被权威所限定。美国的市场类型处于以上三种类型的中间位置，美国组织的概念、层次等本身和规则本身也不是目标，这二者只是获得结果、达成目标的手段，如果为达到这一目标或者结果，那么组织的形式也是可以改变的。亚洲国家的组织则是“家庭式”的，这是一种中央集权式的组织，权力明显地被控制在“家长”的手中。①

（5）加拿大研究合资企业的著名专家彼得·基林（Peter Killing）所著的《合资企业经营的成功策略》（*Strategies For Joint Venture Success*）一书，就是他根

① 李桂荣：《创新型企业文化》，经济管理出版社 2002 年版。

据对北美和欧洲35个合资企业和两个发展中国家的合资企业的调研结果写成的，提出了其著名的合资企业经营论。

彼得·基林总结出两种可以衡量合资企业经营好坏的方法：第一，由合资企业的管理人员依据其主观感受对其经营业绩进行评定。第二，他认为衡量经营业绩有两个标志：一是企业财务趋于破产并对其固定资产进行转让，二是由于业绩指标的完成情况差而必须进行重大的改组。他指出，合资企业之所以难以进行有效地经营管理，其原因并不在于难以完成的经营任务，而在于这种组织形式本身并不是很好进行管理。有的合资企业会可能拥有不止一个母公司，因此可以看出其经营困难不在于企业外部，而在于组织框架内部。他还着重指出：合资企业取得成功的关键主要是核心和技术。而且相比较而言，这种成功的经营管理的主要经验并不在技术方面，而是主要在如何处理人际关系方面。在跨文化的合资企业中，处理管理问题最主要的是要建立一种关系，可以使来自不同国家、不同公司的人能够一起共同工作互相协作。这其中的关键是要能正确地处理、有效地协调周围的环境，同事间关系的主要因素就应该是信任与相互关心。① 合资企业要成功，必须做到：合营者要选好；合资企业的基础设施要制定好；合资企业的领导班子要好。

（6）保罗·毕密斯（Paul W. Beamish）也做了这方面的大量的数据收集和调查。他在全球27个发展中国家中选择了66家合资企业进行广泛的资料收集和调查。在广泛的收集资料并重点对这些合资企业中核心的12家企业进行重点分析的基础上，他出版了《发展中国家的跨国合资企业》（*Multinational Joint Ventures in Developing Country*）一书，深入分析了发展中国家的经营管理模式和方法。他认为，合资企业取得成功的先决条件就是合资双方的需要和承诺，由于成员们尊重了双方的需要和履行各自的承诺，企业都取得了令人满意的经营成果。②

上述这些跨文化企业管理理论都是从不同的角度对不同国家的合资企业的管理环境、管理制度、管理过程、管理效果和方法等方面进行了比较分析，但我们可以看出其中的不足就是始终缺乏一个全面的整合以及系统的研究，尤其是缺乏从跨文化企业自身经营管理和发展的角度出发来对跨文化企业管理的稳定性、整合创新性以及如何形成跨文化企业文化机制进行系统深入的研究。

总之，国外的学者在进行跨文化企业管理的研究上作出了很大的贡献，他们的研究领域从最开始的发达国家之间的跨文化管理研究到后期的发达国家与发展中国家的跨文化管理，从简单的基础理论研究到深入的应用理论研究，取得了很

① J. P. Kiling. How to Make a Global Joint Venture Work . Harvard Business Review. 1982. May – June: 120 – 127.

② 保罗·毕密斯：《发展中国家的跨国合资企业》，东南大学出版社1991年版。

多的成果。但是，随着经济的发展，尤其是中国加入 WTO 以及经济全球化进程的不断实现后，几乎所有的跨国公司都将目光移向了中国，把企业在中国的发展远景作为企业长期的发展战略目标，因此，在中国的合资合作经营无疑是众多跨国企业的一种普遍选择。但是美国著名管理学家彼得·德鲁克也曾经指出，“合资企业是在众多经营方式中阻碍最多、经营管理要求最为复杂，也最不容易被理解运用的一种方式”。因此，对中外合资企业的跨文化管理研究已经成为新的课题。

二、国内学者的理论研究综述

在我国，关于企业跨文化管理的研究还处在一个刚刚起步阶段，对企业跨文化管理的理论体系的研究还不够深入和成熟。改革开放以后，人们把注意力越来越放在经济发展上，外商对华投资的力度和数量也在不断加强，这时中国的研究学者们才开始致力于跨文化企业管理的问题，经过一定的努力也取得了一定的成果。国内已经有学者提出了如何实现跨文化企业经营管理的方法步骤，大致总结为：第一，认识并承认文化差异，建立并发展文化认同的气氛；第二，为了提高企业员工对跨文化环境的适应度，组织针对来自不同文化背景的员工一起进行适应性（也叫 T 小组）的跨文化培训，减少文化差异给人们带来的敏感性，不断造就一批高素质的跨文化企业管理人员；第三，建立企业员工共同的经营管理观，建设“合金”企业文化。

国内还有其他学者研究认为，跨文化管理的核心即要求企业经营管理者彻底改变传统理念上的管理观点，把工作重点从业绩上逐渐转向企业跨文化背景下的文化建设和管理上，其全部注意力着眼于企业中的“人”，其管理手段的核心可以总结为两个方面：在企业内建立自身的企业伦理体系，通过文化调控机制，实现企业内部结构的全面优化。①

还有学者从其他角度对这一领域进行了研究，例如，对外国公司在中国进行跨文化企业经营管理时所产生的文化差异和冲突的研究；对中方与外方合资合作企业进行经营管理时所产生的跨文化问题的研究和探讨；对中国西部的中外合资企业的跨文化商业来往和相处礼仪问题进行了研究；对中外合资企业人力资源管理的跨文化差异进行了研究等。

总体来说，中国大部分学者在对跨文化企业管理的研究方面还主要停留在以学习、进入和阐述国外的更先进的跨文化企业管理的理论和方法上。在结合中国的实际情况做出的分析研究中，华东师范大学的俞文钊教授和贾咏硕士针对国内

① 胡军：《跨文化管理》，暨南大学出版社 1995 年版。

这方面研究比较匮乏的情况，深入地对中外合资企业跨文化管理的模式和方法进行了系统的分析研究。并共同出版了《共同管理文化的新模式及其应用》一书，提出了“共同管理文化新模式”，这是一种能够为双方共同接受的新而有效的管理模式，是他们在结合理论研究成果与实际调查实践的基础上提出来的。[①] 在共同管理文化（CMC – Common Management Culture）下可以分为两部分，即结构组织与系统展开两种模式，在这样的文化模式中他们阐述了有关共同管理文化的定义、特征、原则和有效方法手段等所组合的结构体系。他们对近 30 家合资企业进行了调研，其分析结果表明，在引进先进技术的过程中，诸如如何进行对合资行为动机的匹配、如何进行信息交流等因素都对共同管理文化模式的完整程度起到了决定的作用。其主要内容包括：

（1）关于共同管理文化的含义及结构。俞文钊教授等给出了关于共同管理文化的定义：即基于中外合资企业的双方的利益共同点，通过组合、融合双方不同经营管理的文化价值观使其在特定合资企业可以达到共同经营管理的目的，并通过双方相互了解、相互协调、相互沟通从而建立满足企业双方成员要求的新的企业文化管理风格或模式，这种模式可以满足合资企业内部企业体制的合理化和运行机制的高效化。

（2）根据中外合资企业的实际情况而言，跨文化管理模式 CMC 具有以下四个特征：它具有典型的“中国特色”的国内外文化管理组合的跨文化企业管理模式；它体现了不同国家企业管理文化“最佳组合”状态的跨文化企业管理模式；它的典型特征是其企业机制的内部合理性和运行机制的高效性；它是个充满不确定性的、动态的跨文化管理模式。

（3）共同管理文化拥有自己运行的十条基本原则，这些基本原则决定了共同管理文化活动的基本规则、方式，这些基本原则有助于确保企业跨文化管理按照正确的途径进行。具体原则有：可行适宜原则、因地制宜原则、系统性原则、平等互利原则、相互尊重原则、相互了解原则、相互信任原则、协商共事原则和长远考虑原则。

（4）有效执行大家的共同决策并不断提高中方管理人员的素质是这十条共同管理原则的有效方法和手段。具体来说，基本的做法包括：选择企业中最适合的人选、加强企业内部的管理培训、建立相对合理的员工考核制度、不断创新与自我完善、举办参加研讨会、企业内部制度化、加强企业管理决策的正规化、促进中外双方信息的有效沟通和交流、重点增强员工的共同参与、创造良好的工作环境（良好的岗位环境和良好的人际环境）、加强对各类专业和技术人员的培

---

① 俞文钊：《共同管理文化的新模式及其应用》，《应用心理学》1997 年第 1 期。

训、增强合作技术和协调本领。总而言之，“合作与协调”就是CMC合资企业共同管理模式的关键要素。在CMC中，这种合作与协调的形成是要经过双方共同的努力合作和密切配合的，是一个学习的过程。

共同文化管理模式是针对合资企业的跨文化管理中的诸多问题建立起来的，它为从事中外合资合作企业的跨文化管理研究的专家学者们提供了一个良好的分析框架和理论基础。但共同文化管理模式还不够完善，还存在一些自己的缺点。尤其是在中外合资合作企业跨文化管理的原理方面，在一些方面缺乏比较深入、比较系统的研究，如跨文化企业管理的稳定性、跨文化企业管理的整合创新机制以及跨文化企业管理过程中的企业文化的形成等。

经过以上论述，我们可以得出结论，有关专家学者对跨文化企业管理的研究以及相关结论已经为我们实施合资企业跨文化管理提供了坚实的理论基础，但综观国内外专家学者们对中外合资合作企业之间的跨文化研究，实证研究所占的比例还很不足，对中外合资企业跨文化管理的内在运作机制、跨文化企业的管理模式及中外各方如何在跨文化管理过程中尽快地实现双赢的研究等还存在不够全面和深入的问题，这些都为我们继续进行企业跨文化管理研究提出了新的课题和研究方向。

第三节　研究方法、创新要点及结构安排

一、研究方法

1. AGIL分析法

关于社会组织系统的AGIL理论是由美国著名社会学家帕森斯提出的。帕森斯的AGIL观点认为，每个组织系统客观上来说都存在着两套关系：其一，既然它牵涉到了组织体系与其外界的关系，因此也必然会牵涉到一个组织体系内部的关系问题。其二，既然它牵涉到每个组织与组织发展目标的关系，因此也必然牵涉到与其组织发展目标相关的方法性的关系。这样的两套关系是每种作为社会组织体系的存在带有规律性和客观性的特征。而AGIL理论正是以这种规律性作为研究依据的。[①] 本书把这一理论应用到中外合资企业这一特定组织中。所谓AGIL是指组织（企业）的四项功能，即适应性功能（Adaptation）、实现目标功能

① 杨著：《个人策略与社会结构——制度的演化理论》，王勇译，格致出版社2008年版。

（Goal Attainment）、整合功能（Integration）和模型维护功能（Latency）。AGIL 是这四种功能英文首字母的缩写。任何一个企业或者组织体系都不可缺少这四种功能，并且这四种功能在企业或者组织体系中的作用也不是孤立和单方面的，而是作为整体共同发挥作用的，是与其他功能相互联系的，是双向的。

2. 系统分析法

人力资源管理是一项系统工程，它是企业为了适应内外环境的挑战在 20 世纪七八十年代发展建立起来的一种新的人事管理策略，它除了继承传统的人事管理功能和职责外，在观念上也从对待员工只是传统的、消极的控制和管理转变成积极的开发和管理，以系统、发展、规划的观点并配合科学的行为学理论的知识与技术来处理组织中人力资源管理的问题。① 本书采取系统研究方法，在创立和构建中外合资企业跨文化人力资源管理模式的过程中，首先必须要做的就是进行有效的跨文化沟通，因为跨文化沟通作为跨文化企业管理的基础，对企业行为有着显著的影响力。在努力实现企业跨文化沟通管理制度的基础上，才有可能建立形成激励机制与约束机制并存的企业制度和严明纪律，也只有制度与纪律的健全才能有效促进企业员工的行为的正确性和管理活动的高效性，唯有做到以上几点才能最终形成企业上下所共同认可的企业文化。因此，上述过程就是合资企业跨文化管理的三维理论框架的形成过程，即从有效的跨文化沟通到管理制度与纪律健全再到沟通企业文化。同时，强调必须把 TCHRM 模式看成一个完整的系统，才能达到合资企业管理系统的完整和平衡。

3. 调查分析法

本书对近十家合资企业约 200 名核心员工以问卷的方式做了调查，笔者根据自己多年在合资企业工作的经历以及和若干合资企业中外方的中高层管理者访谈沟通的基础上设计了问卷的题目，以调查问卷和访谈的形式，通过大量数据比较，用定量和定性分析相结合的方法，为合资企业核心员工的跨文化管理研究提供了重要的方法论依据，用来对合资企业核心员工跨文化管理行为进行直接的观测与调查研究。通过调查表的数据来说明合资企业内部存在的跨文化差异与冲突的各种表现形式与成因的各项因素。使用的调查表格包括有参与合资企业跨文化管理调查人员的基本情况表；合资企业跨文化冲突表现形式及影响程度表；合资企业跨文化管理现状评价表（满意度调查）；关于合资企业跨文化差异（文化项目）比较的统计结果表。应用这种方法对跨文化企业核心员工工作动机差异、工作激励效应的量化等都可以研究。

4. 比较分析法

比较研究是一种通过分析比较调查结果来获得普遍有效原则的论证方法。本

① 邓瑾轩：《人力资源管理》，重庆大学出版社 2002 年版。

书在论述核心员工文化差异对合资企业管理的影响时，采用比较研究的方法分析中西方文化在风险观念、对工作和成就的态度、对上级和权威的态度、对个人和集体的态度、对物质利益的态度等方面的不同；分析中美、中日合资企业在劳资观、分配观、等级观方面的差异；分析中美、中日合资企业在招聘与使用制度、考核与晋升制度、培训制度等方面的差异等。

二、创新要点

（1）应用了跨文化人力资源管理的调查研究方法，采用了调查问卷的形式，对 10 家合资企业关于跨文化人力资源管理问题进行了调研，其中包括参与合资企业跨文化管理调查人员的基本情况表；合资企业跨文化冲突表现形式及影响程度表；合资企业跨文化管理现状评价表（满意度调查）；关于合资企业跨文化差异（文化项目）比较的统计结果表。信息全面丰富，对研究中外合资企业中的跨文化人力资源管理活动及问题研究提供了基础和翔实的依据。

（2）将跨文化管理理论与笔者近 10 年在合资企业管理工作的实践相结合，整合了霍夫斯坦德的文化维度理论，人力资源管理 $4P_s$ 活动流程以及核心员工来源国属性三维度要素，提出了合资企业核心员工跨文化管理问题的三维分析框架，在该三维分析框架的基础上对合资企业核心员工跨文化管理的问题进行分析研究和探讨。

（3）针对合资企业核心员工的跨文化管理问题，本书提出合资企业核心员工 TCHRM 跨文化管理的模型，并详细论述了模型的设计和实施，即从跨文化沟通到共同管理制度再到共同企业文化。提出把学习型组织理论应用到合资企业核心员工的跨文化管理 TCHRM 模型中，使企业成为一个跨文化学习型组织。企业在建立学习型组织、共同愿景等环节中逐步减少文化摩擦，使每个成员都能把自己的思想与行为同公司的经营业务和宗旨结合起来，增强合资企业的跨文化管理能力，建设“合金”型企业文化。

（4）把世界各国在管理文化上的差异看做是不同的文化要素，提出企业应根据具体情况选取合适的文化要素的思想，并借鉴 AGIL 整体功能分析法作为合资企业文化选择的方法，从而使企业在进行创新时，不会因为管理者个人素质和偏好而随意取舍管理要素，提高管理模式的科学性、完善性和可操作性。笔者力图探索一个适合中外合资企业克服文化差异、消除文化冲突的跨文化人力资源管理模式，使中国企业能更好地利用外资，发展经济。同时也为中国企业“走出去”，向现代化、国际化发展提供参考和借鉴。

三、研究框架及章节安排

本书研究内容主要包括七章：

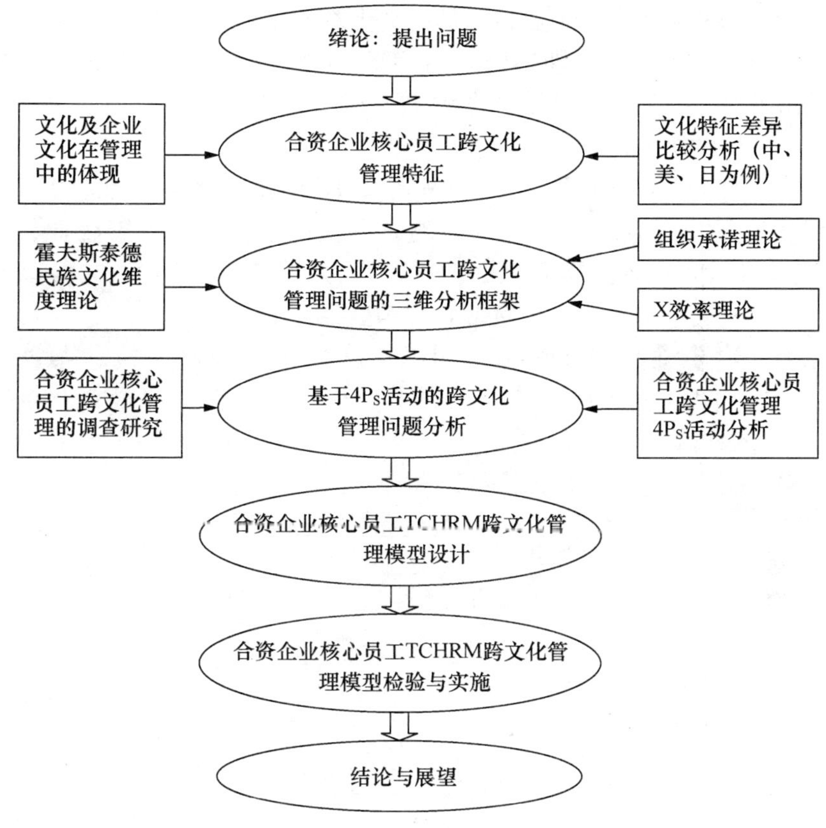

图1－1 研究框架

第一章，绪论。首先提出问题，介绍论文选题的背景及研究意义；国内外学者关于跨文化管理的理论研究综述；论文所采用的研究方法创新点、研究思路和技术路径等。

第二章。合资企业核心员工跨文化管理特征。研究了具体包括合资企业的概念界定、主要形式及合资企业的演进和现状；核心员工管理特征；合资企业核心员工面临的文化差异、合资企业的跨文化管理特征等。

第三章。合资企业核心员工跨文化管理问题的三维分析框架。在霍夫斯坦德的文化维度理论、组织承诺理论以及X效率理论的分析研究基础上，提出了合资企业中核心员工跨文化管理的一个三维分析框架，该框架为三维立体分析跨文化管理问题的工具，框架由霍氏文化维度、人力资源管理 $4P_s$ 活动维度及核心员工来源国属性维度三个维度构成。

第四章。基于 $4P_s$ 活动的跨文化管理问题分析。具体为合资企业核心员工跨文化管理的调查研究和合资企业核心员工文化差异文化冲突的调查分析；在对合资企业核心员工 $4P_s$ 活动（即招聘录用 POSITION 活动、培训开发 PROMOTION 活动、薪酬 PAYMENT 活动及绩效考评 PERFORMANCE 活动）分析基础上对合资企业核心员工的跨文化管理问题进行分析。

第五章。合资企业核心员工 TCHRM 跨文化管理模型设计。在合资企业文化适应过程理论及合资企业跨文化沟通的研究基础上，提出合资企业核心员工 TCHRM 跨文化管理模型及模型中三个层面（有效的跨文化沟通、共同管理制度、共同企业文化）与核心员工人力资源管理 $4P_s$ 活动分析。

第六章。合资企业核心员工 TCHRM 跨文化管理模型检验与实施。为 TCHRM 跨文化管理模型效度验证及因子分析，并提出了合资企业核心员工 TCHRM 模型的具体应用策略。

第七章。结论与展望。即主要结论和进一步研究方向。

第二章

合资企业核心员工跨文化管理特征

第一节　合资企业的概念界定、主要形式及其演进和现状

一、合资企业的概念界定及主要形式

中外合资企业（Chinese - Foreign Joint Venture）指一个或一个以上的外国投资者，经中国政府批准，在中国境内同中国的企业共同投资建设，共同经营，共同承担风险，并按一定比例共同收益的企业。① Joint 是联合或共同之意，Venture 则有冒险或冒险事业之意，合起来的意思指共同经营和共同承担风险②。

南斯拉夫的卢布尔雅在 1979 年举行了题目为“发展中国家合资经营企业”的研讨会，而联合国也在这次研讨会上正式提出了有关“真正合资经营企业”所必须具有的特征，这些特征归纳为六点，并被学术界与实业界所广泛接受。具体内容是：第一，该公司必须是一个独立形式的公司实体；第二，公司的股东是由来自两个或更多国家和地域的人投资建成的；第三，来自不同国家或地域的股东均提供了公司的资本资产；第四，来自不同国家或地域的股东都参与企业的经营管理，并在一定程度上分担企业的经营管理责任；第五，来自不同国家或地域

① 《中华人民共和国中外合资企业经营法》。

② 严文华：《跨文化企业管理心理学》，东北财经大学出版社 2000 年版，第 16 页。

的股东共同承担企业的全部风险；第六，除分享纯收益外，合伙者均不得从合资企业中取得其他收益。①

合资企业的形式有多种。综观我国，主要有这样两类中外合资企业：一类是股权式合资企业（Equity Joint Venture），即合资经营企业，其核心是由股权决定企业经营权和资源分配权，其特点是股东按其投资的比例来承担风险和享受利益；另一类为契约式合资企业（Non - Equity Joint Venture），即合作经营企业，其核心是以合同条款规定来约束各方的行为，其特点是各股东严格按合同条款的规定分担风险和分得收益分配比例。

本书对合资企业研究范围的界定为在中国境内设立的中外合资企业。无论何种合资形式，合资企业的性质主要表现为：

（1）资本权益协同体。企业不是各方单方面的体现，而是作为投资各方的权利、义务、责任、风险和收益的统一体的体现。在一个合资企业中，其表现形式是一个整体，是各方互相取长补短后的有机组合，企业所做的任何决定是以企业整体利益为基点进行考虑的，这种协同体现并不是简单地把各方的资产相加，也不是简单地分配各方的权益。

（2）经营管理共同体。尽管在股权或契约中明确规定了股东各方的管理权限的分配情况，但是对合资企业的经营管理，还是应该由基于对各方文化的理解上所作出的共同性决定。而这种共同性对于企业来说是十分重要的，可以说是合资企业得以生存、发展的必要条件。

（3）精神文化协同体。从表面上看，可以把跨国投资看成是一种经济活动，而从实质上看，跨国投资更是一种人与人之间的合作与交流。因此，人与人之间尤其是不同国家人与人之间悬殊的文化差异、环境差异、个体差异等，都必定会给跨文化企业的管理带来冲突、矛盾和摩擦。而如何解决这些文化差异所带来的冲突和矛盾，就是我们进行文化理解、差异宽容、融会和趋同的过程。这个过程不是胜者为王、非输即赢的对立博弈过程，而是不同文化的各方开诚布公、互信合作、取长补短的有机整合的过程，一旦这一过程成功地进行，就会创造出一种全新的共同文化和心理模式。从这个意义上说，中外合资企业是精神上的融合体。

二、合资企业在中国的发展阶段

1978 年党中央召开十一届三中全会，把党的工作重心全面转移到建设国家经济、实行改革开放上以来，中国经济不断发展并始终保持与世界各个发达国家、地区进行不同形式上的经济合作、技术交流、人才交换，尤其鼓励中外合资

① V. V. Ramanadham. Joint Venture and Public Enterprise in Developing Countries, pp. 25 - 26.

企业的建立。中外合资企业对我国经济发展有着重要的作用，它是我国实行对外开放政策的重要表现形式和主要组成部分，作为我国企业整体系统内的一个分支，是利用外资的直接途径和主要形式。经营管理好中外合资企业对于加快我国经济建设，引进国外先进技术和管理经验具有重要的意义。

综观国内合资企业发展的30多年历程，我们可以总结为以下五个阶段：

（1）准备及试验阶段（1978～1982年）。这一阶段是经济发展的初期，在此之前中国一直闭关锁国，所以待新的政策出台时，国内一下子难以适应对外开放的客观实际，这一阶段各企业主要从想法上做了引入外资的准备工作。同时，立法部门也采取行动配合，建立了有关外资企业在中国投资创办企业所要遵守的各种基本法规，并首先在广东、福建两省推行“特殊政策、灵活措施”的方针，试办了四个对外开放的经济特区。

（2）初期发展阶段（1983～1985年）。在这一阶段，我国的一些涉及外资企业的基本法规已经陆续建立，相关的方针和政策也陆续得到了健全。这些政策的健全逐渐扩大了各地方政府吸引外资的权力，进一步改善了对外商投资的管理模式，增强了各地政府的金融服务职能，这也对中国投资环境的优化以及合资企业步伐的加快作出了贡献，使合资企业在数量上也有了明显的增加。

（3）持续发展阶段（1986～1991年）。鉴于前一阶段外商直接在华投资大多比较成功，国务院决定进一步放宽外资在华投资建企业的政策。因此，在1988年国务院决定扩大沿海经济开发区的范围，并批准设立了海南经济特区，以及在1990年决定开发和开放浦东，这些重大举措都推动了合资企业在华投资的健康持续的发展。

（4）上规模、上档次阶段（1992～2001年）。1992年，中国开始市场经济化改革，在中共第十四届三中全会上，党中央通过了建立社会主义市场经济体制的决议。此后，随着政府政策的放宽、人们观念的改变，我国市场开放程度也不断提高，随着居民收入水平的不断提高，我国国内的市场容量也日益扩大，各种法制法规建设也得到了相应的健全和完善，这样就使来华投资的外商感觉到中国政治和经济环境的安全性，使其企业的收益性有了很好的保障，也有利于大规模外资进入中国。中国从1993年起已经连续4年成为发展中国家吸引外资最多的国家，在全世界仅次于美国，位居第二。

（5）与世界经济全面接轨阶段（2001年至今）。我国的改革开放不断深入，我国社会主义市场经济体制已经初步建立完成并成功加入WTO，经过这样一系列的举措后，各个国家的跨国公司开始大量进入中国寻求发展的机会，中外合资企业也不断地创立起来。中方和国外投资商共同进行企业投资以及经营管理，并共同承担风险、分得收益，也正因为如此，中国的经济开始全面实现与国际经济接轨。也就在这一阶段，无论是在数量上还是在规模上我国的中外合资企业都有了一个很大的发展，截至2002年，中国已经成为吸引投资最多的国家，超过了以往位居首位的美国。

三、合资企业的发展状况及对中国的影响

我国实行改革开放的这30多年中，在利用外资在华投资方面取得了巨大的成功：对外资的利用情况逐步从无到有，从少到多。具体表现为自1993年以来，我国在引入外资方面已连续5年位列世界第二。在2001年，我国在引进外商投资方面创造了历史的最高水平，达到468.46亿美元，这也就是说，外商平均每天在我国的直接投资已经接近1.3亿美元。2001年1～12月，全国新批外商投资企业26139家，比上年增长16.01%，合同外资金额691.91亿美元，同比增长10.43%，实际使用外资金额创历史最高水平，达到468.46亿美元，比上年增长14.9%。截至2001年12月底，全国累计批准外商投资企业390484个，合同外资金额7459.09亿美元，实际使用外资金额3954.69亿美元。[①] 在中国经济发展的方面来说，外资企业也发挥着越来越大的推动作用。一方面，与外资企业一起进入中国的不只是资金，更有创办企业的大量的先进技术和管理经验。作为先进技术和管理经验重要载体的合资企业，更是先进技术研发、开拓和控制的主体。这样越来越广泛的外资企业的跨国投资行为，逐渐推动着世界范围内的技术流动程度。另一方面，外资企业进入中国打破了国内单一的产业结构，这为中国产业结构和产品结构的优化以及外贸发展和对外出口的迅速发展都作出了自己的贡献，同时增强了我国经济的国际竞争力。从总体上说，外资企业进入我国打破了我国经济体制原有的内循环格局，推动了我国从计划经济到市场经济的体制变革步伐，对市场建设和经济发展都起到了积极的作用。

随着世界经济不断向全球化、一体化发展，世界各国对外开放的程度都达到了最高峰，尤其是在中国加入WTO以后，更是进入了新的大背景环境下，即更大程度地融入了国际经济中。综观全局的发展我们不难看出，在中国中外合资企业的发展主要有以下几个特点：中国逐渐成为世界各个著名大公司抢占的投资热土，他们都争先进入中国市场；经过几年的发展，中国的外资企业无论在数量还是质量上都呈现逐年上升趋势，因很多在华投资的外资企业都在逐渐地扩大规模、追加投资；在技术水平上，中外合资企业也有显著提高；在利用外资企业上，中国的效益也不断增加。在创办中外合资企业上之所以能够取得这样的显著成就，离不开对其成功有效的管理。当然，这样的成功也离不开社会经济

① 数据来源于“央视国际网络”，http：//www.cctv.com。

的不断发展、顺应时代的政治改革以及出台的国家政策。中国为中外投资可以顺利地进行，不断地努力营造企业顺利发展所需要的相对稳定的政治环境和良好的投资环境；不断放宽和改革国家外资政策的引导和支持；逐步构建并完善外资投资的相关法律体系；在引进国外资金、先进技术、健全的法律体系的同时，还着重引进其创新能力等，而探索其中更为深刻的原因是：不断进行对中外合资企业管理模式的探索，包括嫁接式管理、共同管理文化新模式、管理和技术人才当地化等。

同时，不可避免的是，中外合资企业在中国的发展过程中也会存在一些问题。如中外合资企业的分布仍然存在着地域性的限制和行业上的差异；在双方收益方面，不可避免地存在着外方收益与中方收益的冲突；在合资过程中也存在着一些我们不愿意看到的现象，例如国有资产流失、国有品牌被收购或取消，这些都会导致本国的东西越来越少；外商资金进入中国后，导致中国有些行业的市场竞争变得更加激烈；现今的中外合资，部分还停留在以市场换技术的阶段，这就面临着失去市场的矛盾；在中国市场上，逐渐体现出民族工业与合资企业之间的矛盾关系；市场的发达程度不均匀，主要的购买力集中在一线城市或者较大城市；运作成本有上升趋势等。这些中外合资企业在中国的发展过程中所展现出的问题并不是偶然的，除了部分客观因素外，一些主观因素也不可否认地存在着，比如双方的合资动机和目的，这对合资的质量和结果来说就非常重要，在现实中不乏这样的情况，即有些不法外商只图赚钱，大量破坏中国的环境，而有些中方合资方只重名不重实，不对来华投资的外商进行严格审查，仅仅为了增加外资的数量；实际运作中中外合资企业的运营成本非常高，究其原因在于没有很好地实现人力资源、物力资源的本地化。若更深层次来看，会对合资企业的经营管理的顺利进行造成影响的还有很多因素，例如民族优越感、文化差异与价值观异同、语言障碍或翻译过程中的信息不对称、对非语言信号的错误理解等。

毫无疑问，合资企业承载着重要的先进技术，同时也不断进行着技术的研发、利用和控制。随着全球经济的区域化逐渐模糊以及全球领域内的技术流动越来越频繁，对跨国公司或合资企业的跨国经营和投资行为就更加需要。与外商投资企业一起进入中国的不仅是资金，还有大量的国际先进科学技术和企业管理经验。同时，也对我国市场产业结构和市场产品结构的优化和健全起着重要的作用。外商投资企业在华投资的过程也是一个资源共享的过程，投资方可以将受资方纳入其全球生产以及销售的分系统中来，这样一来，受资方就能够分享投资方在经营、管理、销售、融资方面的优势和经验，有了这些优势和经验便能进一步提升受资方出口产品和进口产品的组合结构，可以有效推动由初级产品出口为主过渡到产品加工以及技术含量和经济附加值高的产品为主。我国进口结构的转变具体表现为由消费型进口结构转变为生产型进口结构，如此就很大程度上加快了我国的外贸发展和对外出口的进程，增强了我国经济的国际竞争力。据统计，2001 年外资企业的出口额占到我国出口总额的 50%，比 2000 年增加了 4 个百分点，2002 年我国经济将会继续持续稳定地增长。①

合资企业进入中国后打破了我国原有的经济体制内循环走向和格局，进一步促进了我国从计划经济到市场经济的体制改革，促进了市场的建设和经济发展，主要表现在以下几个方面：

（1）给中国带来了新的市场营销理念，促进了市场规范化的形成。若引进中国的只是资金和技术，这不能带来大量的市场和顾客，但是引进资金和技术的同时也在外资企业获得了他们先进的销售理念、多样的促销方法、正规的市场运作、财务统筹等，这样就造就了潜在的顾客，又促进了整个市场的形成。

（2）给中国带来了市场规章、交易规范、国际间行为惯例、质量控制理念和方法等，促进了中国市场制度建立。法律政策的完善、市场运作的规律性和有序性都可以称为市场经济构建的重要环节。在改革开放的初期，由于我国以前长期处于计划经济体制下，对市场经济的相关规范并不熟悉、对具体操作也很生疏，直到大量的合资企业和跨国公司进入中国后，为我国带来了国际化操作规范和运行的规则，通过他们的主体活动也使中国的企业获得了新的市场观念，促进了中国经济立法的完善，同时也有助于降低国内市场的交易成本，提高交易效率。

（3）中外合资企业建成后，人员也会掺杂在一起，通过在合资企业内就业的人力资源，把全新的市场营销理念、先进的经营管理模式和专业信息技术传入了中国。目前在合资企业里任职的中国员工，主要是负责中下层管理领域与专业服务领域的工作，随着合资企业和跨国公司自身的规模不断扩大，以及本土化策略的不断实施，这些员工自身素质和专业技能都在提高，他们作为东西方文化、成熟市场和发展中市场的桥梁，既来自中国市场又影响重塑着中国市场，他们既是受训者又是培训者，接受的是西方先进管理和专业技术培训，同时又给予同样的中国员工类似的培训和影响，不论从哪个角度分析，这些员工对中国市场经济的建立和发展都是一支重要的潜力军。

总之，中外合资企业作为跨文化企业，其独特的多元文化背景使其管理活动也非常独特，因而也成为非常重要的管理新内容。

① 数据来源于“央视国际网络”，http：//www. cctv. com。

第二节　核心员工管理特征

一、核心员工的含义

关于核心员工（Key Employee）的含义，企业界和理论界的探讨和争论比较多。从现有研究文献上看，对于核心员工的界定，主要存在以下几种观点：

美国联邦航空管理署（FAA）将核心员工定义为：在组织中占据核心地位的员工，这样的员工在组织中不易找到合格的替代者，他的工作无法转交给其他员工从事，他因突发事件而离职或者被赋予其他职责时，都会对原部门的职能和工作的持续性产生严重的影响。

Dess、Gregury G. & Jason D. Shaw（2001）从组织社会网络系统角度对核心员工进行了研究分析，他们把核心员工定义为在组织中处于关键网络节点（社会主体），能够创造出倍增性关联价值并具有很强影响力的人员。他们通常是知识性员工，并具有较高的个人人力资本价值，在组织网络中地位也很高，通常集中在中心节点周围，如管理者和专业人员。显然组织内的核心员工所具有的诸如网络资源地位等方面的优势决定了企业一旦失去这类员工（如自愿离职），会对组织绩效造成严重后果。

国内学者杨巍（2001）认为，核心员工是指企业中自身具有较高的天赋且在工作岗位曾经接受过较长时间的专业教育和培训，因此在本专业领域具有较高的技术和能力，经过长时间的历练且拥有在本行业内从事工作的丰富而宝贵的经验及杰出的技术研发或企业管理才能，这样的人在企业中只有少数一部分，但是却发挥着关键的作用。唐效良（2002）认为，企业核心员工是指企业中拥有专门技术、掌握核心业务、控制关键资源、对企业的生存和发展会产生深远影响的员工；并指出可以运用“因素评分法”来确定企业的核心员工。

总之，对于核心员工的定义，国内外不同的学者有着不同的看法，就如在不同性质的企业中，其核心员工的范围也不一样。

二、核心员工的构成及特征

从企业价值的来源角度讲，可以把核心员工大致分为三类：第一类，具有专业技能的核心员工。这一类员工拥有企业主营方面或区域的专业技能，他们的工作业绩和工作质量直接关系着企业的发展甚至正常运转。第二类，具有庞大关系网络的核心员工。这一类员工拥有很高的沟通能力以及人际交往经验，拥有大量的企业所需外部关系资源，通常被看做是企业与外部组织沟通的桥梁，如优秀的销售人员和业务人员就是获取所需资源和产品输出的重要因素。第三类，具有卓越管理技能的核心员工，这一类员工主要作用是能够帮助企业高效有序地运行，并预防抵制企业经营管理风险的产生，节约企业管理的成本，他们的工作方法和绩效与企业的发展密切相关。

总体来说，核心员工就是指能够帮助企业实现公司整体战略目标、保持企业核心竞争力并提高公司的竞争优势的员工，这类员工能够直接有效地帮助企业管理者提高关键业务能力、企业经营管理能力和抵御企业经营管理风险能力。对于核心员工来说，只具有丰富的工作经验是不够的，还要拥有精湛的专业知识和经营管理能力。企业在人力资源管理方面要重点培养并留住核心员工，因为若产生核心员工的短缺，将会给企业带来连锁性的甚至是更大的损失。而由于核心员工自身所具有价值的不可替代性，其通常会具有不同于普通员工的心理特征及行为模式。因此，充分了解其独特的心理特征及行为模式是吸引核心员工并留住核心员工的基本前提。核心员工具有如下特点：

（1）价值优越感。核心员工的价值体现主要在于其他员工所不具备的独特能力，这种能力是不可复制、难以模仿的，并且这种能力能为企业带来别人所不能带来的超额价值。这种独特的能力把核心员工与普通员工从诸多方面区别开来，如社会地位、组织地位、个人价值的体现、个人回报等，因为其卓越的能力和地位，所以他们往往会比普通员工希望得到更多的尊重，并更加注意维护其自己的尊严。

（2）更高的心理期望。相对于普通员工来说，核心员工更加清楚自己对公司的贡献以及对企业经营管理的重要性，因此也期待从企业中索取更高的回报。这种心理期望是以企业与核心员工之间的关系为核心内容的，不同企业的核心员工在其企业中参与决策机会以及参与程度不同，也影响着其决策对企业贡献的大小和个人所可以获得的物质回报，也直接影响到核心员工相对于普通员工更高层次上的需求，如组织认可度、领导认同程度以及自我实现等。

（3）较高的专业忠诚度，较低的企业忠诚度。随着社会价值观的逐渐变迁、就业渠道的不断拓宽、劳动力自由流动程度的加深，使核心员工对忠诚度的概念也有所变化，由对企业的忠诚逐渐转移到对自己专业的忠诚。对他们来说，企业的发展不再是他们关注的重心，只是作为其发挥专业优势的平台，他们关注的重心更多地放在了个人在专业领域取得进步的程度以及个人价值额的提升。

三、核心员工的作用及管理现状

核心员工是有助于促进企业发展、实现企业战略目标的员工。可以说，企业

经营管理的根本目标就是实现其战略目标。因此核心员工对企业的作为是不可小觑的，因为核心员工能够将其自身优势与企业提供的资源相结合，来推动企业战略目标的实现。

核心员工是指能够保持企业竞争力、提高企业市场竞争优势的员工。随着市场竞争程度的日趋激烈，企业的形势是不进则退，所以企业只有保持并不断提高自己的核心竞争力，才能使企业在日趋激烈的市场竞争中逐步发展并壮大起来。核心员工可以凭借其精湛的专业知识和技能促进企业核心竞争优势的保持和发展，如凭借技术优势增强产品的市场优势和科技含量，凭借经营管理能力节约企业的管理成本和增强企业抵御风险的能力。

核心员工，是企业最有价值和最具创造力的人才资本和生产要素。按照著名社会经济学家巴特莱的“二八”理论，核心员工在人数上只占了企业人员总数的20%，但却占据了企业高端技术和经营管理的80%，也创造了企业80%以上的财富和利润，是企业的核心资源、竞争优势，甚至是企业的灵魂和骨干。换句话说，“千军易得，一将难求”，这样的话告诉我们，无论是现代还是古代，组织之间的竞争主要取决于企业是否拥有、吸引和留住了这20%的核心员工。但同时，由于核心员工所具有的独特价值，即其较好的专业技术水平、业务能力、经营管理经验以及创新能力，无可厚非地成为了企业管理者的主要争夺对象，也是企业重点挽留对象，因为他们一旦“跳槽”，将对企业造成无法估量的损失。于是，如何运用正确的管理策略来留住企业的核心员工，成为大家共同关注的重要课题。

尽管核心员工的价值如此重要，但大多数企业对如何管理核心员工这个方面还是相当薄弱的。大多数企业缺少针对核心员工制定的经营管理策略。管理协会对国内多家企业近2000名员工进行了研究，得出了如下结论：

（1）对核心员工的调查显示，企业核心员工中有超过70%的人认为他们的行为对组织的发展负有责任，但其中只有51%的人感觉企业是真正关心他们，企业的发展与他们息息相关，而在核心员工中对目前企业所给予薪酬感到满意的还不到总数的一半。

（2）经过调查分析，与普通员工相比，在决定核心员工对组织的承诺方面，薪酬满意度是一个更具主导力量的因素。

（3）在提升核心员工对组织承诺方面，组织的支持是最强有力的助力，但是企业中大多数的核心员工认为他们并没有得到足够的组织支持。

（4）不论什么样的员工，包括对核心员工来说，组织的工作环境是另一个对组织承诺具有很强影响作用的因素。

（5）核心员工对组织的忠诚度还受到很多因素的影响，如组织中所发生的一系列变革威胁。

现在企业主要通过年薪制、签订长期合同、职位晋升等方法对核心员工进行管理。但是必须注意的是，这些方法都已经被证明其效果是很有限的。心理学中适应性原理给我们这样的启示，无论企业给予员工多高的薪水和职位，员工的心理最终都会适应。然而员工一旦开始适应，那些无论产生过多大激励作用的方法都会失去作用。

企业的核心员工可以说是其核心竞争力的载体，他们关系着企业中很多的关键要素，所以一旦他们离开企业，对企业造成的损失将是难以挽回的。同时，组织中其他普通员工的奋斗方向和发展目标就是成为企业的核心员工。因此，企业如何对核心员工进行管理不仅仅关系着企业发展这一种意义，也是为一般员工的奋斗树立了标准、展示了其努力的前景。如果企业对核心员工管理不善、激励措施效果不佳，造成核心员工频繁流失或者抱怨，这不但会挫伤核心员工的积极性，同时也会对一般员工产生消极的影响。

核心员工流失的原因可概括为以下几点：

（1）缺乏个人发展空间。企业中传统的人事管理制度并不能全面地满足企业发展对人才的需要，并不能很好地体现人才资源的价值，普遍给人的感觉是对人才缺乏重视。在企业提拔人才时，企业常常会“论资排辈”，谁来企业时间长就用谁，而学历高、知识全面的新人，却因为缺乏经验而得不到重用；在人才配备上，企业很少能对员工做到人尽其才、才尽其用，致使企业在人才管理方面存在很多问题，如没有给员工提供足够的用武之地和广阔的发展空间，给员工太多的束缚，无法充分调动他们的能动性，致使人才在工作上的积极性逐渐减弱，最终导致核心员工纷纷跳槽。

（2）没有形成科学有效的激励机制。从众多企业的成功经验来看，价值得到充分的认识和体现是其吸引和留住核心员工的关键方法之一，这样做可以使企业的员工感受到企业给予自己的尊重和自身在企业的地位。但是就目前来说，大多数企业还没有从我国以前的吃“大锅饭”的管理制度中走出来，员工的薪酬也没有完全实行按劳分配，其待遇并不是与公司、部门、项目的业绩直接挂钩，就是说，员工在企业中的地位与所受的待遇也不是完全由其对企业所作贡献决定的。这些都会造成企业员工的流失率不断上升，企业中员工管理的问题主要表现为：缺乏科学合理的员工激励制度，缺乏激励核心员工的富有刺激性的一揽子奖励制度，导致对员工工作的积极性造成了严重的伤害。

（3）缺乏文化认同。若要进一步增强企业员工的认同感和归属感，企业应该着重在文化认同中下手，使企业的价值观得到广大员工的普遍认可，并与员工的价值观最大限度地保持一致。尽管近年来，我国许多成功企业的经典案例中已经强调了企业文化的重要作用，但在实际的企业文化的建设中却也常常出现很多问题，具体表现为：重形式轻实质，过分追求严格划一，对员工个性没有给予充分尊重，严重的等级观念以及教条僵化等。若一个企业的文化得不到其员工的足够认可，这会导致企业缺乏足够的向心力和凝聚力，致使员工缺乏工作热情，进而导致人员的不断流失。

第三节 跨文化管理概述

一、跨文化管理的概念

跨文化管理①，也称“交叉文化管理”（Cross Cultural Management），是指跨国公司在进行国际化经营时，对海外子公司或合资公司所在的东道国文化采取尊重和理解的管理方法，在跨文化的条件下，克服不同文化产生的矛盾和冲突，在多元文化共存的条件下创造独特的企业文化，从而对企业实行有效的管理。其目的在于在多元文化背景下，设计出适合企业的、卓有成效的管理机制和组织结构，在企业的运营过程中寻找超越文化差异的共同企业目标，维持具有不同文化背景员工共同遵守的企业准则，从而最大化地发挥人力资源的潜力，只有这样，企业才能朝着战略目标正常运转，才能在竞争中获得市场机会，赢得市场份额。

跨文化管理包括两类，分别是跨国界文化管理和跨民族文化管理。但是都必须解决的一个核心问题就是如何消除文化之间的差异。这种差异主要是由于语言和沟通方式的不同、宗教信仰和生活习俗的不同、文化价值观的不同、管理方式和行为方式的不同以及刚性的企业文化隔阂等原因造成的。

二、跨文化管理的发展

第一阶段：在古代，欧洲的一些早期民族，如古埃及人、古希腊人就已经开始通过陆路和水运等方式和不同文化背景下的人进行商业贸易。到了中世纪，一些欧洲商人已经在世界范围内建立起了自己的商业帝国，当他们和不同于自己文化背景的商人进行贸易时，必须了解对方特定文化背景条件下的语言、生活习惯和宗教信仰等，只有这样才能有效地保证贸易的顺利完成。这时候的跨文化管理仅仅依靠的是商人的经验，有关不同文化之间的比较也只是人类学家研究的内容。

① 来源自百度百科，http：//baike. baidu. com/view/654750. htm。

第二阶段：20 世纪四五十年代，跨文化管理才真正作为一门学科在美国形成和发展起来，它主要研究跨国企业或组织在进行跨国管理时，如何克服不同文化差异所带来的冲突和矛盾，进行有效管理，目的在于建立适合多元文化的管理机制和组织结构，充分利用企业的所有资源，实现全球经营的目标。主要原因在于，管理学在美国产生，并经过 100 多年的发展，形成了比较成熟的理论，其具有很强的普适性。但是“二战”过后，美国企业极力向外扩张，将自己的管理理念、模式和方法照搬到国外企业时，却遭受了重大的挫折，许多在美国企业中被证明是正确的或卓越的管理方法，在国外企业不起任何作用，甚至有时起到破坏性的作用。这就引起了美国学术界和企业界对自己管理理论和方法的质疑，进而开始探索如何在多元文化背景下实现跨文化管理的问题。

第三阶段：日本经济的崛起促进了跨文化管理研究的进一步发展。20 世纪七八十年代，随着日本经济的崛起，这一时期日本跨国公司和海外合资公司的管理也逐渐显示出其相比欧美管理的优越性，从而产生了对日本文化以及管理理念、模式和技巧的研究。通过研究发现，日本企业比较注重像战略目标、信念、价值观这些比较软的因素，更愿意从社会学和哲学的角度去处理问题。同时通过对日本的研究发现，日本并没有全盘照搬欧美的先进管理理念和思维，而是在引进的同时加以吸收和创新，创造出适合日本企业特点的新的管理系统。这一研究结果的发现促使各国学者开始大量地研究跨文化管理问题。

三、中外合资企业进行跨文化管理的必要性

文化差异给跨国企业的国际化经营带来了许多困难，但同时也带来了许多机遇和优势。主要表现在具有不同文化背景的员工在一起工作能够突破单一文化影响下的思维局限性，会产生许多新的、具有建设性的意见和解决方案，增强企业的活力和创新性；同时也由于员工文化和价值观之间的差异，不易形成“同盟”，有效地杜绝了企业中小团体或利益集团的产生。

柯沃克（Carol Kovach）教授在研究跨文化群体在何种情况下使企业的效益达到最佳时，总结了如下模型。如图 2 - 1 所示①。

柯沃克教授认为在单一文化下企业只能获得平均效益，但是在跨文化管理条件下却能产生最佳效益，当然这是基于跨文化管理很好的基础上的。因为在单一文化下，企业中容易形成利益群体，严重影响到企业的凝聚力和公平性，企业绩效无法达到最佳；而在跨文化中，这种现象很难形成。图 2 - 1 显示，如果跨文化管理得不好，对于企业来说则是破坏性的。在这种情况下，企业运营效率低下，

① 胡丽霞：《中外合资企业跨文化管理问题研究》，合肥工业大学 2009 年，第 8 ~9 页。

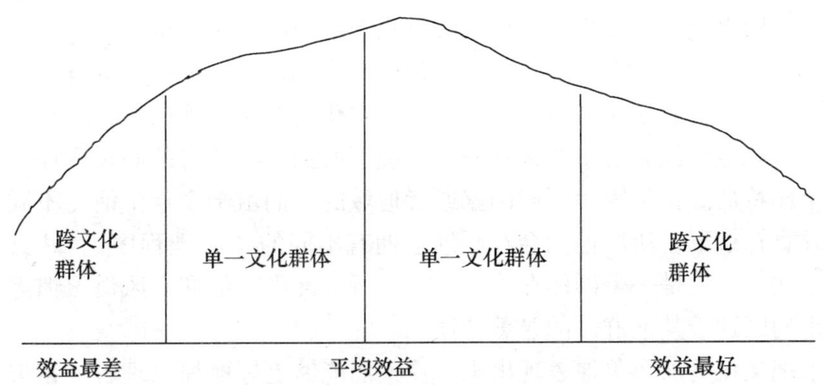

图 2－1　跨文化管理与企业效益示意

上级决策无法有效落实，导致企业效益低下，甚至双方合作破裂。因此，基于以上原因，在中外合资企业中进行跨文化管理是十分必要的。

第四节　合资企业核心员工管理面临的文化差异特征

一、文化及文化差异比较（以中、美、日为例）

1. 文化的概述

文化①“是一个复杂的整体，它包括知识、信念、艺术、道德、习俗和其他作为社会成员的人们具有的能力与习惯”。② 从管理的角度看，文化是一个社会与另一个社会区分开来的人们思维的集体化程序或“思维的软件”。③ 作为一种知识或“思维软件”，文化同时也是为人们提供解释行为方式、组合结构经验、陈述事件意义、解决问题的一种思维工具。

经过多年的发展，众多研究学者们已经给出了很多种关于文化的定义的解释，根据《不列颠百科全书》所列出的，在世界上的正式出版物中所列出的关于文化的定义已经有 160 多种。但是由于文化本身就是无处不在、源远流长、包

① 摘自百度百科，http：//baike. baidu. com/view/3537. htm。

② Melville J. Herskovits，Man and His Works. 1952，New York：Alfred A. Knopf，pp. 17－18.

③ G. Hofstede，Culture' s Consequences—International Differences in Work－Related Values，Beverly Hills，C. A. Sage，1980，p. 25.

罗万象的，所以至今仍没有一个可以统一众多解释的文化的定义。在同一环境中人的“共同的心理程序”，是由霍夫斯坦德（Geert Hofstede），即当今著名跨文化与管理专家、荷兰文化协作研究所所长对文化的定义。他认为，文化是具有相同教育背景和生活经验的一些人在一定环境下所拥有的共有的心理程序，而不只是一种个体特征。正是因为不同国家或者地域的人们由于多年生活在不同的工作环境、教育背景下，所以他们会在心理上拥有不同的“心理程序”，并具有不同的思维模式。文化是一个群体在价值观念、行为准则、信仰、风俗习惯等方面所表现出来的区别于其他群体的显著特征。

为了把文化更加形象地表现出来，让人们能够更好地加以理解，霍夫斯坦德把文化比喻成洋葱，意思是会有很多层。最外表的一层是一个国家或地域的象征物（Symbols），如着装、语言、建筑物等，这些都是人的肉眼能够很容易看见的东西；第二层的内涵是该国家或民族所推崇的英雄人物的性格（Heroes），因为在一种文化价值观领域里，人们所推崇英雄的性格代表了该文化中人们所认同的共同的性格，所以，若要了解一个民族或地域的典型文化，可以从了解该文化中广泛推崇的英雄的性格着手；第三层是礼仪（Rituals），礼仪是每种文化中人们在对待人和事物时所表现出来的习惯和行为方式，例如在中国文化中，在重要场合中人们所站位置的顺序很有讲究，又比如在日本见面时互相鞠躬；最里面一层的内涵是人们的价值观（Values），是指人们心中相信什么是对，什么是真、善、美，这也是文化中最为深奥、最难被人理解的部分。

在如何对待这四个层面的内涵来说，我们认为不应该把它们分开来分析对待，而是要把这四层看做一个整体。因为，这其中的每一个外层都可以反映其内层，四层共同的核心是反映其基本理念的共同价值观。

受到这四层次理论的启发，许多进行跨文化管理的专家学者从这样的文化四层次角度出发，把文化比喻成“冰山”。浮在海洋上的冰山虽然看着不大，但那是因为一般冰山露在外面的体积只是10%，而其余90%都被隐藏在海面以下，因为这样看似不大的冰山却随时可能对船体造成威胁。而文化哲理也像冰山哲学一样，海面上的冰山很容易看见，如装修门面、印制宣传手册、统一办公室的穿着、强调员工用餐礼仪、风俗习惯、社会传统等。但是，不可忽略的是一座冰山的绝大部分体积也就是最容易把船撞沉的部分都隐藏在海面以下。这也正如文化差异一样，通常导致不同文化背景的人相处时所遇到的重大问题，也都是深藏起来的不为人知的一面，如藏于文化表面下的理念、价值观、思考模式及沟通方法等。这些看不见的文化差异，往往在跨文化关系中造成“船难”。

整体来看，跨文化企业的文化差异主要有三个层面，最深层的内涵是具有各个国家或者民族特色的社会文化背景的差异，如国家体制、所有制形式、国家的

分配制度、民主与法制状况等政策体制的差异、基础设施的建设情况、教育体制的发展程度等发展状况的差异以及宗教信仰、哲学理念、思维模式、民族情结、价值观念、历史地理等狭义文化的差异。居中间层的是由于各个国家或者地域的差异而带来的企业间带有不同特色的企业文化差异，如企业价值观、管理模式、经营理念、企业信仰、规章制度等方面的差异。最表面一层的对象是个体，不同个体之间具有不同的个性、文化背景的差异，如个体间沟通交流、认识程度、理解能力、相互间的合作等方面的差异。当前，在经济全球化和知识化浪潮的推动下，企业内各层面文化差异的显现已经成为企业跨文化管理中必须要面对的问题。

2. 中、美、日文化比较分析

（1）中国文化分析。中国文化代表着古老的东方文明，而大陆文化是它的基本表现形式。从源头来说，中国文化起源于华夏文化。华夏文化的主要发源地是黄、淮、江三大水系交汇的中下游流域，也是古代的中原地区，它地处暖温带，地势平坦，土壤肥沃，雨量丰润，是发展以稻米、麦类和谷物为作物的农业文化的一块极佳的地域。但从地理来看，这块平原事实上处于一种近乎封闭的地域环境中，北部和西部有燕山山脉、太行山脉、吕梁山脉、秦岭，以及属于大巴山脉的武当山；南部有大别山、武陵山、南岭和武夷山脉，直到南海。这些山脉从北、西、南三面如同屏障一样包围着中原。在东面，这块平原为渤海、黄海、东海所环绕。[①] 这种封闭的人文和地理形势，都不同程度上促进了自给自足的农业形式和畜牧业经济形式的发展，但却不是发展相对开放的商业型经济所需要的。这种人文和地理上的特点导致了华夏古代文明处于一种封闭的状态，这种状态造就了一种独特的社会形态，具体表现为：以农业为基础，以家庭文化为本位，以中央集权制为政策框架。它也促成了一种文化的形成，即重视家庭、宗教、民族的血缘关系。

中国传统文化的形成离不开这样几个因素，即个体农业、宗教、儒家思想。具体表现为个体农业作为基础，宗教作为背景，儒家思想作为核心。中国传统文化的基本内容是由儒、道、法构成的，主要是以儒家思想理念为主干构成其主要价值系统。并以这个价值系统为核心，形成了具有中国特色的政治、法律、哲学、伦理意识形态等。中国古代社会的经济基础是建立在粗犷的自然农业这样的上层建筑之上的，其社会结构建立在宗法制度之上，并且以“尊君，敬父，事亲”三大原则为核心。基本哲学理念主张的是维持天、地、人三者之间相互平衡和相互作用的关系，从而将自然主义（道、阴、阳、五行）、人本主义（先秦儒

① 何新：《危机与反思》，北京国际文化出版社 1999 年版。

学）和伦理主义（后汉儒学）融合于一体。从历史的方面看，从商周时期一直到19世纪末这段3000多年的历史里，其基本结构和价值都始终保持着恪守传统的连续性。

我国伟大的思想家孔子创立了儒家思想，是儒家学派的创始人，先后经过孟子、程颐、朱熹等人的继承和发展后，儒家学派逐渐扩大，内容更是博大精深。主要以“四书”（《大学》、《中庸》、《论语》、《孟子》）及“五经”（《诗经》、《书经》、《易经》、《春秋》、《礼记》）为经典理论著作，并被后人不断研读学习。这些经典著作的内容涉及广泛，包括了历史、哲学理念、政治制度、文化教育、文学艺术、伦理道德、工艺艺术、文字发展等方面的内容，广泛而坚实地为中华传统文化奠定了思想基础。而这些思想基础也在2000多年的文化发展中，从各个角度各个层次渗透到了当今的文化当中，主要有社会政治、思维理念、伦理道德、经济生活等，对中华民族的民族价值观和国民品质的塑造有着重要的影响。当然它也有其消极的一面，如压制人欲、打压人的主观能动性。所以，深受这种文化教育影响的中国人民，把这些正统文化视为天条并对其深信不疑。而它也始终制约着人们的思维，排斥新观念、新思维的注入，在很大程度上以一种固化了的思维模式去思考另一种被怀疑的结论。

在宗教文化方面，佛教原本是位于东亚文明的相邻的南亚次大陆中文明区域的宗教，在佛教传入中原之后得到了广泛的信奉和传播。但即便如此，由于儒家文化较早地在中国生根发芽，所以佛教文化也无法动摇其主导地位。而又由于佛教的出世教义与儒家的入世精神及其倡导的理论相冲突，因此在较长一段时间内都受到传统儒学的排斥而未能成为中土的主流文化。上述独特的地理环境、宗教、儒家文化塑造了如下中国文化特征：

第一，追求群体和谐。个人、整体、社会三者之间的协调，强调以伦理关系、价值观取向为基础的和谐稳定，主张通过人去推知天的“天人合一”。中国人具有勤劳、善良、谨慎、稳妥甚至中庸的民族性格，崇尚实干，讲求统一与和谐，凡事“和为贵”,[①] 运用事物之间的相互平衡和协调来解决冲突和对立，重视伦理与道德。

第二，重人情轻法理的社会。中国社会的传统习性就是重视“人情关系”，轻视“法律规章”，具体表现在我们身边很容易能看到。例如，中国人在办事时除了讲优势讲效率外也喜欢套“交情”，攀“关系”，在酒桌上谈生意，喝到一起才能签合约。在关系文化方面，中国是一个以关系为主导的社会，中国人在现实生活中与人打交道建立联系时，通常不是首先考虑客观条件，而是根据与当事

① 《伦语·学而》。

人之间的关系来做出对事情进展的判断和事件发展方向的选择，这样过分注重人际关系的人文风俗使人们在现实处理事务中热衷于拉关系、送人情，而忽视和削弱了法律制度的保障作用，因此可以看出，在中国关系和人情是影响人际关系的非常重要的因素之一，也逐渐成为了人们是否信任他人、愿意进行相互合作的决定性因素。这样的文化风俗不可避免地培养出了一批信奉中庸之道以及“无过即有功”的“人际关系工作者”。由于国家相关法制的不完善以及人们对法律观念的淡薄，因此人际关系在现实生活和处理各项事务中起到关键性的作用。而法律在人们眼里更多时候仅仅被视为一种工具，一般情况人们并不会“劳驾”到它。在处理企业内外部重大关系时，规章与合同往往退居其次。

第三，伦理至上，恪守道德。这是来源于儒家思想的伦理观。儒家思想一直影响着中国几千年的文化形成，其伦理准则几乎可以称得上是中国的宗教信仰，有所谓的“三纲五常”，在儒家思想里最看重的是伦理。信奉伦理至上，恪守道德。因此在这样的文化熏陶下，中国社会形成了重礼治、重道义，具有很好的自省思想的思维模式，中国人努力把自己的言行和传统文化相统一起来，很注重道德准则对自己行为的制约。也是受到了这种儒家文化以及其核心思想中重义轻利的传统影响，所以在中国人中普遍把伦理道德看得高于一切。

第四，长于思索。中国的古语有云“三思而后行”，这就可以看出相比于西方人的先行动后思索的思维模式来说，中国人的典型思维方式则是重于思考，几千年形成的文化传统和思维方式使中国人理念中形成了某种思维定式，即“三思而后行”，要想到更多后果。

第五，尊重传统权威。中国人一直以来就特别有崇古、怀古的情结，但是这种情结也导致了他们缺乏积极主动精神。这种思维模式可以从另外一个古语中看出，即“一动不如一静”，意思是要尽量保持现状。也因为这种推静的理念，所以大多数人会特别重视传统、尊重权威、崇尚权力。在经济变革中也同样遇到了这样的问题，由于市场经济尚未成熟以及在中国市场中长期受集权经济的影响,导致市场人的独立人格的建立和展现受到一定的制约，表现为对上级过分推崇和依赖，等级制度严格等。这也不可避免另一种状况，在中国人们似乎更多地被谣言或者是非影响，有更重的“人云亦云”的倾向，表现出较强的从众心理。

第六，较强的不确定性回避。中国人和组织的共有特征是风险规避以及较强的不确定性回避，这就意味着为了回避风险会制定许多规章制度来保障组织有序地进行。总结为四个字就是“求稳怕变”，也就是大多数人的意思趋于因循守旧，不喜欢谈“变化”。这种文化下的很多人对未来没有很强烈的兴趣，对现在但求马马虎虎、平平淡淡，对过去的丰功伟绩却有着特别的光荣感。

第七，集体主义与平均主义。中国的历史决定了在我们的文化价值观里推崇集体主义和艰苦奋斗的精神，鄙视个人享乐主义思想等。这样的另一个极端就导致了平均主义思想，而这一思想可以说在我们的价值观里是根深蒂固的，所以才有“大锅饭”这样的情况产生。这种思想可以说也是从古至今流传过来的，孔子有云“不患寡而患不均”，老子也有“损有余而补不足”的语句。这些思想在生产力水平有限的古代，被信奉为一种理想化的政治主张。经过若干年后的现在，它也仍影响着中国的广大民众，在很大程度上影响了人们主动性和创造性的形成和发挥，也造成了中国人的一种行为习惯，即凡事不愿冒尖，宁愿占中游。因为中国长期以来就有“人怕出名猪怕壮”、“树大招风”、“枪打出头鸟”的名言，认为如果你太出众，就会受到集体的排斥。

第八，中国人重视“和”。“以和为贵”、“和则生财”是中国人常说的一些话，中国人对于“和”的理解是从生理感官上到心理感官上，甚至再到整个社会和自然的一种全方位的角度。这样传统的文化价值观促使人们努力通过内心调节去弥补物质社会中所遇到的缺陷和伤害，淡化恶性竞争和物欲，安于现状，以追求平和的内心和安宁的环境为幸福最大化。这种崇尚和谐的精神是大多数中国人对待事物的普遍观点。在中国古语中有“中庸”一词，代表一种事物间的相互平衡，无过也无不及，是兼顾进退权衡情理法的表现。

第九，权力差距大，决策权相对集中。在中国组织中普遍是等级严明、权力距离较大，雇员往往无法跨越等级制度，这也导致他们在很大程度上依赖等级体系，并期待上司可以给予清晰明了的指示。在大多数的中国企业中，员工参与很受限制，更多情况下仅作为一个名词而不是行动。这种家族化的管理，即领导常常扮演父母的角色，决策权相对集中的管理模式很难改变。相对于企业的规章制度而言，人们对老板的依赖性要强得多。中国人受儒家思想“三纲五常”的影响奉行对长辈孝顺，而这种思想延伸到了企业中就演变成了对年资的尊重，家庭中听命于长辈的权威扩展为企业中对主管的驯服。

第十，光耀门庭的心理。中国人重视乡土，即使出门再久也总怀揣着“衣锦还乡”、“叶落归根”的想法，在外吃再多苦也会努力奋斗，就是期望有朝一日功成名就，光耀门庭，这也是重形式重脸面的表现。古语有云“十年寒窗无人问，一朝成名天下知”，说的就是寒窗苦读的学子们，通过进京赶考而达到光宗耀祖的目的。

（2）美国文化分析。1602 年，第一批英国清教徒移居北美，一个移民国家由此诞生，他们创建了理想中的自由国家。自此以后，各国移民者纷纷来到这里，并把他们原居住地的风俗文化、宗教信仰、行为方式等带入了美国。这些文化在最初的接触阶段也产生了不小的冲突摩擦，但是经过长时间的相互磨合，各方逐渐由互相影响到相互融合，最后合为一体，形成了一个由各大洲移民组成的新民族。最初起源于英国文化的美国文化，经过美国《独立宣言》后就逐渐形成了具有本民族特色的新的文化体系，其中最明显的特征是强调个人主义。这是由美国的独立民族共同体的特质决定的，这种特质的形成原因主要是由于大量的移民人群之间缺乏血缘关系，导致群体之间缺乏信任，因而个人主义、个人至上的情结占了主导地位。作为西方发达资本文明典型代表的美国文化，由于其缺少悠久的历史约束导致了他们重视法律法制、尊重权利和自由竞争的情结。经过不断地发展，美国文化已经演变成了西方现代资本主义文明的典型代表。它同时也代表着以多种文化为基础发展起来的移民文化。这是一种具有极强的开放性和包容性的文化。

美国在宗教方面也采取多元化的政策，致力于保护多元化的宗教和鼓励多元化的宗教并存竞争，同时，这种对待宗教的包容的多元化政策也促使新的宗教群体不断出现。在这样的政策下经过长时间的发展，如今的美国已经呈现出一派宗教林立的景象，统计结果显示约有 3000 个宗教派别。[①] 可以使宗教多样化存在的首要条件是要接受不同宗教的存在，即要求美国人可以做到宗教宽容，这样的文化氛围使美国人自觉地把别人的宗教信仰看做隐私，在日常交际中很谨慎地不会涉及这些内容。美国文化中高度看重理性精神，处理事务以逻辑和契约为核心原则，而美国文化中的开放和创新精神使其处理事情具有高度开放的特质，但在这种重法制和重公平竞争的氛围下导致了人与人之间凝聚力与协作精神的匮乏。在美国文化中这种僵化的传统理念并不多见，在这种文化熏陶下大家更重视个人的能力和价值，推崇个人主义、英雄主义和理性主义。美国文化具体表现如下：

第一，个人主义。拥有个人主义的人们有足够的自信，认为自己可以完全主宰自己的生活，独立，更愿意依靠自己的力量，并不断进行自我完善。其表现为：主动精神、冒险精神、创造精神和个人进取精神。个人主义者的最高思想境界是自我实现。美国个人主义的核心内容是每一个人都可以完全掌握自己的前途命运，它鼓励人们要勇敢地起来进行奋斗，不断进行探索和创新，要有出人头地的竞争精神。所以，在个人主义的观点中常常把知识技能当做基础，以权威的形式表现出来并以合同契约当做保证。他们注重公平对等地进行实力的角逐，及在自由和机会均等的环境中，进行个人实力的展现。

第二，实用主义。在美国理论观点中，实用主义曾经占有重要的一席之地。到现在为止，实用的价值观念在美国文化价值观中也占有着相当大的优势。在美

---

① 陈俊森、樊葳葳：《外国文化与跨文化交际》，华中理工大学出版社 2000 年版。

国人的观点中，评价任何一项发明或发现是否有意义可以被接受主要要看它在现实中能否加以应用，能否为日常生活产生积极的效应，这是该民族求实精神的一种体现。美国社会文化中的个人主义和务实精神反映了美国人的主要价值观。

第三，英雄主义。美国文化价值公认英雄永远是个人主义的代表。在美国人心目中崇拜的英雄是可以白手起家、独立创业的人，因为他们这个国家就是依靠众多先驱者们承担着各种不确定性和风险，一寸寸土地开拓出来的。因此，这些素质就是美国英雄必备的，美国的文化价值观和社会取向要求个人在社会生活中充分实现自我价值，这种观点也为美国大企业造就了各类开拓型英雄的出现，他们成为企业发展的真正的要素。

第四，能力主义。美国精神的另一种体现在于其追求卓越的特性。在于不断地强调人们过去的奋斗和自我价值的实现。在美国鼓励个人能力充分发挥的环境下，企业对员工工作绩效的评估自然坚持能力导向原则。这种以能力和实绩作为重点考察对象的方法使员工的个人才能和创造力都得到了充分的发挥。对职工采取能力论成败，并且是以个人能力间的差别价值为前提的，并把考核结果与薪酬挂钩，一般都坚持“以投入定产出”的原则，依靠其工作行为与能力水平对职工进行考核和晋升并拉开档次。

第五，追求民主与平等。从 1776 年美国颁布的《独立宣言》、1791 年的《权利法案》以及 1862 年的《解放黑人奴隶宣言》等中可以看出美国人有追求民主自由的传统。美国人的生活和思维的每一个角落都渗透着平等的思想。这种对人对物平等的态度和观念，以及控制自我努力生活的精神和面貌，都是美国文化价值观的主基调。个人对国家团体是分子对全体的关系，个人则是全体中独立的分子，这种个人主义中的平等观念把同一群体中的各个成员看做是地位对等权利均等的，个人不能侵犯全体的权利，全体也不能侵犯个人的权利。由于个人主义中自我保护意识的影响，美国公民具有很强的宪法观念，这种共同明确的关系成为人与人之间客观的、没有感情色彩的纽带。

第六，勇于创新。勇敢地接受挑战，无论成功或者失败都由个人承担是美国传统文化价值观的另一个特点。他们这种崇尚拼搏和挑战、不畏困难勇于开拓的精神使他们怀有即使遭受挫折也比苟且偷安强。美国企业文化中允许失败，但不允许不创新的精神，使美国企业尤其注重对创新型人才的培养，着重扶植那些对企业的科技进步和技术创新极为有利的，并能够坚持自己的理想又善于实现理想的创造性人才。企业也会出台各种政策敦促他们去不断地创新、突破、开拓。

第七，崇尚物质。美国人很注重物质的需求和鼓励，因此他们总是会想方设法通过创造更多的物质来满足他们对这方面的需要。他们也倾向于用物质来表现出其个体价值的实现程度，例如，在评价一个人是否成功时，会主要从他所得到的物质的多少加以了解，也会看他是如何积累财富的。

第八，重视法律与契约。他们不看重传统和权威，但对法律给予充分的尊重。在他们的思想里法律面前人人平等，无论是谁哪怕最高级的政府官员触犯法律也必须受到法律的制裁。这样的思维模式使他们认为要是所做的判断不是经过正当的法律过程，并借以对事实的公正、客观和无情的评价而做的就是不公正的。这也是美国商务活动的契约主义产生的原因。

（3）日本文化分析。日本，是位于亚洲大陆东岸外的太平洋岛国。西北隔东海、黄海、日本海、鄂霍次克海与中国、朝鲜、韩国、俄罗斯相望，东濒太平洋。领土由北海道、本州、四国、九州 4 个大岛和 3900 多个小岛组成。日本自 20 世纪 60 年代末期起，一直是世界公认的第二号资本主义经济强国，实行君主立宪政体，被称为“日出之国”。日本为单一民族国家，国内大城市主要有东京、大阪和神户等。日本多山而少平原，自然灾害较多且严重，如河水泛滥、火山、地震、海啸、台风等，这就造成了其自然资源匮乏、人口众多的压力大，也导致了日本民族本身有着很强的危机意识。日本形成一个统一的国家之后，没有大规模的外族人的移入和野蛮入侵，兼之岛国的固有的地理孤立，促使了日本单一民族的发展以及文化上的统一。

5～6 世纪，中国儒家学说、道教和佛教相继传入日本。儒学于 5 世纪前后传入日本。在圣德太子摄政期间，即 6 世纪末到 7 世纪初期，是日本历史上吸收儒学教义的重要历史阶段。对后来日本文化影响最大的是圣德太子的政策，实行了“十二级冠位”和 604 年制定的《宪法十七条》。圣德太子 603 年制定的“十二级冠位”就是利用儒学伦理，明文规定依据功劳晋升的原则，冠位的名称分别为德、仁、礼、信和义，是儒学思想的一种反映。《宪法十七条》最为核心的内容也是儒家精神。有的是直接搬用了中国儒学的思想体系，如第三条明文规定：“承诏必谨，君则天之，臣则地之，天覆地载，四时顺行……”①

从一定意义上来说，日本文化很大程度上受到了中国大陆文化的影响，典型的有儒家文化，就是从中国大陆传到日本并发生实质变化的。所以到了中世纪时期，日本儒学已经从实质上不同于当时中国宋朝时代的儒学，即以理学为中心的儒学体系。尤其是延伸到了近代，虽然表面上来看日本儒学和中国一样，已经得到了重视并成了日本的“官学”，也曾经被确定为是极具指导意义的经典，但是从本质上说，日本的儒学和中国的理学儒学不同。自古以来，中国知识分子都是以“士以道为己任”作为中国文化传统的核心精神的，这也成为了他们参与政

① 高增杰：《东亚文明撞击——日本文化的历史与特征》，广西教育出版社 2001 年版。

治活动的精神根据。而在日本，尽管许多知识分子经常阅读儒学的经典并表示欣赏，但在日本，儒学从来都不是试图参与政治活动的人们的精神根据。儒家文化在日本由实用理性上升到了人文理性，也就是日本民族用来巩固本民族的理性精神。

同样，由中国流传到日本的佛教也是由中国中原文化消化和改造后的佛教，还经由朝鲜半岛传出，因此它与最初的宗教也已经有了很大的不同。佛教传到日本后首先为统治者所使用，作为其维持自身统治的工具，而不再是像在中国作为一种单纯的宗教信仰。佛教在传入日本时也不再是古代民族信仰的升华，而一度成为政治斗争的手段，也是统治者用来维护天皇统治的御用工具。

另外，日本文化也受到了中世纪日本的武士精神的巨大影响。他们主要依靠一种精神支撑着，这种精神是由武士集团的集体力量和武士内部的以“忠”为核心的强劲纽带所形成。在武士集团内，要求众武士不仅对其武士集团忠诚也要对武士首领忠诚，这都导致了日本文化中的等级严明、忠孝为重、强调集体主义特征的大和文化的形成。现代日本制造业中注重细节追求完美以及产品的功能完善和质量过硬的生产风格，也是由这种中世纪的武士文化中注重细节和具体行为方式所形成的。

日本文化在明治维新时期和第二次世界大战后的外来文化的入侵时期，受到了很大影响和改造。日本在明治维新以来的100多年里，也曾多次探索成功进步的经验，例如，1871年明治政府曾派出数量庞大的访问团，遍访欧美众多技术及管理经验丰富的国家去学习西方国家在众多领域的先进经验。而如今出现在我们面前的日本，既不是以前陈旧的自己，也不是单纯西方或其他民族的模仿物，它以善于吸收精华、善于学习的精神使本民族以崭新的面貌成为了当今世界上可圈可点的国家。为什么一个小岛国，甚至可以称为“弹丸之地”的日本，能够在第二次世界大战后的废墟中华丽转身，成为世界数一数二的技术经济强国，实在令世界震惊。这些都是和日本的文化分不开的，具体表现为：

第一，“家族”精神。日本实行的是以“家”为基质的等级制度。社会被看做是“家”的放大体。在日本已经逐渐削弱了对同宗的父系沿传的意义和血缘观念的绝对性。日本人不重视名义而更重视“家”这一实体的存在性和延续性。在考虑到家族发展和人员管理上，他们更加重视的是人与人之间的地源关系、社团关系和业源关系，而不是把血缘关系放在主要的位置。日本民族渗透着一种共同发展的精神、一种其特有的“家族”精神，它是以一种家庭式的团结精神和能力主义原则相结合的集体主义精神。这种集体主义成了日本企业中广泛的约束个人与群体、个人与个人的基本规范。在日本，企业就是员工们的“家”，企业的全体职工包括其管理者在内都是家庭的重要组成部分，组成了“命运共同

体”，在企业中培训新人采用的是前辈带晚辈的模式，而企业中的管理者被视为“家庭”中的父母。

第二，“和”。与中国文化一样，也可以说日本人深受中国儒家文化的影响，其文化价值观中也崇尚“和”。在604年，圣德太子颁发的《宪法十七条》的第一条就明确规定：日本社会中一切行为和事件的首要处理原则是“和”，社会成员之间相互交往必须遵守和谐协调的原则。日本民族的文化价值观中首要提倡以和为贵、自我约束以及宽厚待人。在企业内部提倡员工互相帮助、和睦相处、共同进步，反对内部恶性竞争、内耗外损。即使是在技术开发上，日本也是以“和”为重点，日本企业研发技术时侧重于群体内部的协调配合，使他们的主动性、协调性与创造性相结合，这种默契和相互配合使他们在复杂的技术领域中占有较大的优势，技术结合所产生的“系数效应”明显可见。“和”更体现在日本企业的劳资关系上。在日本并没有建立全国统一的工会组织，一旦发生问题都会由企业内的工会组织处理，而在处理这些工人与企业的纠纷时他们都遵循这样一个原则，即从维护企业整体利益出发，最大化地发挥其调解困难、解决问题的作用，这种精神和处事方法使日本企业成为一个个劳资和谐、团结一致的组织。

第三，集体本位主义。集体本位主义是日本民族文化价值观的核心。日本的传统文化主要注重的是群体特征的一致性，倡导群体间的相互扶持与合作。其核心内容是群体的行为规范必须要协调一致，群体的利益要得到其中每个成员的维护和捍卫。为了群体与个体之间的有序共存，两者必须都做出协调让步，首先个体要自觉地约束自己，而群体也要保护每个成员，不能对任何一个弃之不理。在日本历史上，似乎一直是集体主义占主要地位，也没有认真提倡过自由主义。而日本民族的单一性和社会结构的稳定性也对集体本位主义文化的形成具有很大的促进作用。从日本发展的历史看，民族的单一性是其最显著的特点，因为其民族内部一直是相对稳定的，很少出现其他民族的大迁移和相互冲突以及残杀的状况，这也就帮助其保持住了统一的社会结构。由于这种较少的变动导致日本80%以上的家族世代生活在稳定不变的社会形态中，也使日本社会的“集团走向性”被延续了下来。同一种语言风格、文字用法、风俗习惯、思维模式都使人们有着相同的意识行为，使群体主义有着稳固的文化基础。

第四，“忠”、“孝”。日本文化精神中注重忠诚精神，而忠诚中又最讲究“忠”、“孝”这样的道德标准，其中“忠”被作为最高美德信奉。这主要是由中世纪的武士精神所衍生出来的，一直影响到现在，从封建时代的下属效忠君主，演变为近代和现代成员效忠集团或者国家以及员工效忠企业，一直到企业效忠于社会和国家，因此这种效忠精神一直在日本社会的各个角度影响着人们，这就是被日本公司录取的员工，本身就怀有一颗报恩的心，也必定会从一而终地为公司服务。忠诚和集体精神的结合削弱了小团体的本位主义，强化了社会整体意识和群体效能。

第五，强烈的民族昌盛愿望。大和民族虽然隶属于东方，但由于日本的地理和人文环境使日本人有着强烈的岛国意识和生存意识，这种意识也迫使他们不断地振作自己，所以整个民族会具有很强的协作精神和进攻愿望。也就是通常所说的，强烈的危机感引发了强烈的民族昌盛愿望。而日本民族之所以有如此强烈的民族昌盛愿望，首先要归根于日本人所独有的强烈的民族自尊心，这种自尊心使日本人对集体中的成员都怀着一致的感情，这也是造就日本人强烈的民族感，并在接受外来文化冲击时仍不失民族特性的原因。

第六，广采博取的学习精神。狭小的岛国，为了消除由于历史上的长期孤独和现代工业中所需原料对外国的依赖性所产生的强烈的不安全感，使日本人有着惊人的广采博取的学习精神。日本文化把外来文化作为其本国文化补充的重要来源，但是日本人并不会照抄照搬他人的东西，而是特别注意把外来的文化与本国的文化需要和本国的文化特点进行结合。他们文化中最显著的特点就是其强大的文化兼容性和取其精华为我所用的特点。日本的这种文化特性在日本的语言形成过程中很好地表现了出来，在5世纪时日本没有本国的正式语言和文字，直到了9世纪时，日本才在当时政府的倡导下借助于汉语逐渐形成了本国的正式文字。日本把汉语文字以及欧美等国的文字结合在一起，创造了具有独特特征和语法的日本文字语言。这种广采博取的学习精神也同样体现在日本的企业管理方面，对中国儒家文化的大规模吸收以及对美国先进的科学技术和科学管理的广泛借鉴上。

第七，企业双重价值目标。日本以明确的目标作为其企业成功的关键，可以说它是一个目标意识很强的国家。日本企业的目标理念是着重于指出企业发展方向的宏观方向上。日本企业管理者们认为，制订一个企业远大的目标是企业实现下一个目标的基本方法。日本企业作为国家经济的重要支柱，其与国家、政府的关系并不仅仅是一种纳税者和收税者的关系。自明治维新以来，日本企业界就形成一股重视国家利益和集体利益的风气。企业的成功离不开国家的扶持，因为日本本土缺乏企业发展所需要的资源，因此日本在第二次世界大战中扮演了侵略者和掠夺者的角色。可见在日本，企业与国家是相互扶持、利益一致的，国家指导企业，企业支持国家，这种相互的力量发挥着很大的作用。而这种企业和国家的和谐关系使日本的企业之间也不是单纯的竞争关系，他们往往能够在决定着日本国家利益的关键点上密切合作起来。因此日本大型企业的经营目标往往不是单一形式的，而是社会目标、经济目标、公共事业目标和员工发展目标等的综合。它的价值目标不是单一的企业利益，而是追求经济效益和报效国家这样的双重价值目标。

第八，勤奋进取的个人精神。具有如此强烈的集体精神的日本人也毫无疑问地是极具奋斗精神的人群，为了实现他们的人生理想和企业的目标，他们会用自己坚定的雄心壮志和十足的干劲去勤奋地工作，不断适应快节奏的工作模式。当企业遭遇困境时，日本员工不仅会在上班时间拼命工作，而且会自动放弃节假日休息加班加点。员工可以通过其自身的努力获得在企业的地位，依靠其自身的能力提升和知识积累来使其价值获得企业和社会的认可。日本企业的管理层的成员几乎都是从企业基层做起而后通过内部晋升上来的，这种拼搏而后慢慢得到晋升的过程往往要经过多年的角逐，经过自身长时间艰苦不懈地努力。而对于已经有一定地位的员工并不是可以一劳永逸的，也会有很多竞争对手相继出现与其进行公平竞争，只有通过不懈地努力取得新的业绩，才不会被他人取代。而在日本企业中的传统的终身雇佣制也使员工很少有流动的情况，其他公司也很少会有招聘别的公司的员工作为其正式雇员的情况。尽管这种制度在一些企业的实现程度已经有了一定的改善，但终身雇佣制仍是日本企业的主流。因此，进入企业的员工只有兢兢业业地努力工作才可能稳固这种来之不易的契约关系。

第九，优秀的工人素质。日本可以说是世界上最重视教育的国家之一，日本企业也秉承着“经营即教育”的理念，重视对其员工进行教育、培训、熏陶和感化，大多数的企业都会配置自己的培训中心，每年花巨额经费为员工制定培训计划，发展培训项目。这种重视员工培训和发展的态度以及系统的员工培训政策，对日本员工的能力、技术水平、工作态度、知识、劳动生产率的提高都起到了促进的作用。

（4）中、美、日文化比较分析。

第一，语言方面。中国以汉语为母语，大多数人以英语为第一外语，很少人会日语。与日本人进行交流或者谈生意时往往借助翻译。但由于传统的教育制度所造成的人们的学习习惯，相比英语听说能力而言中国人的读写能力更胜一筹，所以中国人的英语在对外口头交流上有一定障碍。

日本人以日语为母语，日本人的英语水平读写听的能力比较强，在表达方面，由于其语言中的外来语是用日语的平假名发音读外来语，他们在说英语时往往带着平假名的发音，这阻碍了其与外界交流的有效性。

在国际合作中，由于美国强大的经济实力和其超然的地位，所以通常把英语作为国际性的通用语言，这样就使以英语为母语的美国人处在一种十分有利的形势和地位，他们可以容易地用英语表达各种见解。他们可能未必感到有必要学习和使用其他的语言。

第二，沟通习惯比较。中国人说话讲究含蓄内向，说话尽量会照顾到对方的感受，与不熟悉的人说话礼貌而模糊，如果有反对意见很少会当面提出来，害怕得罪人，所以在意见冲突时愿意表达中庸的观点立场，采取模棱两可的态度。这一点与日本有很大的相似。

日本人说话也喜欢委婉含蓄地表达，尽量避免过于直接。他们认为过于肯定的语言会给人一种张狂的感觉，是不礼貌的表现。

美国人的说话习惯与中国和日本相反，这取决于其开朗外向、直爽而急躁的性格。他们不喜欢吞吞吐吐，习惯把建议想法直接提出来；习惯在谈论和作决定时立场鲜明和直截了当，不会因为担心他人不快就委婉叙述。他们办事情追求精确性和计划性，因此经常使用数字进行比较并说明问题。他们这种精益求精的态度表现在实现具体目标的孜孜不倦上。

第三，“家”与信任。“家”是儒家文化强调的重点之一，中国社会对家族的概念也是相当重视的，这里的家族是指同祖同姓的父系沿传，也可以说就是血缘关系。在传统中国人的观念中，若一个姓氏或家族延续到最后没有男性后裔，则意味着这个家族的消失。中国社会的这种家族文化反映到企业中会表现为对有亲属关系的人信任度较强，对外人信任程度较弱，因此企业的任命也通常会以其关系为基础。在日本文化中对“家”的概念与中国有很大的不同。他们更重视“家”这一实体上的存在和延续。在日本，其对家族的理解和同祖同姓的父系沿传的血缘的绝对性意义已经被大大削弱。社会组织中并不会侧重于对亲属的依赖，人们通常对家族外的人也具有较高的信任，属于高信任社会。

第四，关系（情、理、法）。中国人比日本人更强调关系，有关系好办事的理念给了中国人对关系更多依赖的理由，这是源于以关系为本位的中国社会形态。在这种社会形态中，日常生活会着重强调人情和人与人之间关系的好坏，人们在关系网内容易获得各种援助和机会，这使大多数中国人努力构建自己的关系网并利用它来实现自己的企图和追求利益，而这些利益往往大于建立和维护关系网所付出的，这就形成了中国人重人情、轻事理的办事风格。“关系”一词可以概括出中国人的人际交往实质，意味着人与人之间的关系主要靠情感、面子来维系。这种浓厚的人情关系，无论在私人场合还是工作场合都渗透在人与人的关系中。所谓“情、理、法”，也暗示了中国人解决问题所依据的习惯顺序，中国人主张采取“动之以情，晓之以理，章之以法”的精神，把“法”作为最后手段。

日本人比中国人更重视“理”，在解决问题时更加就事论事。日本具有庞大规模的系列体系，这些体系分散到种类繁多的社会群体中，但又不局限于家族和氏族的关系。对于日本人而言，关系对决定信任程度也有重要的意义，但与中国人相比较，他们更加深刻地认识到过分强调私人关系可能导致损失而非获得利益，工业文明的进步和社会的发展给日本带来了强大的竞争和社会效益。

美国人的思考顺序是“规则和法律”、“习惯、传统”，最后才是“仁慈、道义、友善”。美国人与人之间是理性占上风的交际方式，可以称之为“交易式”的交往，他们的相互信任来源于契约，认为作为纽带的契约本质上是公平合理的。他们常常会依照契约办事，公私分明，重视交往的物质性和合理性甚于情感。在美国企业法律是其管理企业的重要依据，并同时强调契约管理。对美国人而言，制度是不可改变的，可是制度对中国人来讲，在执行的时候会因人、因时和因地而改变。

第五，用人制度。日本企业更重视人才的作用，因此很注重培训员工以及不同岗位人才的互通。因此，日本企业往往会给予员工多方面的知识，并安排他们在企业内部不同部门轮班训练。日本企业家们认为，这种通才能够增强全体员工在工作中的创造力和凝聚力，从而为企业创造出更大的效益。在日本企业中对工作的分工较粗犷，他们认为分工过细只能使员工过于计较从而心胸狭隘，以及严重的小团体意识，即只能看到树木而不见森林，这与日本企业重视团队精神背道而驰。

中国在长期的计划经济体制下，大多数员工习惯了各扫门前雪，只做好自己的本职工作，这种现象也离不开国有企业经营者大都是组织直接任命的政府官员的实际，他们的升迁并不与经营绩效的好坏直接挂钩。以至于管理者们没有把主要精力放在培养自身的经营管理能力和培养激励下属方面，而是把资历作为衡量员工绩效以及升迁的标准。所谓“一人得道，鸡犬升天”，由此可见关系在人的生存发展中的严重作用，这也在一定程度上阻碍了人才的合理配置，考核员工往往不是看重工作动机和工作态度。

美国的用人方式是硬性的，即唯才是用，没有关系可讲，也不会按进入企业的年资排辈。一切讲的都是实力，若有实力再年轻也能进入管理层；若是失去了竞争力，资格再老也会被拉下马。这种倾向于“硬性”的管理模式中，企业与员工的关系是不稳定的契约关系。美国企业中工作分工细致、重视专家的力量。在工作中重视制定企业经营管理的战略目标，强调组织结构和规则制度。硬性管理的典型表现主要有：严格的考核指标，及时评价反馈和奖励。

第六，团队比较。团队在日本企业中比较普遍地存在着，团队的管理模式是日本文化中固有的，也是作为其员工的工作方式而存在的主要形式。日本企业的团队和组织是相辅相成的，团队自身既有很强的能动性又敢于始终为组织效忠，而组织将团队作为其保护和照顾的对象。但是团队在组织中并不会受到特殊优待，作为日本企业的基本组织与工作模式的团队，只是受到一致平等的待遇。在系列企业群中，会存在因为相互之间长期利益关系而形成的“亲子”团队，这样的联合团队也同样愿意为大组织工作并逐渐成为它的一部分，因此，可称日本的团队为“依附团队”，以此表示日本团队的管理特征。

与日本团队不同的是，中国企业中的很多团队的形成是为了解决组织中临时遇到的特殊问题，或者是因特殊项目而特别抽调的一些适合的人员或者精英形成的。这样组建起来的团队会受到来自企业管理者的保护和支持。中国人是团队导向，在团队中通常要求个人服从团体以及少数服从多数，是以团体和群体的利益高于个人利益为基准，更倾向于服从和合作。通常决策是通过集体讨论和投票表决的方式做出的。但是这种少数服从多数的习惯，也相应地产生了没有人愿意为集体的决定担负责任的结果，有时甚至会出现相互扯皮的现象。

由于美国文化中个人主义的主导地位，塑造成美国人单枪匹马地处理事务的工作风格，他们更习惯独立地思考并解决问题，更相信自己的效率和能力。在对事情进行分析做出决定后，美国人往往也愿意明确责任，承担后果。他们认为这是独立、自由所应付出的代价。美国企业中的团队可以称为由“自由成员”所组成的“自由团队”，这个团队的特点是具有很大的能动性和比较强的创造能力，但是企业对这样的员工和团队的控制能力较弱，因此，美国的团队受到组织保护的较少，因此会受到更大企业经营和竞争所产生的压力。

第七，决策比较。日本企业决策权是以分权型为主，其决策过程是由上而下进而回到上，即通常所说的U形决策法。具体的实施方式是由企业上层管理者提出想法，自上而下地在整个组织中进行讨论，经过企业中的各个层面的职员提出建议后再把想法返回到企业最上层，从而最终得以实施。日本企业大多不对员工工作职责进行详细地划分，其组织模式大多采用模糊分工和横向协调为主。这种团队式的决策方式有其自身的优势，即增强了员工间的沟通协作，使企业氛围融洽团结以至于使管理层的决策可以得到迅速的回应和有效的配合，这样会使企业具有很强的号召力和推动力。

中国的企业中，集权情况还很严重，企业中的一些重大决定仍然由高层领导者做出，委任给下属的一般只是相对无足轻重的决策。因此其所下达的决策性质多半是指令形式的，其下属只是这种决策的被动接受者和执行者，不能很好调动出企业员工的积极性。这种中国式的被动决策，造成了决策时间长以及执行决策效率低等缺陷。在中国企业家中，对待待决策事情的最典型口头语是“考虑考虑”。这样一句管理者的口头禅，深刻地反映出企业中的中国传统文化。这是一种管理者“中庸之道”、“中行无咎”行为方式的体现。

美国人则更多是采用授权政策，他们认为只有工作在一线的最接近问题本质

的人才最了解问题的实质，才对解决问题的方法最有发言权。在美国盛行以个人主义为本位的决策方式，也可以称为是一种直线式的独立决策方式。具体过程为，首先由企业最高管理层制定出决策，作为命令下达给执行者。这种决策方式的特点是，以企业高层管理者为决策主体，下达决策以及颁布指令较为迅速，但待决策下达到一线以后，其执行的好坏也由决策者个人承担，这也督促决策者一旦发现决策不符合实际，应该立即加以修正。美国的这种决策方式通常是一步到位，整个决策和执行的过程非常短，这与该决策模式所采用的“授权”方式，赋予了执行决策最接近过程的人有关。相对而言，美国管理者往往像枪手，很快做出决策。

第八，参与性比较。日本企业的工作模式是团队型的，即注重信息共享和合作解决问题。管理层在作决策时十分重视员工以不同形式参与、支持和表示认同。尤其重视各类专家（组织内、外部）对解决问题的意见，希望他们运用专业知识和技术方法直接参与管理层的决策。此外，这种参与性也包括了管理层的其他人员以及技术人员，他们的现场参与使执行决策过程中出现的问题能够得到直接、及时的解决，大大减少了信息在不同层次之间传递带来的误差和高昂成本。

相比较而言，在中国企业进行决策时，其各部门和各层次员工的参与程度和力度都很差。由于企业中的大多数决策都是由上层领导制定的，一线人员的参与度不够导致来自基层的信息量不全面，这会直接造成管理层对问题的理解和决策误差，而在决策下达后，又因下属部门对决策理解不足而引起执行的偏差。诸多的偏差难以避免地导致项目结果与预期目标的偏差。中国人在处理事情上往往把过程看得比结果更重要，因此在中国常有“重在参与”的说法。这种文化价值观认为凡事只要是付出了自己最大的努力，其结果如何并不是最重要的。这种理念使人们在付出努力后便可以心安理得，即使结果是失败的也可以问心无愧。因此，中国人评价一个人是看其态度和努力程度。

这点上也体现出了中国人与美国人的不同，美国人更重视结果，他们对下属的业绩考评也完全按他们的工作效率和成果而定。大部分美国人对成功的结果表示出很大的重视，其成败是以结果而定的。

第九，信息使用比较。在日本企业，人们倾向于全面地收集信息，非常重视从各方面收集各种有效信息供决策使用。这种范围的全面性，不仅体现在组织内部信息数据的收集，还包括对与项目有关的组织外部信息的收集。并对所收集的数据进行全面的定性定量分析，为决策提供有效信息支持。而在收集信息方面，中国企业很明显地对决策时收集信息的“质”和“量”的重视程度不够。同时，在信息收集的范围上，企业组织外部有关信息收集重视程度不够。作为决策依据的信息，往往不能满足准确性、及时性、最新性的要求。

第十，宗教信仰及不同的价值观念。中国人以佛教为主流宗教，在美国并没有哪个宗教是占主要地位的，其宗教派别是多元化的并主张宗教派别林立，允许不同的宗教并存竞争。中国强调个人服从组织，美国强调以自我为中心，以个人为主，看重个人具有神圣不可剥夺的权利以及在自身进步和成长中个人所应该负有的责任。谦虚是中国人道德标准中的一种美德，自尊和自负是美国人心理健康的标准，因此与中国人的自谦相反，他们不吝啬夸耀自己。中国不太注重隐私权，而在美国隐私权是神圣的。

第十一，控制行为的心理。美国人对法律给予很大的尊重，这种守法观念既包括了对国家社会正式法律的尊重，也包括了对上帝的尊重。因为在大多数美国人心里，戒条约束着他们，他们若是违反了就会有很深的罪恶感，甚至感到良心不安。也正是对这种罪恶感的恐惧形成了很多西方人守法的原因。而这种内心的罪恶感会使他们去自觉地遵守，这表现为不仅在自己认识的人面前也包括在不认识的人面前。在中国人眼中有圈内人和圈外人之分，若在圈内人面前做了违反法律规则的事会使人感到羞耻并让群体蒙羞，但是在圈外人面前，这种自觉性就大大减弱。而这种自觉反映在工作中也造成了两者之间的差距，对于企业的规章制度，美国人可以非常自觉和严格地遵守，中国人则要看环境和人，因此需要一定的监督和管理。美国人大都以自我行为作为对错衡量的标准而不是管别人怎么认为，只要自己觉得问心无愧，他们通常会坚持到底。

第十二，思维方式上。中国强调的辩证主义的思维方式很注重对立统一，认为对立双方的和谐统一是很重要的。中国古代的思想家们也一直注重和谐，例如老子、孔子，都有“叩其两端”讲和谐与统一的“中庸之道”的言论。而在美国则更注重发挥个性进行对立面的辩论和斗争。在教育制度上，中国教育传统制度注重传达先人的智慧，站在巨人的肩膀上，学生更多要做的是牢记所学而后加强运用知识。这种教育模式锻炼了中国人强大的记忆和吸收能力，这也导致了中国人善于记忆而拙于思考、善于模仿而拙于创新的缺陷。美国人善于创新开拓的精神使大多数美国人拥有思维运作快、思路敏捷、创造力强的优势。一旦有了自己的想法，他们通常能够不为权威所动坚持到底，因此若美国企业遇到什么突发问题其管理者往往能泰然处之。思维模式决定行动方式，中国人喜欢三思而后行，美国人更喜欢先行动，他们认为过多的思考会阻碍行动，失去机会。

第十三，集体主义和个人主义。中国人讲求集体主义、团队精神和相互依赖，常常在群体中寻求认同和归属感。这也导致了很强的从众心理，这种心理表现为：喜爱与多数人共同合作完成任务，在作决定时不会明确表态，也不愿承担个人责任。在承担责任或表明态度时中国人常使用“我们”多过于“我”的说法就可以看出这种态度来。中国的历史中，其大多的管理模式是强调走集体领导、集体决策的路线，反对个人冒尖主义。这种思想体现在国家的决策方面表现为重点强调走集体主义，重点强调个人利益服从集体利益。美国人崇尚个体主义（individualism），强调个体的努力奋斗，并讲究在个人自由、机会均等的背景下充分展现个人的实力，鼓励员工的个人冒进精神，希望他们冒险、不断创新、出人头地。个人存在和个人所获得的成就在美国文化价值观中十分重要，这种带有浓厚的英雄传奇色彩使他们更加注重个体的独立自由，不强调自己的行动来配合群体的统一。诸如个性特征、自由的宗教信仰和选择空间等因素对美国人来说都是非常重要的。

第十四，不回避问题。美国人敢于承担风险，很少有对问题的回避。他们对物质的追求欲望驱使他们求新求变，并勇于探索各种方法去解决问题，且勇敢地承受风险。他们认为企业的发展需要不断地创新，若企业中具有创新力、缺乏“敢为天下先”的勇气，那么这种缺乏原动力的企业自然就失去了发展前景。美国一些大企业的管理制度也反映出其对这方面的要求，他们明确规定若受聘的经营管理人员在入职一年内没有犯一次以上的“合理错误”，则该人将被视为缺乏创新能力和灵活性而被解聘。相比而言，中国人具有较强的风险规避性，不太喜欢改变和冒险。他们更喜欢稳定的生活状态，因此大多数人一生会从事一个职业，在一个城市里生活。

第十五，时间观念。美国人有很强的时间观念，通常都会很守时，不习惯等别人或者让别人等，因为这是浪费别人时间以及缺乏诚意的表现。他们的工作节奏很快，涉及工作的沟通一般习惯直入主题，简单扼要地进行讨论，并期望在短时间内可以有谈论结果，通常是 20～30 分钟内。中国人则习惯较为舒缓轻松的工作和办事节奏，习惯在谈事情前进行一系列的寒暄闲聊，认为紧张的节奏感会导致紊乱和对体力与精力的透支，另外对时间观念淡薄使大多数人会在赴约和开会时迟到，开会一般拖沓冗长。

第十六，从众倾向。中国人有很强的从众心理，在发表看法时习惯听取别人的意见，习惯与他人合作共同完成任务，群体可以给予他们安全感和归属感。美国人则喜欢单枪匹马闯天下，从众倾向小，信奉个人的效率和能力。

第十七，竞争意识。美国人赞成以竞争的方式分出胜负，喜欢在人群中表现自己、突出自己的优点并勇敢地推荐自己。他们认为公平的竞争是最好的和最能让人信服的决定方式。中国人不喜欢太出风头，不习惯竞争，通常都会用谦虚的借口把自己隐藏在人群中，喜欢中庸的生活状态，既不要太落后也不要太突出。因此，中国自古就有“树大招风”、“人怕出名猪怕壮”的说法，担心自己表现得太突出受到群体的排斥而无法再融入其中，所以经常以大智若愚来作为最佳的处世方式。

第十八，物质与精神。与美国人的物质至上不同，中国人重视精神胜过物质。人们倾向于淡化物质欲望，鼓励大家去通过精神上的满足来调节和抚平物质上的缺陷和伤害，不要过于激进，以内心的平和、安宁为最高境界和最大幸福。美国人崇尚物质，他们对生活的满足以其物质需求的满足为主，在他们的文化价值观中物质的丰盛是衡量是否受重视的标准，在评价一个人是否成功时也大多从物质的角度加以评价。

第十九，怀旧情结。美国人重物质、重未来、重创新、重发展。他们善于放眼于未来和未来的发展空间，很少缅怀过去，不用过去的经验和成果指导未来。受中国悠久历史的影响，中国人普遍有深厚的怀旧情结，他们既看重前车之鉴，也容易犯下沉溺于过去的英雄事迹的错误。

二、企业文化的层面及在管理中的体现

1. 企业文化概念的界定

企业文化概念的界定，并无统一定论，国内外许多专家学者对企业文化的概念界定往往是各抒己见。企业文化[①]（Corporate Culture）在西方有时也叫“公司文化”或“社团文化”，主要是指企业的指导思想、经营哲学、管理风格、行为准则及企业形象等，[②] 是20世纪70年代末80年代初发源于美国的一种新兴的企业管理理论。企业文化是受企业经济活动及外界文化因素所影响的，由企业职工所创造的物质财富、精神产品、内部组织结构和规章制度等表现为物质形态和观念形态的成果，以及运载这些成果的实体、设施、组织活动形式等构成的复合体。企业文化的核心反映了企业的价值取向。[③]

2. 企业文化的划分

我们可以根据大部分学者对企业文化定义，将企业文化分成四个层面，即精神层面、制度层面、行为层面和物质层面。由这四个层面共同组建成企业文化的系统框架。

（1）精神层面。精神层面作为企业文化系统的核心，从本质来看是企业价值观的体现。每一个企业都有其自己的发展史、行业结构、地域特征、员工背景，因此也有自己的经营特色和管理风格，并逐渐形成了企业自己的独特个性。这种企业精神层面的文化，既是企业个性的追求和体现，也是企业精神风貌的展现。

---

① 迪尔·肯尼迪：《企业文化》，李原等译，中国人民大学出版社2008年版。

② 美国《商业周刊》，1980年。

③ 宋亚非主编：《国际企业管理学》，东北财经大学出版社1999年版。

（2）制度层面。一个企业所制定的规章制度，既是企业的管理方式的体现，也是企业文化价值观的表达。坚持“以人为本”的管理风格的企业多数会采取重关系、重员工的管理方式，主张用企业精神和文化价值观来指引和影响员工的行为。倾向于规章严格的管理风格，则多数会对员工采取严密的监督机制和惩罚制度约束其工作行为。还有注重强化和约束双重作用的企业，大多会采取“胡萝卜加大棒”的管理风格，这样管理风格的企业既有严格的规章制度约束员工，又有完善的奖励制度激励员工。不论以上哪种管理制度，都体现了企业的文化价值观念，都是企业文化的一种表现。

（3）行为层面。企业的文化特质可以从企业的行为和风格的各个方面体现出来。企业的存在和发展对社会起着积极的推动作用，企业通过生产制造向市场运输产品，这个过程的实质就是价值创造的过程。不仅仅是企业的生产制造行为，其许多与企业经营无关的行为也同样体现着企业的文化价值取向。许多公司也正在通过这种非经营的行为传递着自己的价值观，例如杜邦公司，它在新创办上海浦东新区企业的同时，也买下了30亩土地用于梅花新区环境的公共绿地的建设。这一行为是杜邦公司“通过自己的行为使生活更美好”这一价值观的体现。

（4）物质层面。物质层面是企业文化中最外层的体现，它是以最直观的形象反映出企业文化的内涵。具体的物质层面包括：统一图标、企业主色调、符号、包装风格等，这些物质层面会给企业的视觉效果增加美感并给人统一的深刻的印象。企业中其他的物质文化还有产品、办公楼、生产设施、厂房设计风格等。

3. 文化与管理

在以上部分，我们重点阐述了不同文化中各自的特征和文化差异，也就是所说的文化相对性。进行跨文化管理研究也正是因为这些文化差异性和相对性而存在的，才给予了跨文化管理理论和研究领域如此的多样性和丰富性。管理与文化的关系是跨文化管理理论研究的一个重要内容。两者之间的关系可以从多个层面上体现出来①。

（1）文化模式与管理模式有着密切的关系。文化模式的多样性导致了管理模式的多样性。所谓文化模式是指文化的内在结构要素及其表现形式的变化规律。国家、民族或社会的文化特征不同，其文化模式也不同。以民族文化价值观为基础的典型管理模式有美国管理模式和日本管理模式。

（2）管理本身也是一种文化。“管理不只是一门学科，还是一种文化，有它

① 原毅军：《跨国公司管理》，大连理工大学出版社1999年版。

自己的价值观、信仰、工具和语言”[①]。从一定角度来说管理就是一种文化，并受到文化制约。每个国家都有自己的文化形成的环境和背景，并在此基础上形成独特的管理风格和模式。作为一种文化形态的管理主要包括管理哲学、管理理念和管理风格等。这些管理理论是企业文化和企业管理的重要组成部分。这种文化可以作为培养企业内部员工共同价值标准和企业管理风格的重要手段，好的文化氛围有助于企业凝聚力的增加、员工士气的提升以及企业形象的美化，从而提升企业的核心竞争力。

（3）文化在一定条件下也可以是一种管理手段。在企业经营管理过程中，企业文化也是企业内部影响和管理员工的一种手段。它可以对员工培训、提升员工凝聚力起到很好的督促作用，也是对员工进行激励的有效方法之一。积极良好的企业文化会促进企业进行不断的改革创新和不断适应外界变化的环境，也可以作为公司对外宣传和提高公司声誉的有力工具。

（4）文化与管理具有共生性。管理本身就既是一门科学，也是一门文化，更可以说是文化的一个部分，它是文化的积累过程和结果，又可以是文化形成的源头，它伴随着文化的发展而不断向前发展，又与文化的发展相互促进。企业经营管理水平的提高无疑会很大程度增强生产力的发展，这就促使了以生产力基础发展起来的文化的发展。这种相互影响表现在：文化的发展方向、水平和模式直接影响和决定着管理的发展前景，而管理的发展情况反过来又会影响文化。在企业中的具体表现形式为：企业文化在一定的文化特质和背景下形成和发展，又丰富了文化自身的内涵。就东西方管理文化来说，虽然在管理的技术、理念和方法上双方可以相互学习，但是其最终所形成的管理思想、管理哲学始终不会相同，其根本原因就在于其所依存的东西方文化不同。

三、合资企业的文化特征

1. 合资企业的文化特征

跨国合资企业中文化冲突的主要原因是由于不同文化背景下成长起来的人不可避免地具有不同的价值观、思维模式和行为特点，从而导致了合资企业内部员工间的摩擦，也是影响合资企业经营与管理的重要因素之一。中外合资企业的跨文化管理相对于外国投资方在其本国的管理以及我国自有企业的管理，存在着自身的特征：

（1）价值观和信念的多元化。与国内企业相比较而言，隶属于跨文化企业的员工的文化背景和价值观都不是单一的，一般都具有多元化以及复杂性，尤其

① Peter Drunk：《管理学》，1994 年。

是跨文化企业成立初期这种情况更为普遍。在这样的跨文化企业管理中，管理者应该考虑到员工的不同文化背景以及在这样的背景下所形成的不同的价值观和理念，因为这会直接导致其对企业的需要和期望的不同，因此企业要满足这些员工的需求和期望，所采取的行动和手段也就大不相同。这样的多样化增加了塑造新的大家共同接受的企业文化的难度，同时也增加了企业经营管理的难度。就一般情况而言，即使在企业中形成了这种全新的企业文化，跨国合资企业中的员工也不会一下子改变其所有的文化取向，仍然会存在保留着部门各自文化所特有的基本价值观和理念的现象。但是这时的企业文化与企业成立之初相比已经有了很大的进步，即此时的跨国企业的文化特点是，既超越了各民族的价值观又保留了其自己的价值理念——新的价值体系。

有限责任制是大多数中外合资企业的主要组织形式，在跨国合资企业中的股东不同于普通股份公司中以自然人为主的股东，其股东是母公司。尽管母公司和合资企业不在同一国境内，但是对它合资企业的很多决策都起着决定性的影响作用，例如合资企业生产的主要产品、市场策略、企业组织架构的选择、人员配置、合资企业的经营战略等。而这些决定很大程度上受到该国的文化因素的影响，因此我们可以说，在各方母公司进行跨国合资合作的同时也是其文化相互碰撞、适应以及整合的过程。这一过程也是价值观的相互接触、冲突、融合的过程。因此大多数跨国合资企业中都会形成包含若干种价值观和理念的全新企业文化。

（2）文化认同和融合的过程性。要创立新的跨国合资企业的文化是一个很漫长和困难的过程。就一般的本国企业而言，由于国内的文化价值观和基本理念都很一致，民族习俗和行为习惯上也没有显著的差异，所以在企业中很容易建立起让人接受的统一的文化，其全过程也是相对简单和顺利的，当然无论在本国企业还是跨国企业要达到企业经营者所期望的整齐划一，也都需要一定的时间以及大量的心力。可想而知，跨国合资企业想要建立和塑造适合自己的可以普遍接受的企业文化所需的时间就更长，所要花费的人力物力就更多，相比于本国企业来说整个过程要曲折复杂得多。这主要是因为来自不同的生活背景和成长环境下的人们存在着很大的差异，这种差异体现在思维模式和行为方式等多种方面，也直接导致了跨文化企业中文化冲突和差异的形成。企业中来自不同国家的员工只有通过相互了解沟通，承认并理解差异的存在，并在工作中逐渐产生互相关心和彼此认同心理，才能达到建立共同文化彼此达成共识的目的。在这个漫长复杂的过程中，要达成这个目标的首要条件必须是得到中外双方领导者的支持和重视，这样使下属感觉到该活动的重要性并主动进行相互了解和取得彼此的认同，这也需要时间和精力。这无疑是一个曲折复杂的过程，在这一过程中员工也需要付出很多精力，他们需要不断地相互了解对方的行为方式、思维结构等文化模式，并且还要不断接受和适应属于该跨文化公司的全新的文化内容，并需要克服和消除不同文化沟通中所产生的摩擦和障碍，从而为中外合资企业的文化建设作出各自的努力和贡献。

（3）主体文化的民族性。每个国家的文化都是以该国的民族文化为核心，因此本国人的情感趋向、社会准则、行为习惯时时刻刻都受到本国民族文化的影响。在跨国企业进行管理的最初阶段，也就是跨国企业的新企业文化没有形成的阶段，往往是经营管理者的主体文化为主，因此，在这一最初阶段，外方投资者对其本企业文化模式的创立不可避免地会染有其自身文化的特色。就像在美日合资企业中，美国文化促使其企业内部的员工录用时实行自由雇佣制，主张体现员工个人价值和想法，这里的员工是企业的“契约人”。但日本的文化形成的是雇佣员工的终身雇佣制，主要企业家族式的管理，员工是企业家族的“家族人”。美日在企业文化上的差异，就其主导方面而言，是东西文化差异的集中表现。① 因此，在中国的中外合资企业的跨文化管理，会有很明显的外方投资国的文化痕迹。

（4）管理的先进性。大多数的来华投资外国企业都是来自技术先进、实力雄厚的发达国家，这些国家经济发达，市场化的发展水平高，在企业经营管理中以现代化的管理为主。这样的投资者来到中国，不仅会给中国的市场和企业带来先进的科学理论、现代化的信息管理、新的技术工艺和材料，更带来了最新的管理理论和经验，特别是对大量的现代企业管理方式和理念以及实践操作技能的学习和借鉴，这也给这些设立在中国的跨国合资企业的跨文化管理带来更好的先进性、现代性。另外，由于地域辽阔的中国本身就是个多民族国家，而每个民族由于所在地区和成长环境的不同也有着各具特色的文化。所以，即使没有跨国企业来华设立企业而完全是中国本国企业，随着企业的不断发展和市场竞争的激烈化，企业的生产经营也会不可避免地向跨地区跨行业发展。就这个意义上说，我们仍然需要对跨文化管理模式进行深入的研究和学习。

（5）行为方式上的冲突性。由于跨国合资企业中的成员都来自不同的成长环境和文化背景，所以即使形成了全新的跨国企业的文化后，具有不同特征的文化模式也会长时间地存在于这种企业文化中，就会出现这样的现象，即在公司整体的大的跨文化背景下，企业还会存在个别细小的行为规范和习惯上的差异。而这些带有差异的行为规范和思维习惯不一定就是相互矛盾的，有些是可以互补的。这种行为规范和思维习惯的差异具体表现在：企业给出的相同的要求和政策

① Cyr. D. J. and Schneider. S. C. Implications for Learning：Human Resource Management in East - West Joint Ventures. Organization Studies，1996：207 - 226.

规定，带有不同文化的成员可能会有不同的遵守方式，从而产生不同的结果。

（6）经营环境的复杂性。在跨国合资企业中其员工在很多方面都存在差异，例如，生活的社会环境和制度方面、对企业经营管理目标的制定、所赞同的企业经营理念、管理中协调合作的方式，所习惯管理风格和手段等。毫无疑问地，这些差异会给跨国企业带来管理上的阻碍和混乱以及员工间的冲突，从而使决策的制定存在更多的不一致性，使决策的执行变得更加曲折和低效率。即使经过努力企业成功地建立了新的企业文化，在很长一段时间内这种阻碍和困难也仍然会存在。而这种存在无疑会使企业的经营管理更加复杂，同时也会使企业的经营管理成本增加，在情况严重的企业这种成本的增加甚至还会抵消由跨国经营所带来的劳动力和原材料价格上的优势。但从另一个角度来说，有挑战就有机遇。即使是文化差异本身也会给跨国合资企业带来许多优越性。只要适当地利用，文化差异也可以变为一种有利的条件。例如，我们可以利用这种文化差异产生的观念上的冲突所带来的脑力震荡的机会，而大大提高员工提出新的观点和想法的可能性，从而提高企业的创造能力和企业活力，增强其核心竞争力。

2. 合资企业文化差异的影响作用

在中国，合资企业的文化差异主要表现在中国文化和西方文化的差异上。以对人的认识为例，东西方文化差异表现在中国文化偏重保守求安，以群体为本位，或以家庭为本位；西方文化偏重激进开放，以个人为本位，崇尚“自我”。①

东西方的这种文化差异渗透在实际的跨国合资企业管理上的各个部分。从制定决策和人际交往上来看，首先中国文化促使人们由少数服从多数来达成群体上的共识，强调服从，对上级的决策往往质疑声音少，结果决策的制定和执行过程都相对缓慢；而在西方文化中，表达个人的想法并直言不讳是主要的沟通方式，并注重决策的效率性和合理性。而在人际关系中，中国文化重视“人和”，希望在工作中紧密合作团结一致地解决问题；西方文化则又不同，他们不习惯在工作中过于亲密，强调人与人之间应该保持一定的距离，即使和同事或上下级之间出现意见上的冲突和争执，也是对事不对人。

此外，也正是由于这种东西方存在的文化上的差异，导致了不同文化下企业管理者的经营理念和管理风格的差异，而这种差异性的经营理念和管理风格也逐层渗透到了企业管理的各部门中，最后体现出来的是企业经营管理目标、经营理念、分工协作以及制定和执行决策等方面的影响。

（1）文化差异对企业经营目标的影响。受到不同文化背景和环境熏染的管理者对企业的经营管理目标的设定也不同，这就使跨国合资企业在最初企业经营

① 原毅军:《跨国公司管理》，大连理工大学出版社 1999 年版。

目标的制定上就存在着差异。其主要表现为跨国合资企业的中外双方管理者对企业经营目标有着不同的看法和理解，对企业订立的目标性质也有不同的看法和观点。例如，物质至上的西方决策者们通常更注重的是企业的经济利润指标，而中方决策者的目标更为抽象，他们追求的是更高层级的目标，比如社会福利等；西方决策者追求的是企业市场份额和发展空间，为了进行扩张他们倾向于用所得利润进行再投资，而中方决策者则更关心这项引进外资的活动到底给中国带来多大的益处。这种目的不同会给跨国投资企业内部造成潜在分裂的迹象，因为外来投资的企业者期望的是通过跨国投资来进入东道国市场并获取廉价的人力物力资源，而东道国牺牲了自己的资源甚至环境则是要从外国投资者那里引进先进的技术和经验。其实这种差异并不罕见，甚至国内企业进行合作时也会由于文化差异而引起经营目标和手段的差异。但是无论在哪种企业，这种由于成长环境和文化背景差异而造成的企业经营目标上的差异，都会给企业的有效经营管理带来阻碍。

（2）文化差异对企业经营观念的影响。由于跨文化组织内部不可避免地存在多元性的文化，在这种多元文化的背景下其经营管理观念也会产生不同。例如美国、德国等西方国家的决策者，他们倾向于以市场为中心来形成其企业经营管理理念，他们这种重生产重营销的经营管理风格，会在给员工留有自身发展足够空间的同时也不放松其规范化的管理过程，是一种既看重信息交流也注重信息网络的建立的管理风格；而在亚洲的一些国家中，以中国为例，他们的决策者在与外企合作建立企业的同时，更加在意的是彼此之间长期友谊的建立，他们采取的是集团领导决策的模式，但在经营管理上过于保守、缺少创新，也往往忽视营销的作用。

（3）文化差异影响企业的协调管理原则。协调是受文化因素影响很大的一门艺术。例如，在个人主义为文化价值观核心的美国，提倡的是个人的奋斗和利益是至高无上的，在这种文化的影响下的企业会更多地为员工考虑，从而给予他们更多的机会和权利去选择和创造，并尽力推动每一个员工成为管理者的积极性；而实行终身雇佣制的日本，盛行的是一种典型的大和文化，这种文化督促员工对其上级领导的态度是绝对服从，注重这样企业文化的组织，重点强调企业员工间真诚对待互相协作而产生的凝聚力，这使得员工的头脑中存在很强烈的群体意识；中国文化给予人与人之间的关系很大的重视，希望彼此之间都是相互诚实守信的。在企业出现人员问题时倾向于做思想政治工作来解决，更习惯于用说服教育、谈心的方式来调和人与人之间的关系，相比于物质更看重精神食粮，因此在选择激励手段上也主要以精神激励为主。当然由于文化不同，各企业在管理中运用的协调方法和原则也是不尽相同的。

（4）文化差异影响决策模式。这种文化差异的痕迹也体现在决策模式上。如受个人主义价值观影响的美国管理层习惯独立迅速地作决策，作为管理者其很少会设置副职这一职位，因为他们本身的决策过程主要是出自自身的判断而很少与人商量讨论，这也造就了他们勇于承担责任的性格。而深受中国传统文化影响的企业管理者作决策时更加倾向于集体共同研究讨论，因此不可避免地造成决策过程冗长、执行力较弱的现象。

尽管企业文化差异从各个角度影响着企业的运营和管理，但并不是只要有它的存在就必然会对企业产生破坏性的打击。相反，如果可以处理和协调好这种文化差异，这种多样化的文化会在企业中展现出其独有的优势。正如美国《商业周刊》（International Business Week）所指出："在文化方面，19 世纪工业革命的一个重大意义就是把过去没有必要或没有机会相互联系的人们联系到一起，不同的语言、文化和价值都被国际企业的基本原理融合在一起，其结果是提高生产力，增加了财富。"① 管理学家德鲁克也曾经指出："它应该使自己的跨文化性成为一种优势。"②

可以说跨国合资企业的一个主要特征即是多样化的企业文化的现象，而它的存在也给跨国合资企业带来了两个不同方面的影响：一方面，这种跨国合资双方由于不同的生活背景和成长环境所带来的价值观、思维模式和行为习惯等方面的不同，表现在合资企业中都会是管理风格、方法和理念上的差异和冲突，这些差异和冲突的后果即是跨国合资企业管理效率和经营稳定性的下降，如果问题不能给予合理及时的解决，将会成为跨国合资企业生存发展的主要障碍；另一方面，这种差异和摩擦也有其自身的优势，不同文化所撞击出的火花会给合资双方提供一个开阔眼界、相互借鉴的机会，这就像一面镜子可以促使双方更加看清自己的文化价值观、思维模式和行为习惯上的缺陷，以及他国文化中优势的地方，这样才能取其精华不断地修正、完善和提升自己。通过合资双方的相互了解、学习和借鉴，合资企业就能够兼收并蓄各方文化的长处，形成合资企业文化上的优势，而这又是合资企业善于创新、长于应变之本。③ 这样给出了跨国合资企业跨文化管理的目标，就是要通过各种努力来使多文化的优势最大化并尽量化解其产生的冲突和对企业经营管理的阻碍。

每一种文化下的管理风格都有其特有的优缺点，在企业发展的每个过程中都不可避免地存在文化冲突的问题，而这种文化差异本身就是既蕴涵着冲突、摩擦，又深藏着通过双方的协作、沟通和交接而创立一个全新文化氛围的机会。近

① 赵曙明、刘俊厚：《"三资"企业管理问题研究》，中国人事出版社 1995 年版。

② 全闰圭：《国际企业管理》，山东人民出版社 1992 年版。

③ 赵曙明、杨忠：《国际企业：跨文化管理》，南京大学出版社 1994 年版。

年来有研究学者得出这样的结论，企业中员工一旦可以从不同位置和角度对文化差异的产生和存在进行合理地了解和利用，这对组织中战略目标的实现和决策质量的提高都有积极的推动作用。若是企业中的员工都狭隘地看待这种文化差异的存在，并不能以发展的眼光对待新文化的建立发展，这种多样化的优势就不能得到充分的体现，也无法从这个角度增加管理的绩效。进行跨文化管理的核心手段就是要在承认文化差异合理存在的大前提下，充分发挥企业的跨文化优势，以达到管理方式的最优化和管理绩效的最大化。

第三章

合资企业核心员工跨文化管理问题的三维分析框架

第一节　霍夫斯坦德的民族文化维度理论评析

一、霍夫斯坦德民族文化维度理论

在企业的管理实践中，各个方面都会受到不同国家（或民族）文化的影响，但由于文化具有深层次性和隐藏性，所以很难对其进行有效地测度。在这方面，荷兰学者霍夫斯坦德教授作出了具有开创性的贡献。他于 1965 ~ 1974 年，对美国国际商业机器公司（IBM）在 50 多个国家和地区的 11.6 万名员工进行了问卷调查，并对有关价值观问题进行了统计分析。他发现，各国之间在下面五个方面具有明显差别：①权力距离；②对不确定性的回避；③个人主义/集体主义倾向；④男性化/女性化倾向；⑤长期取向/短期取向。[①] 他把从各国家收集的有关这五个方面的观念测量数据分析研究后转化成了指数，并以此为研究结论提出了受到学术界和广大学者普遍认可和接受的民族文化五维度理论。这一理论的提出对企业管理者的管理实践以及学者们的科学研究都有着极其重要的意义。在企业管理的实践中，民族文化的五个维度在不同国家的具体表现如下：

① ［瑞士］苏珊·C. 施奈德：《跨文化管理》，石永恒译，经济管理出版社 2002 年版，第 122 ~ 128 页。

1. 权力距离（Power Distance）

所谓权力距离是指“在机构或组织中，一个社会能够接受权力不平等分布的程度”。① 权力距离的大小是各个国家在对待人与人平等关系这一方面的态度的体现。不同国家的文化传统的不同也使这种权力距离有了区别，我们可以看到，每个国家和民族间的权力距离都是存在差异的。在认定人人平等的文化价值观的国家里，给予不同的人不同大小的权力并不会给人彼此间地位不平等的想法，这种等级的产生不过是由个人所任职务不同的原因。在这样的思维形式下，上下级之间不会存在命令与奉承，而更多的是相互依赖和商量的处事方式，如果对决策存在质疑，下属很容易与其上司进行讨论甚至可以反驳他们。在认定人与人之间存在高低贵贱之分的文化价值观里，毫无疑问其权力距离就大。在这种思维形式下也形成了上下级之间等级严明的情况，具体表现为上级拥有典型的地位标志，可以享受特权，下属对其普遍采取服从的态度，一般不会直接与上司发生冲突。在等级严明的组织中，企业内倾向于多层次的组织结构，监督人员的人数更多，更加集中的决策，而在激励员工时地位和权力是其中的有效激励因素。

日本国家的权力距离属于中等型，在日本企业的上下级属于师徒型或父子型的关系，这种等级关系是按照员工进入企业的时间而定的。工资的制定和提升也与时间有直接关系，即要凭年资，甚至所任职务和职位晋升也主要是由年资决定的。美国的权力距离属于较小一类，即注重机会均等、公平竞争，而每个员工所任职位和晋升的决定性因素是个人的能力和绩效，与其进入企业的时间长短并没有关系，人们认为有能力有成就的人，不论年龄、学历、资历如何都可担任一定的职务。并且只要是职位相等、岗位相当的员工，也不论年龄多大、学历多高、资历多老，在企业中的待遇和地位都一视同仁。他们认为只有这种公平、开放、自由的竞争，才能推动社会的进步和国家的发展。

2. 个人主义/集体主义（Individualism - Collectivism）

个人与群体的关系也会因为民族和文化背景的不同而不同。例如，在注重个人主义文化的社会中，人们关注的重点是个人利益和自我发展空间；而在注重群体主义的社会中，人们关注的重点是共同利益，而可以忽略群体的约束。在个人主义的社会价值倾向中，个体之间的联系是脆弱的，只有自己及自己的家人才是他们关心的对象；而在集体主义倾向的社会价值则情况相反，人们从出生之日起生活在群体里，具有强烈的凝聚力，并通过交换对小群体的忠诚而获得保护。② 个人主义/集体主义即是个人主义指数，用它可以衡量出每个人的个人主义倾向。

---

① 霍夫斯坦德：《跨越合作的障碍——多元文化与管理》，科学出版社 1996 年版，第 24 页。

② 张新胜：《国际管理学——全球化时代的管理》，中国人民大学出版社 2002 年版，第 169 页。

表 3 – 1　部分国家或地区权力指数 PDI 一览①

国家或地区	得分	排名	结论
马来西亚	104	1	权力距离大
法国	68	15/16	权力距离较大
中国香港	68	15/16	权力距离较大
韩国	60	27/28	中等权力距离
中国台湾	58	29/30	中等权力距离
日本	54	33	中等权力距离
美国	40	38	权力距离较小
德国	35	42/44	权力距离较小
英国	35	42/44	权力距离较小
奥地利	11	53	权力距离小

表 3 – 2　权力距离差异对管理激励的影响②

权力距离小的国家	权力距离大的国家
1. 组织内的等级制度意味着角色不平等，但等级制度的建立绝大部分是为了便利的目的，人们对特权和地位的象征表示不满	1. 组织内的等级制度反映了组织内较高层次与较低层次之间存在不平等，特权和地位的象征十分普遍，为人所期望
2. 采用分权式参与制管理，上下级相互依赖和尊重，下级敢于表达自己的不同意见，但愿意接受上级的最终决策	2. 采用集权式家长制管理，下级害怕与上级意见不一，一般不会与上级发生冲突，但内心不一定会认可上级的意见
3. 上下级的工资差别较小，上级人物享受特权不受欢迎，大家都使用同样的停车场、洗手间和餐厅	3. 上下级之间的工资差别较大，上级人物享受许多特权，其权威性往往表现在一些显而易见的地位标志上，如专用停车场、职位头衔等
4. 年轻上司比年老的更受人夸奖，理想的上司是足智多谋的民主主义者	4. 年老上司一般比年轻的更受人尊敬，理想的上司是乐善好施的独裁者

这一指数的数值越大，说明该社会的个人主义倾向越明显，如美国；反之数值越小，则说明该社会的集体主义倾向越明显，如日本和亚洲大多数国家。

无论是个人主义和集体主义的价值观都是与工作紧密相连的。在企业经营管理活动中的很多行为方式和管理模式都可以通过个人主义和集体主义的倾向差异

① 霍夫斯坦德：《跨越合作的障碍——多元文化与管理》，科学出版社 1996 年版，第 26 页。
② 张静河：《跨文化管理》，安徽科学技术出版社 2002 年版，第 35 页。

表 3－3　部分国家或地区个人主义指数一览①

国家或地区	得分	排名	结论
美国	91	1	很强的个人主义倾向
英国	89	3	很强的个人主义倾向
法国	71	10	较强的个人主义倾向
德国	67	15	较强的个人主义倾向
日本	46	22/23	较强的集体主义倾向
中国香港	25	37	较强的集体主义倾向
韩国	18	43	较强的集体主义倾向
中国台湾	17	44	较强的集体主义倾向
危地马拉	6	53	很强的集体主义倾向

表 3－4　个人主义/集体主义差异对管理激励的影响②

个人主义指数高的国家	个人主义指数低的国家
1. “我”的意识占统治地位，员工个人的生活（时间）十分重要，感情上独立于公司，强调每个人有私生活和意见的权利，认为个人决定优于集体决定，表达自己的思想是诚实正直的表现	1. “我们”的意识占统治地位，集体生活很重要，员工对公司在感情上有依赖，私生活受到所加入组织的干预，一般认为集体决定胜过个人决定，应该保持调和的态度，直接对抗应避免
2. 小公司有吸引力，员工以算计的方式与公司相处交往，较重视工作中的自由与挑战因素，雇主与雇员的关系是以互利为基础的合同关系，工作胜于关系	2. 大公司有吸引力，员工从道义道德角度处理与公司关系，较重视工作中的培训和技能使用，雇主与雇员的关系被视为家庭关系，关系超过工作
3. 经理追求领导的艺术，更看重自治，赞同“现代的”观点，激励雇员发挥主动性，期望在工作转换和变动中得到个人价值的实现	3. 经理追求整齐划一和井然有序，更看重自己地位的稳固，赞同“传统的”观点，把责任、专长和声望视为人生目标，为了不断高升很少进行工作转换和变动
4. 试图为了组织的需要而调整个人的需要，注重对个人的激励，对个人进行绩效评估并支付报酬。为了特殊的奖赏而追求高度的表现、英雄的事业和冠军的荣誉，给予人们自由以取得个人的主动权	4. 试图在集团内部综合个人的与组织的需要，注重团队精神和凝聚力，对集体进行绩效评估并支付报酬，赞美整个集体，以避免显示个人的出格之处，让全体员工都达到最高目标

① 霍夫斯坦德：《跨越合作的障碍——多元文化与管理》，科学出版社 1996 年版，第 55～56 页。

② 张静河：《跨文化管理》，安徽科学技术出版社，2002 年，第 107 页。

来解释。只有对这两种价值观思维特点和差异予以足够的了解，才能对人的不同需求有着更全面的理解，从而可以对他们进行有效的跨文化管理和激励。以个人主义为文化的主特征的国家有美国、英国、德国等欧洲国家，在这样的文化价值观下，员工关注的只有他们自己和其直系亲属，这样的人独立果断，注重自己的成就和利益，在情感上与其组织是单纯的合作协议关系。以集体主义为文化主特征的国家有中国、日本、韩国等亚洲国家，在这样的文化价值观下，员工更加关注的是集体的发展和利益，这样的人强调自己是群体的一部分，在群体内部成员间是相互忠诚和关心的，但会把自己与群体外的人分开。集体主义中成员在情感上也是与其他成员和组织相互依靠的，归属感与"我们"对"我"的关系在其中是最基本的。组织成员作为组织的一部分，其个人生活也是公开的，在其生活中组织的共同目标会胜过自己的个人目标。当个体目标与群体目标发生冲突时，人们顺其自然地会服从组织的决策。在这样的集体主义倾向的组织中，其成员大都会和睦相处。同一群体内的人通常被认为具有相同的观点，即使存在不同的想法也会讲究技巧地提出来，给人留有面子；而即使是表扬也会含蓄地注意分寸。这与西方直截了当、公开的表扬和批评形成了鲜明的对比。

在对员工的激励制度方面，美国企业倾向于以个人激励为基础，而日本企业则倾向于以集体主义为基础。例如，IBM 公司的管理原则是"尊重个人"。与之相反，日本的著名重型机器制造公司小松公司则在公司的公告中强调"共同播种，共同收获"。[①] 美国企业提倡在自由平等的环境下，通过个人的奋斗进行公平竞争，而这些文化价值观无论对美国的管理理论和企业的实践管理经验都有很大的影响作用。有这样文化价值观的人们认为，企业组织只是一个特定群体的集合，而其中个人的利益是凌驾于组织之上的。而美国企业也会选择最大程度地尊重员工的个人价值和个人选择，力求使员工的潜能和创造力达到最大化，这样是对个人和社会的发展都起到了促进作用。在这样的个人主义文化中，激励员工的最有效的方式是公平地根据每个人的能力发展和努力程度以及个人的工作表现和绩效，给予员工诸如发放奖金或岗位晋升方面的奖励，这样的绩效工资制被认为最合理和被人所接受。日本文化中的集体主义和其团队的工作模式与此形成鲜明对比，在日本企业中，团队的整体价值和团队内部的协作共识将比单个人的价值更使人信服，给予员工激励的报酬通常以员工作为群体中的成员为基础的。人们重视群体和谐、家庭关系与保护面子，集体决策是组织决策的主要方式。

3. 不确定性回避（Uncertainty Avoidance）

不确定性回避（Uncertainty Avoidance Index；Uncertainty Avoidance）是由吉

---

① ［日］渡边一玄：《世界顶级管理策略》，邹青译，机械工业出版社 2002 年版，第 14 页。

尔特·霍夫斯坦德建立的区别文化间差异的五维体系中的第二个维度。指的是一个社会感受到的不确定性和模糊情景的威胁程度。并试图以提供较大的职业安全，建立更正式的规则，不容忍偏离观点和行为，相信绝对知识和专家评定等手段来避免这些情景，其强弱是通过不确定性回避指数来表示的。他的调查表明，不同国家的文化价值观反映在不确定性回避上也大不相同。在日本、希腊不确定性回避强的国家，人们对安全性的要求高，不愿意面对风险；而在如美国、新加坡等不确定性回避弱的国家，人们则喜欢创新和冒险。

表3－5　部分国家或地区不确定性回避指数（UAI）一览①

国家或地区	得分	排名	强弱程度
希腊	112	1	强
日本	92	7	强
法国	86	10/15	较强
韩国	85	16/17	较强
中国台湾	69	26	中等
德国	65	29	中等
美国	46	43	较弱
英国	35	47/48	较弱
中国香港	29	49/50	较弱
新加坡	8	53	弱

不确定性回避程度强的文化价值观以情感为基础来遵循法律和规章制度，这也是人们做事细致、守时所形成的根源。这样特质的好处在于不管有无监督者在场，其员工的行为保持很好的一致性，员工自身的自律性较强。不确定性回避弱的文化价值观中，人们并不是从感情上真正地接受社会中的法律法规，除非绝对需要，社会是不会轻易立法的。这两种文化特征和差异在工作中员工的行为上反映得最为明显，在不确定性回避程度高的国家，人们习惯于制定详细的规则并且发愤工作，总是显得忙忙碌碌。生活紧张，时间意味着金钱。而在不确定性回避程度弱的国家，如果需要的话，人们也可以玩命地工作，但他们没有内在要求去刺激自己不停地干活。②

日本具有很强的不确定性回避倾向，这种倾向反映在日本企业制度中即是终

---

① 霍夫斯坦德：《跨越合作的障碍——多元文化与管理》，科学出版社1996年版，第129～131页。

② 张静河：《跨文化管理》，安徽科学技术出版社2002年版，第45页。

表 3－6　不确定性回避强弱差异对管理激励的影响①

不确定性回避强的国家	不确定性回避弱的国家
1. 工作压力较大，害怕失败，不怎么敢冒风险，对个人发展晋升的欲念较弱	1. 工作压力较小，希望成功，更富于冒险精神，对个人发展晋升颇具雄心
2. 感情上对变革的抵触较大，倾向于在同一个单位待下去，对工作单位（雇主）的忠诚被看做是一种美德	2. 感情上对变革的抵触较小，对更换工作单位（雇主）不甚犹豫，对工作单位（雇主）的忠诚不被看做一种美德
3. 喜欢选较大的组织作为工作单位，在较高层次的职位任职者平均年龄较高，应根据资历选择经理人员，经理必须是其管辖领域的专家	3. 喜欢选较小的组织作为工作单位，在较高层次的职位任职者平均年龄较低，应根据资历以外的其他标准选择经理人员，经理不必是其主管领域的专家
4. 在看待自己工作时较少地容忍含糊不清，公司规章不应违反	4. 在看待自己工作时较多地容忍含糊不清，规章可因实际原因而破例

身雇佣制，这种制度的典型特点是能够使人有很大的归属感和心理上的安全感，这样员工就在潜意识中把自己的命运同企业的生存发展联系在了一起。这种终身雇佣制也是日本文化价值观中对家的观念的顺延，因此可以顺利地根植于日本企业制度中。在这种制度下，员工们更像是一家人，在这种安全感下他们不计较分工，甚至不计较激励与个人工作表现和工作能力之间的关系。管理人员将会尽可能避免风险，稳定性和安全性是对其最大的激励。在这样的企业中工作就像是在自己家中家庭成员为家庭不分彼此的贡献一样，对于分配下来的工作任务，大家总是会共同协作努力，这与美国等欧洲企业分工清楚明确的习惯显然不同。日本企业经营管理者注重从职工的工作态度、责任心、工作绩效等方面进行长期考核，并作为提职晋升的依据。职工也不大计较一时一事的物质报酬。

美国是不确定性回避倾向的国家，这种文化价值观的典型特征是没有严格限定和公认的规范行为和思维模式，文化中追求创新和变革的思想使得他们对于新的事物和不同行为与思维模式有较高的容纳度。企业中的管理者和员工都将风险视为生活的一部分，愿意承担风险、发挥自身创造性并勇于承担责任，但是工作中的员工流动率也非常高。美国企业中永不安于现状、崇尚积极进取与不断追求卓越和创新的精神理念，是美国文化价值观的一个典型特征，也是美国企业强大核心竞争力和旺盛生命力的核心保障。这样的文化价值观所熏陶的企业，更重视组织变革与发展以及核心技术的开拓和创新，认为革新是寻求更好的行为方式和开辟新的经营领域的最有效的方式。

① 徐渊：《比较管理学》，上海远东出版社 1994 年版，第 33～35 页。

4. 男性化/女性化（Masculinity – Feminity）

通常用男性化/女性化的数值来体现男性化或女性化的偏好程度，如男性化中的固执性、竞争性、物质性等，和女性化中对感情和生活质量的注重。在一个社会中男性化/女性化这一指数的数值越大，如日本，这说明社会中男性化倾向大于女性；反之，数值越小，则表明社会中男性气质弱，而女性较突出。几个主要国家的男性度指数的得分情况参见表3–7。

表3–7　部分国家或地区男性度指数一览①

国家或地区	得分	排名	结论
日本	95	1	很强的男性化倾向
英国	66	9/10	较强的男性化倾向
德国	66	9/10	较强的男性化倾向
美国	62	15	中等的男性化倾向
中国香港	57	18/19	中等的男性化倾向
中国台湾	45	32/33	中等的男性化倾向
法国	43	35/36	较强的女性化倾向
韩国	39	41	较强的女性化倾向
瑞典	5	53	很强的女性化倾向

在男性化占主导的社会中，具体表现为：社会中评价人成就的标准是成功、物质和事业。这种文化下的人将收入的高低、是否被上级赏识以及工作的进步空间和挑战性这四种因素看得很重，对于一个人是否成功人们的评价标准是看这个人是否是独立的决策者，是否受人赏识并积累了一定的物质财富。在这样文化影响下的管理者们，认为下属并不喜欢在如此压力大的企业中工作，也不会积极主动地表现自己，因此他们采取的管理方法是将员工置于自己的严格控制之下。女性化与男性化存在很多不同，反映在社会中也体现出了许多不同的特质，如，更倾向于关心他人，更关注生活的质量。在女性化倾向高的国家，如瑞典，人们是否成功更多地看重个人是否是集团的决策者，人际交往情况以及生活质量如何。在企业里，工作的压力较低，经理们给予下属较大的自由和信任。

在男性化占主导的国家，其企业的管理重点更看重任务完成情况，而不看重人际关系。企业给予员工激励也使金钱和物质更为有效，而非以提高生活质量为目标。在这种文化中，管理者的主要工作职责是达到使股东满意的利润额，并制定未来的发展目标。而在女性化主导的国家中，领导职责重点是员工福利的保证，

① 霍夫斯坦德：《跨越合作的障碍——多元文化与管理》，科学出版社1996年版，第94~95页。

表3-8　男性度指数差异对管理激励的影响对比①

男性化倾向的国家	女性化倾向的国家
1. 相对来说，较重要的是收入、获得承认、职务晋升以及工作的挑战性，衡量成就大小以财富和获得的承认为尺度，求取成就的动力较强	1. 相对来说，较重要的是与经理的关系、合作、友好的气氛、居住在称心的区域以及就业保障，衡量成就的尺度是人际交往和生活环境，求取成就的动力较弱
2. 工作在人们生活中的重要性较大，人们宁肯增加薪水而不缩短工作时间，工作压力较大	2. 工作在人们生活中的重要性较小，人们宁肯缩短工作时间而不增加薪水，工作压力较小
3. 经理以领导艺术、独立和自我实现为理想目标，较少热衷于发挥服务作用	3. 经理对于领导艺术、独立和自我实现等方面兴趣较小，视服务作用为一种理想
4. 公司干预生活可以接受，在同类岗位上，男女间的价值差异较大	4. 公司干预个人生活遭到抵制反对，在同类岗位上，男女之间没有或较少有价值差异

并注重履行企业对社会的责任。对不同国家文化价值观和行为背景的总结概括，我们可以得出这样的结论：企业员工诸如价值观念、道德标准和生活理想等的文化背景对他们的工作行为和态度有着重要的影响。

5. 长期取向/短期取向

长期取向的文化的人们比较重视将来，重视节俭和毅力。主要表现在以下方面：①尽可能多地储蓄；②对目标很执著；③生活十分节俭；④对等级和社会关系比较敏感；⑤注重对未来的投资；⑥善于改变不适宜时代发展的传统和准则；如日本，国家以长远的目光来进行投资，而短期的利益不是十分地看重，为远期目标设定阶段性目标。而在短期取向的文化里，价值观倾向于关注传统和过去。人们比较尊重传统文化，认为应该认真地履行社会责任。如美国，公司比较注重短期的利益，管理者根据短期的效益对员工做出评估。

二、霍氏理论适用性及局限性评析

至今理论界认为的关于跨文化管理研究最完整和系统的文化分析模式，是霍夫斯坦德的文化分析框架。本书将其用于合资企业核心员工跨文化管理三维分析框架的构建，重点研究其中一个维度模块并从四个方面体现其价值：

（1）他的文化分析框架把研究文化差异的主要要素归结为五个方面的价值取向，这五个方面在企业管理者对不同国家的企业进行跨文化管理时起到了“坐标系”的作用。

（2）他的研究表明，文化价值观不同于员工的职位、专业技能、年龄和性

① 徐渊：《比较管理学》，上海远东出版社1994年版，第43～44页。

别等背景因素，它对人们的工作态度和行为模式有更大的解释作用和说服力。而这种文化差异不仅仅发生在发展中国家，在发达国家间也普遍存在。所以，科学的研究态度应当是具体情况具体分析，根据不同国家的情况而定。

（3）他的文化分析框架的结论表明：一个国家的管理风格与手段是以其文化价值观为基础的，也只有从这根本性的文化差异来解释不同国家的管理风格和手段上的差异，企业跨文化管理的目标性和有效性才能得到提升。

（4）他研究的对象主要是管理者，而不是一般雇员，这也直接适用于对核心员工文化维度影响因素的分析。

然而，霍夫斯坦德的文化分析框架也存在一些局限性：

（1）他对文化的研究是缺乏对变化的动态研究，对文化演变过程中文化价值观变化的影响因素分析的程度很不够。

（2）他的研究中，把造成文化差异的因素归结为五个方面的价值取向，霍夫斯坦德以文化分解后易于辨识的要素特质作为“坐标系”，来对不同国家文化差异进行观察研究，准确地说，这是对维度中四个具体因素的差异分析，而不仅仅是从空间上的一个维度。

（3）他的文化维度系统对跨文化管理进行了分析，但是其分析结论中并没有对如何进行跨文化管理给出具体方法或分析框架，从这个角度说霍夫斯坦德的研究还没有上升到一个实践的高度，这也是其不足之处。

（4）他只以一个跨国公司为研究对象，研究样本的代表性有局限性，因此引起了一些研究者对其可信度及对其他跨国公司意义的怀疑。

故本书在构建合资企业核心员工跨文化管理三维立体分析框架过程中，既借鉴了霍夫斯坦德的经典的文化维度分析理论的长处，即五因素分析理论，同时摒弃了霍氏理论中的不足，将其用于构建三维立体分析研究框架中，与动态核心员工管理激励活动相联系，结合合资企业核心员工所在国形态，进行合资企业核心员工跨文化管理问题分析研究。

第二节　组织承诺理论及其评析

很多研究学者的近期研究结论发现，在企业的管理实践中都是以组织承诺作为根源和基础的，尤其是在人力资源管理方面。主要表现为它能够解决很多管理者所关心的问题，例如，有效地解释企业中许多变量之间的关系，对工作绩效、离职、旷工、倦怠等的测量和预测，以及建立管理核心员工的方法对策，也为核心员工的管理提供理论上的依据和实践中的指导作用。

一、组织承诺概念的演进

于20世纪60年代初期，组织承诺理论被提出，其代表人物主要有Becker、Porter、Smith、Steers、Allen、Meyer、Stevens等。但是从组织承诺理论产生至今，理论界和企业界对其概念的定义一直没有统一。

Becker（1960）从社会交换理论与公平理论出发，提出了“交换性”观点的组织承诺，认为组织承诺是由交换性考虑而产生，组织成员常会比较自己对组织的贡献，以及从组织所获得的报酬的关系，认为这种交换过程对自己有利，那么个人对组织的承诺就会提高；反之，则其对组织的承诺就会降低。① 而Porter和Smith（1970）则从需求满足理论及双因子理论出发，提出了“心理性”观点的组织承诺，认为组织承诺是成员对组织的积极的、高度正面的倾向，包括对组织目标与价值的认同，对工作活动的高度投入及对组织的忠诚。② 到了20世纪80年代，Angle、Perry等都对组织承诺的内涵做了深入的研究。到目前为止，被大多数人所接受的阐述是加拿大学者Allen和Meyer在1990年提出的三维结构模式，即组织承诺有三种形式：感情承诺、继续承诺和规范承诺。③

二、组织承诺的理论模式

1. 组织承诺的前因结果模式

Steers在1977年所发表的论文“Antecedents and Outcomes of Organizational Commitment”中提出了组织承诺的前因结果模式理论，员工的个人背景、工作特性和经验被他称为组织承诺的前因或预测变量，而员工的离职率、出席率及工作表现被他称为组织承诺的结果或效标变量。到了1982年，Steers和Mowday、Porter对这种模式进行了深入的研究和改进，新的研究结论把预测变项总结为四类：个人特征、角色特征、结构特征、工作经验特征。而把效标变项总结为五类：工作绩效、核心员工任职时间、怠工情况、缺席状况、人事变动率。改进以后的这一模式，定性地说明了组织承诺的前因与结果的关系，从定性的角度为改进企业绩效和留住核心员工提供了分析和管理的工具，如图3－1所示。④

---

① Becker H. A. Notes on the concept of commitment. American Journal of Sociology, 1960（66）：45－48.

② Porter L. W., Steers R. M., Mowday R. T., Organization commitment, job satisfaction, and turnover among psychiatric technicians. Journal of Applied Psychology, 1974（59）：611－617.

③ Allen, N. J. & Meyer, J. P. The measurement and antecedents of affective, continuance and normative commitment to the organization. Journal of Occupational Psychology, 1990（63）：1－18.

④ 卜华白：《基于组织承诺理论的企业核心员工管理模型研究》，《商场现代化》2006年第2期。

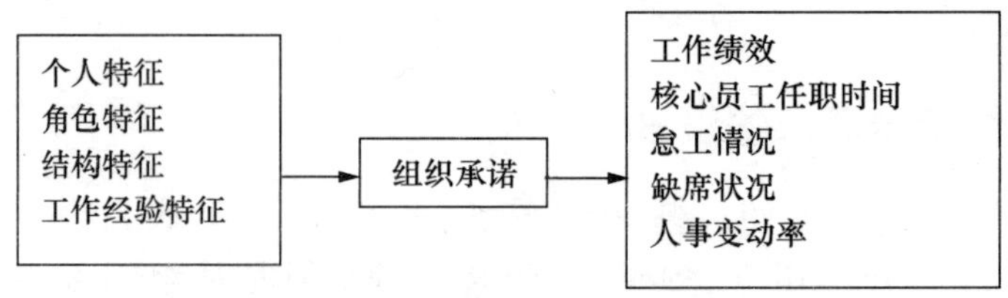

图 3－1　改进后的组织承诺前因结果模式

2. 组织承诺的角色知觉模式

在组织承诺的理论模式中，还有一种组织承诺的角色知觉模式也很具有代表性，是由 Stevens 等人提出来的。他们认为从心理性和交换性观点出发的组织承诺，没有全面考虑到组织隶属或离职中组织成员的相关因素，所以针对这一缺陷他们建立了这样的组织承诺角色知觉模式专门对核心员工的留职意愿和离职倾向进行解释，其具体过程如图 3－2 所示。①

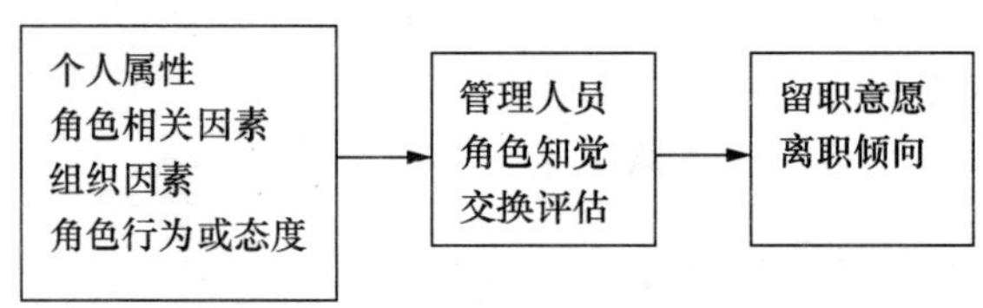

图 3－2　组织承诺角色知觉模式

同时，在不同阶段对成员组织承诺的影响因素也不同。例如，在组织成员刚进入企业的阶段，由于年龄和资历的不足，主要是从成员的心理因素和个人因素上影响了组织承诺；而随着其年龄的增长和在企业中资历的增加，附属利益的影响力逐渐胜过了个人因素，在这样成员离开组织会付出较高代价的情况下，成员就对组织有了较高的承诺。而在此阶段的成员，虽然人还留在组织内，但心却不能说完全放在了企业上，而是用在了获取企业可以带来的其他利益上。这时成员对组织的承诺的性质就由心理上的转变为现实考虑的。除此以外，中山大学刘小平提出的组织承诺综合模式也有一定的参考价值。

三、组织承诺理论对企业核心员工管理的意义

1. 对企员双方进行价值差异性分析

重点进行作为企业灵魂的文化价值观的建设，是促进核心员工组织承诺度提高的重要手段。具体方法为把企业文化提升融合到核心员工的个人文化体系中，

① 卜华白：《基于组织承诺理论的企业核心员工管理模型研究》，《商场现代化》2006 年第 2 期。

实现企业文化与个人文化以及企业价值观与个人价值观的统一。每个员工在加入企业前都有自己的文化价值观，而进入企业后与企业的文化价值观进行碰撞、冲突到最后的融合需要一个过程，这个具体的过程表现为了解→顺从→认同→内化的过程。因此，企业在最初招聘员工时，除了对员工的教育背景、工作经历、知识技能的了解，也要对其文化价值观进行一定程度的评估，找出其与企业价值观的差异程度，并优先选择认同企业文化价值观和与其相差度小的应聘者。而在应聘者进入企业后，也要对其进行核心员工的企业文化价值观的培训，尽可能达到企业价值观和个人价值观的最大统一。这种良好的企业“软环境”对提升员工的组织承诺度、减少核心员工的流失率具有很重要的影响。

2. 对核心员工进行全过程的组织承诺管理

若要做好对企业核心员工组织承诺的管理工作，企业必须建立起对组织承诺的全过程监督管理，培养组织承诺是一个持续漫长的过程，在这一过程中存在着很多不同阶段，而在这些阶段中影响核心员工组织承诺的主要因素也是不断变化着的。这种全过程具体表现为从核心员工的入职到成熟甚至是离职的整个过程。在核心员工入职的初期，为了把握核心员工的心理状态，企业必须密切关注核心员工的心理需求和对组织的态度，及时关注核心员工的组织承诺度和其测量，一旦发现组织承诺度有所下降则要立刻采取措施。当核心员工逐渐在组织中成熟以后，企业要对核心员工的组织承诺进行有步骤、分过程地培育，防患于未然，以降低优秀人才的流失率。即使当核心员工进入离职阶段时，企业也不应该马上放弃他们；要与离职的核心员工进行深入细致的离职谈话，全面了解其离职原因以及他们对组织的评价和相关意见，这都有利于为以后核心员工组织承诺的管理奠定基础，也只有这样，才能为人才的可持续性提供保证。

3. 对核心员工进行离职倾向分析

分析核心员工离职倾向的影响因素得出结论，这是由组织承诺的强弱和外界工作机会多少两者共同决定的。组织承诺理论指出核心员工从个人、工作、组织和角色特征因素四个方面不同程度地对组织承诺产生影响。而外部环境可以从五个方面对核心员工产生影响：行业所处发展周期、行业竞争结构和环境、行业对人才需求情况、行业中职业中介的发展情况以及宏观环境，其中宏观环境可以从宏观经济发展状况和国家产业经济政策方面分析。据我们课题组调查，当前大多数企业都是采取一刀切的人力资源管理政策，即对各个部门实行统一的政策。但是在当前，这种办法被证明是“失灵”的，因为各个部门情况和问题不同，核心员工和普通员工的需求不同，不同时期的企业内外部环境也不同，这就决定了只有企业针对不同情况采取不同的方法对策，才能最终取得人力资源管理的成功。

第三节　X 效率理论及其意义

不同于普通员工，企业的核心员工具有其自己的特点，表现为：有很强的事业心、性格独立自主、追求成功和自身价值的实现。因此，对核心员工的吸引、培养和挽留要进行一个全方位的计划，把它看做一个系统工程。这就要求企业要兼顾核心员工的各个方面，而由于每个核心员工也各有其特点，因此不能一刀切，要有针对性地对待并制定合适的政策手段，才能留住人才。

对跨国合资企业的核心员工进行管理的过程也是激励的过程，在人力资源管理中囊括了对核心员工进行管理和激励的理念、策略、方法等各个方面。这个人力资源管理主要体现在四个方面，即招聘管理、培训管理、薪酬管理到考评管理。根据 X 效率理论管理到位了，激励工作也就做好了。

由于企业核心员工的突出价值，我们可以说，企业的管理效率从根本上取决于对其核心员工的管理效率。因此，企业必须建立一套激发员工潜能的有效的人力资源管理机制，这样才能达到提高企业效率的目标。

一、X 效率理论的基本内涵

X 效率是指在资源配置不变的情况下，由于企业内部成员努力程度增加或管理水平提高而导致经济效益的变化。这一概念是 1966 年由美国经济学家哈维·莱宾斯坦最早提出来的，当时莱宾斯坦在伯克利分校教学，他发现他的一位助教对工作的努力以及由此得到的绩效每周都不同，由此他突然想到了对于个人、企业或产业而言，绩效是随着努力效率的变化而不断变化的，于是他开始通过收集数据来证明。

以边际效用理论为基础的新古典经济学中，把人简化成为了一个生产要素，经过理性化的分析假设，把人的行为特点对经济的影响作用排除在外。而针对这一空缺，X 效率理论对其进行了补充和深化，把个人因素提到了值得重视的地位，也动摇了新古典理论的基本假设。该理论的基本内涵可以被概括为：

（1）资源配置效率和非资源配置效率都会给企业的投入—产出效率带来影响。高 X 效率表现为企业架构得当、激励制度科学、企业与员工目标一致，这样无疑会对企业投入—产出效率产生推动的作用；反之，就是低 X 效率，会对企业投入—产出效率产生消极的影响。

（2）企业投入—产出的效率不仅仅是提高生产的纯技术问题，也是员工管

X低效率在很大程度上是动力机制或激励机制的原因。与一般员工不断地重复程序化的流程不同，核心员工更多的是在多变和不确定的环境中充分发挥个人的聪慧和灵感。当然，对于他们来说，物质生活的满足程度很重要，但他们更加注重友爱、环境、尊重和自我实现等较高层次的需要。尤其是知识型的核心员工，例如总会计师、总设计师、高级工程师、高级经济师等，他们经常是把个人成长机会放在首位，看重工作的发展性和成就性，之后才是报酬。因此，一个有效的激励措施应该是一个包含不同方面内容的激励组合，并随着企业战略、内外环境、员工心理状态的改变，激励重心、激励方法、激励强度不断地作出相应调整。在通常情况下，企业可对核心员工提供薪资报酬、补贴、住房等进行有效激励，但随着工作经验不断丰富，当他们逐渐转向更关注自己的业务成就与发展时，就需要适时地调整激励机制，使激励供给与激励需求保持一致。比如为核心员工提供到大学进修成长机会，授予他们相应的荣誉称号，对各层次和岗位的核心员工进行合理的职业生涯规划，鼓励他们向更高的技术职位或管理职位努力，为未来发展描绘蓝图；尊重个人工作的自主性，增强柔性化管理；对个人劳动成果给予及时肯定，实行成果实名制等。

X效率理论表明，努力水平取决于员工的压力大小，而奖励和惩罚的作用也恰恰在于形成一定的压力环境，因而使员工不断保持相应的努力水平，或者做出更大的努力。若没有新的约束或新的机制出现，员工将一直停留在原有的惰性区域，不会拥有更高的努力水平。只有当有足够大的外界压力时，员工才会改变自己的努力水平与位置，一旦外界压力减小或消失，员工也将重新调整自己的努力程度，返回原来的惰性区域。所以，维持恰当的压力水平可以更有利于实现新的努力均衡。例如采取浮动薪酬制、竞争上岗制、奖惩淘汰制等，以维持核心员工的恰当压力。在人才交流信息完全对称的环境下，潜在的替代人员的竞争也会激励现任核心员工更加努力地工作。但值得注意的是，外部压力程度一定要适度，企业内部过度激烈的竞争容易导致失败者失去努力动力，并降低其合作积极性。另外，要适度调动员工积极性，还必须提升管理的水平层次，使管理从主要依靠强制与惩罚转变成主要依靠奖励激励，最终实现员工和企业的目标同一性，最终达到即使没有惩罚和奖励，也能让员工产生强烈的企业认同感。这样可以最大程度地提高企业管理与工作效率，是管理的最高境界。

从招聘时开始，就应该开始核心员工的管理与激励，好的开始是成功的一半，只有符合企业文化、工作热情高、企业忠诚度高的关键职位的员工才有成为企业的核心员工的可能。在招聘过程中需要进行必要的工作分析并进行职业测评。工作分析就是组织内部的专业管理人员或外部专家以职位为对象，通过各个渠道收集并分析整理与职位有关的资料，如职位和任职者概况、工作概述、工作职责、内外部关系、工作条件、必要的资格条件等信息，最后形成简要而系统的职位说明书的过程。所以，在招聘关键职位的员工时，应对应聘者退出倾向、工作参与度和积极情感予以更多考察。退出倾向、工作参与度和积极情感是员工的个体变量，在招聘时应注意对这些变量的考察。一般情况下招聘主要针对雇员的KASO进行考察，其中K指知识（Knowledge），A指能力（Ability），S指技能（Skill），O指其他的方面（Others）。退出倾向、工作参与度和积极情感是雇员的个性变量，是以上选项中的O。

培训不仅能促进核心员工改进技能，提高效率，而且也是提高他们对企业的认同感和降低流失率的重要手段之一。目前国际上的一些知名的企业，都很重视员工培训的投资。通过不断的培训和工作岗位调整，可以为员工们在多方面展现才能提供机会。一方面可以使员工看到自我发展的希望；另一方面在对公司工作程序和产品的了解过程中也会看到公司未来发展的希望。在当今知识经济时代，越来越多的员工认为教育和培训是公司为他们提供的最好的福利之一。据统计，1999年度美国最适宜工作的100家企业中，流动率最低的仅仅4%，软件业平均为17%，这在美国是非常低的。这100家公司当年为每一个员工提供了平均43小时的培训。在爱德华·琼斯（Edward Jones）公司，新任的经纪人都要参加一个平均花费5万~7万美元、为期17周的课程和讨论，且费用完全由公司承担。

职位评价是根据若干补偿因素（通常包括受教育程度、工作知识、工作经历、工作责任、工作努力程度、工作难度、工作条件等）来对企业中若干目标职位的价值进行评估，然后再将组织中其他职位与这些目标职位相对照，从而建立起一个覆盖组织中所有岗位的等级序列。通过职位评价，可以建立起内部一致的职位等级，消除企业内部各种等级并存的情况，并且在此基础上确立薪酬的内部公平。

核心员工大多都希望能够充分发挥自己的能力水平，自己的工作成果能够得到企业的及时认可，在事业上有成就感和满意感。若没有明确的、可度量的绩效目标，那么企业的文化和价值观的认同与投入对核心员工的忠诚和绩效的影响会微乎其微。因此，要想使核心员工的忠诚与绩效之间的关系看得见、摸得着，就必须让员工明确工作目标并定期进行考核。所以，我们需要建立一套全面的员工绩效评估体系，及时评价核心员工的工作进程与效果。

人力资源管理中很重要的一项工作就是绩效考核管理，其工作对象是包括核心员工在内的全体员工。以前的绩效评估系统往往关注的重点是员工的工作态度，现在管理人员应该把更多的注意力转移到工作绩效上。企业管理者对员工给予客观、全面的反馈和评价，使员工能够了解自己的工作表现情况，是激发员工

工作积极性的有效手段。在对核心员工进行管理时有效的激励也是非常重要的。首先，公正客观的绩效考核制度公平客观地反映出核心员工的绩效和表现；其次，明确绩效考核的重点可以使核心员工清楚企业对他们的要求，进而清楚其努力的方向，这样就达到了引导核心并对其形成一定的约束力的作用；最后，对绩效考核结果优异的核心员工进行精神和物质上的奖励也是激励他们的重要手段。而评价面谈制度是整个绩效评估体系中最为关键的，管理人员进行绩效考核时应该注意与员工保持持续的沟通和交流，从而营造出一个开放的组织氛围。只有进行好双向沟通才能达成双赢的目的，提高绩效考核的效果。

第四节　合资企业核心员工跨文化管理问题的三维分析框架构建

一、三维分析框架的形成

合资企业是多元文化企业的一种，其组织和管理活动十分复杂。如何做到文化之间的融合和协同作用，形成统一管理制度和企业文化，从而提高员工的积极性和创造性，提高整个企业的管理业绩，以及怎样保持公司的总战略与单个经营单位的业务层战略相匹配，这些都是跨文化企业必须面对的重要问题。①

依据集权和分权程度不同、母公司和子公司以及各子公司之间的关系，通常可以分为以下几种模式：

（1）民族中心模式。就是从母公司或母国利益出发，对海外子公司或合资公司进行集权式控制和管理。其战略决策大多由母公司作出，即使海外子公司或合资公司有权利作出战略方面的决策，其目的或利益也必须和母公司一致，为了保证这种集权式管理目的的实现，通常母公司会外派人员担任海外子公司或合资公司的重要岗位。这种以民族为中心的模式就是种族文化优越感的一种体现，母公司认为在本公司文化或本国文化熏陶下的员工，其管理或其他方面的能力要优于东道国国家的员工，更为重要的方面是其会使海外子公司或合资公司的利益与其保持一致，方便控制，即使要为此付出更高的人力成本。这种文化优越感严重地体现在管理和产品的研发上。例如海外子公司或合资公司的高层由母公司所派人员担任，产品的研发和设计都集中在母公司进行等，东道国的员工所在的大都

① 严文华：《跨文化企业管理心理学》，东北财经大学出版社 2000 年版，第 97 页。

是一些不重要的或边缘性的岗位。

（2）多元中心模式。是从东道国的文化特点出发，以海外子公司或合资公司为整体进行分权式控制和管理。在多元中心模式下，海外子公司或合资公司享有高度的战略决策权和管理权，这样做的好处是便于公司对当地的政治、经济和市场环境作出及时的回应，适时地抓住发展的机会。这种模式体现了母公司对东道国文化的一种尊重，更为重要的是体现了“一切从实际出发、因地制宜”的思想。因为如果外派员工到海外子公司或合资公司担任重要岗位，会因为其文化差异和异化适应能力的高低而使公司的决策与东道国的市场出现不符的现象。如果对其进行培训，无论在时间和费用成本以及效果上，都没有在东道国招聘一位员工经济。所以母公司采取充分放权的方式，让海外子公司或合资公司成为一个单独的整体进行运行，母公司只需要控制一些关键的活动，如财务活动等。

（3）全球中心模式。是指从全球战略和利益出发，采取集权和分权相结合的方式对海外子公司或合资公司进行控制和管理。在全球中心模式下，海外子公司或合资公司的生产经营活动的决策权和管理权既不完全集中于母公司，也不完全分权于海外子公司或合资公司，而是采取调动全球资源来为海外子公司或合资公司服务，如产品的研发可能既不在母国，也不在东道国，而是在其他国，即第三方国家等，其优势在于可以调动全球最优秀的资源为其服务，实现企业全球利益最大化。这种模式体现了一种资源最优配置或致力于成为一家真正的跨国企业的文化理念。在这种全球目标的指导下，全球的资源都被划归到母公司的统一调配之中，各海外子公司或合资公司可以享有高度的分权，实现独立发展和核算，但是其必须保证母公司的全球利益最大化。在现代跨国企业中，这种模式被运用得越来越普遍，有力地保证了跨国企业全球利益的实现。

依据企业决策过程的特点，通常可以将合资企业的管理模式分为以下几种：以一方母公司为主的管理方式、双方共同管理的方式、独立经营管理的方式。

无论跨国企业采取合资、合作或独资的方式在东道国开办企业，还是采取民族中心、多元中心或全球为中心的管理模式，或是采取以一方母公司为主、双方共同管理或独立经营的管理方式，都不可避免地会遇到母国文化和东道国文化差异而产生的冲突和矛盾问题。因为不同的国家具有不同的文化背景、价值观，政治、经济和法律环境也存在着很大的差别，必然在合作中产生这样或那样的矛盾和冲突。母公司作为一个组织在其母国文化的熏陶下，形成自己独特企业文化的同时，也会带有其母国文化的烙印。这种兼具两种文化背景的人在另一种文化背景的国家开展业务，对其文化适应能力与处理冲突和矛盾的能力要求很高。

人力资源开发是指一个企业或组织在其现有的人力资源基础上，依据企业的战略目标、组织结构和外部环境的变化，对人力资源进行调查、分析和调整，提高现有人

力资源水平，为企业或组织创造更大的效益。[①] 对核心员工进行跨文化管理主要是从多元文化差异方面来说的，而员工的管理则更多地体现在人力资源的 $4P_S$ 活动上，即招聘（Position）、培训（Promotion）、薪酬（Payment）、考评（Performance）等方面。

受合资企业自身特点的影响，其人力资源管理活动表现出跨文化的特点，即贯彻“因材施教”的理念。合资企业多元文化的特点要求人力资源管理也要体现多样性，以前那种在单一文化影响下的人力资源管理方法已不再适用。通常来讲，人力资源管理是指帮助企业或组织以更加有效的方式使用人力资源的各种活动，即人力资源战略的制定、员工的招募与选拔、培训与开发、绩效管理、薪酬管理、员工流动与关系管理等。[②] 当进行跨国经营时，由于社会文化背景的不同，上述人力资源管理活动就要变化，表现出与单一文化背景下人力资源管理不同的特点。主要体现在以下几个方面：

（1）跨文化企业人力资源管理的范围更宽。因为此时的人力资源管理活动是在具有不同文化背景的两个或两个以上国家进行的，包括跨国企业总部所在国、东道国或其他第三方国家。例如，母国外派员工的薪酬和福利计划、在东道国或其他国家招募员工等。跨文化企业人力资源管理的对象具有不同文化背景，即来源渠道范围更宽。除了要对母国外派员工进行管理外，还必须管理东道国或第三国员工。例如，IBM 设在澳大利亚的人力资源管理部门招聘当地人员，即为东道国员工；派遣美国籍员工到澳大利亚公司任职，即为母国员工；派遣新加坡籍员工到中国任职，即为第三国员工。因此它是处在人力资源 $4P_S$ 活动以及 Hofstede 文化维度和企业经营所在国类型这三个维度之中的互动组合见图 3－3。

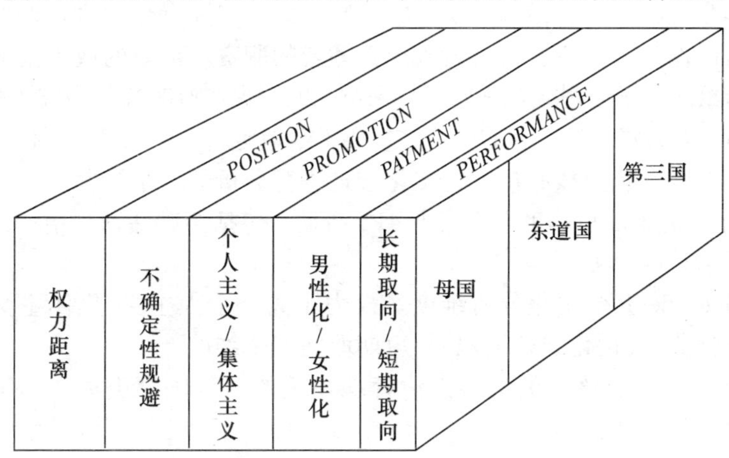

图 3－3　合资企业核心员工跨文化管理问题的三维分析框架

① http：//baike. baidu. com/view/26990. htm.

② http：//baike. baidu. com/view/4692. htm.

（2）对跨文化人力资源管理者的要求更高。与在单一文化背景下的人力资源管理活动相比，跨文化的人力资源管理活动有更加丰富的内容，同时人力资源管理者要承担更多的职能。比如，如何重新安置任务期满、被调回的外派人员、对东道国招募的员工进行母公司管理制度和企业文化方面的培训以及外派人员的薪酬计算问题等。再者，人力资源管理部门要努力贯彻海外子公司或合资公司的员工本地化政策，为企业的发展做好人员上的准备。外派人员在东道国的工作和生活也需要人力资源管理部门提供更多的服务。选派核心管理和技术人员到东道国工作是一件成本高、风险大的工作，因为外派员工及其家人在东道国工作和生活从某种程度上代表了母公司或母国的形象，其行为是否得当会给东道国相关利益者留下深刻的印象，与利益相关者的关系也会影响海外子公司或合资公司的经营利益以及进一步合作的程度。所以，对这些外派人员的选聘、培训以及进入东道国工作的后续配合工作对人力资源管理部门来说显得尤为重要。

（3）跨文化人力管理者必须具备更宽广的专业视野。为了更好地完成母公司外派的目的和海外子公司或合资公司的有序经营，跨文化的人力资源管理者必须具备更宽广的、更专业的人力资源管理知识。例如，对东道国当地文化习俗和人们工作、生活习惯的了解；东道国相关政策、法律法规知识的了解等。作为一名跨文化的人力资源管理者还必须对造成文化差异和冲突的文化要素进行系统的观察和理解，并就如何规避或减轻这些文化冲突对企业的影响提出预防性的对策。同时还必须就这些境况对外派人员进行培训，如何使外派人员更好地去理解这些差异或能在实践中更好地使用这些预防性对策，对于跨文化人力资源管理者来说也是一项挑战。只有做到一切心中有数，并在实际操作中进行调整，才能更好地履行自己作为一名跨文化人力资源管理者的职责。无效的或不当的人力资源管理政策会给海外子公司或合资公司带来重大的损失，有时甚至是破坏性的，所以在新的时期，人力资源工作者的专业知识要不断地更新，以求跟上时代的步伐。

以下是对合资企业核心员工跨文化管理进行分析的三个维度：

（1）合资企业核心员工人力资源 $4P_S$ 活动。包括招聘活动、培训活动、薪酬活动、考评活动四个方面。

（2）Hofstede 五个文化分析维度。权力距离、个人主义/集体主义、不确定性规避、男性化/女性化、长期取向/短期取向五个维度。

（3）与合资企业核心员工跨文化管理相关的三种国家类型：母国、东道国和其他国（或第三国）。

二、三维分析框架的特点

1. 三维分析框架中的维度分析

从 Hofstede 文化维度、人力资源 $4P_S$ 活动维度和核心员工来源国维度三个维

度构建的三维立体框架是研究和分析跨文化人力资源管理问题的一个重要立体理论工具。

三维分析框架的第一个维度是 Hofstede 五文化维度理论。在跨文化研究中，Hofstede 成功地使用五维度因素对 IBM 海外分公司所在国家的文化进行了测量，在对测量结果分析后得出文化之间的差异主要体现在以下几个方面：①权力距离；②对不确定性的规避；③个人主义/集体主义；④男性化/女性化；⑤长期取向/短期取向。[①] Hofstede 把各个国家的五个维度的测量结果转化为指数，提出了著名的民族文化五维度理论。他的五文化分析理论是目前跨文化研究领域较为全面、系统的文化分析和研究理论。将 Hofstede 五个方面的维度作为研究合资企业核心员工跨文化管理立体分析框架的一个维度，这为跨文化的研究者和跨国企业的管理者提供了一个分析文化差异的坐标系。因为企业的员工不仅受企业文化的影响，更受其整个国家或民族文化的熏陶，在这种特有的文化下，形成了自己特有的价值观、思维和行为模式，所以只有透过文化差异去分析价值观、思维和行为模式的不同，才能提高跨文化管理的有效性。并且该理论的研究对象主要是管理者，比较与本书所界定的研究对象相符合，所以可以运用其作为分析的一个维度。

三维分析框架的第二个维度就是人力资源 $4P_S$ 活动模块。核心员工的选拔、培训、任命、考核等一切活动均可以归结为人力资源管理活动，更具体地主要体现在四个方面：招聘活动、培训活动、薪酬活动和考评活动。通过这四项人力资源管理活动有效地保证了核心员工在组织中发挥积极的作用，合资企业也是通过这四个方面去激励和保留核心员工。由于合资企业内部的员工具有多元文化的背景，因此在体现对不同文化的尊重的同时，更要形成统一的人力资源管理活动，即统一的招聘、培训、薪酬和考评制度。从而规避或消除文化差异对企业人力资源管理活动造成的不良影响。

三维分析框架的第三个维度是核心员工来源国属性维度。合资企业核心员工来源渠道主要有三种：母国、东道国和其他国（或第三国）。母国是指跨国公司所在国或地区，东道国是指合资双方建立的合资企业所在国或地区，其他国（或第三国）是指除母国和东道国外的其他国家。不同的来源国属性具有不同的特点和优势，也具有不同的文化差异。如何根据企业利益和岗位需求来选择合适的核心员工来源国、如何处理合资企业内部三个来源国员工的利益关系，以及如何结合合资企业的特点合理有效地使用人力资源，是构建三维分析框架时必须考虑的问题。

---

① ［瑞士］苏珊·C. 施奈德：《跨文化管理》，石永恒译，经济管理出版社 2002 年版，第 122～128 页。

2. 三维分析框架的适用性分析

由 Hofstede 文化维度模块、人力资源 $4P_S$ 活动模块以及核心员工来源国属性模块三个维度构建的三维立体分析框架是分析合资企业核心员工跨文化管理问题的一个全面、动态的工具。

文化是在不断发展的，虽然其速度很慢。Hofstede 的五文化维度对文化的研究属于一种静态的研究，没有将文化及价值观的动态演进考虑进去，可以说是一个缺陷。而且他的五维度文化研究是站在一个比较宏观和抽象的层面上去分析文化的，无法落实到具体的分析上。尽管他的五文化维度为分析不同文化差异的研究提供了一个坐标系，但是从空间角度来讲，其只具备一个维度，准确地说是一个维度的五个具体因素差异分析。而本书借鉴其五维度文化分析理论的长处，同时摒弃其不足，结合合资企业核心员工人力资源 $4P_S$ 的动态活动以及核心员工来源国属性特征，进行合资企业核心员工跨文化管理问题的讨论和分析，从而构建一个动态、全面的三维立体分析框架。

第四章

基于 $4P_S$ 活动的跨文化管理问题分析

第一节　合资企业核心员工文化差异和文化冲突调查

一、调查研究背景及调查结果统计

为了进一步研究合资企业核心员工中存在的文化差异和冲突，本书对近 10 家合资企业大概 200 名核心员工以调查问卷的方式进行了调查。笔者根据自己多年在合资企业工作的经历以及和若干合资企业中外方的中高层管理者访谈沟通设计了问卷的内容，主要包括客观问题和主管访谈两部分。调查问卷由合资企业的核心员工亲自作答，用最后获得的数据来说明合资企业内部存在的文化差异和冲突，并列举其成因。调查使用的表格包括：参与调查的核心员工基本情况表、合资企业跨文化人力资源管理现状评价表（或满意度调查）、合资企业跨文化冲突表现形式及影响程度表、合资企业跨文化差异（文化项目）比较的统计结果表。

共发放调查问卷 230 份，实际回收 210 份，其中有效问卷 198 份。回收中方员工问卷 117 份，占有效问卷的 59%；回收外方员工问卷 81 份，占有效问卷的 41%。被调查的核心员工所在合资企业外方投资者来自东西方不同国家或地区：欧洲、北美、日本、韩国及我国港澳台地区。被调查合资企业建于 1981 ~ 2005 年，其中大型合资企业占 20%，雇员为 1000 ~ 4500 人；中型合资企业占 50%，雇员为 100 ~ 1000 人；小型合资企业占 30%，雇员为 100 人以下。每个合资企业的被调查对象包括企业的主管级以上的中外方核心管理员工、核心技术人员及其他核心员工。具体如表4－1、表4－2、表4－3和表4－4所示。

表4－1　参与调查的核心员工基本情况

性别	女性		男性	
人数及所占比例（%）	62（31.3%）		136（68.7%）	
国籍	中方		外方	
人数及所占比例（%）	117（59%）		81（41%）	
年龄	30岁以下	31～40岁	41～50岁	51岁以上
人数及所占比例（%）	59（29.8%）	110（55.6%）	20（10.1%）	9（4.5%）
教育程度	大专	本科	硕士	博士
人数及所占比例（%）	16（8.1%）	157（79.3%）	23（11.6%）	2（1%）
职位	员工级	业务主管级	部门经理级	副总级以上
人数及所占比例（%）	23（11.6%）	87（43.9%）	72（36.4%）	16（8.1%）

表4－2　合资企业跨文化人力资源管理现状评价（或满意度调查）

满意度因素：认同人数（所占比例）	好	较好	一般	很差
本职工作（工作本身）	68（34.3%）	92（46.5%）	28（14.1%）	10（5.1%）
发展空间晋升机会	23（11.6%）	71（35.9%）	58（29.3%）	46（23.2%）
跨文化招聘工作	29（14.6%）	96（48.5%）	57（28.8%）	16（8%）
跨文化薪酬是否公平，具有激励力	32（16.2%）	89（44.9%）	57（28.8%）	20（10.1%）
跨文化培训	28（14.1%）	103（52%）	55（27.8%）	12（6.1%）
跨文化沟通、领导、人际关系	21（10.6%）	94（47.5%）	61（30.8%）	22（11.1%）
跨文化考评是否公平有效	28（14.1%）	88（44.4%）	64（32.3%）	18（9.1%）
本公司的文化融合进行得如何	23（11.6%）	84（42.4%）	75（37.9%）	16（8.1%）

表4－3　合资企业跨文化冲突表现形式及影响程度

文化差异表现在哪方面	组织沟通	人力资源	管理模式	激励体系	思想观念	行为模式
认同人数及所占比例	15(7.6%)	39(19.7%)	49(24.7%)	44(22.2%)	28(14.1%)	23(11.6%)
文化差异或冲突对企业管理的哪方面造成影响	严重内耗	不当决策	人际冲突	沟通中断效率低下	怀恨心理	其他
认同人数及所占比例	37(18.7%)	41(20.7%)	51(25.8%)	47(23.7%)	17(8.6%)	5(2.5%)
你认为是什么因素导致了文化差异	政治	传统文化背景	风俗习惯	法律制度	语言	思维方式
认同人数及所占比例	16(8.1%)	46(23.2%)	45(22.7%)	14(7.1%)	39(19.7%)	38(19.2%)
你认为何种方式可消除文化差异	寻找并建立公司核心价值观	为员工提供跨文化培训	提供海外出差的机会	通过管理制度	建立良好的人际关系	其他
认同人数及所占比例	48(24.2%)	53(26.8%)	17(8.6%)	46(23.2%)	30(15.2%)	4(2%)

表 4-4　合资企业跨文化差异（文化项目）比较

文化比较项目认同人数及所占比例	中方员工			外方员工		
	是	否	不清楚	是	否	不清楚
是否认为公司中存在文化差异	109(93.2%)	8(6.8%)	0	77(95.1%)	4(4.9%)	0
多元文化是否给你的工作带来压力	94(80.3%)	18(15.4%)	5(4.3%)	68(84%)	12(14.8%)	1(1.2%)
是否更倾向于求助管理制度解决问题	74(63.2%)	43(36.8%)	0	75(92.6%)	6(7.4%)	0
外籍管理文化是否优于中国管理文化	61(52.1%)	50(42.7%)	6(5.1%)	64(79%)	14(17.3%)	3(3.7%)
多元文化的存在是否影响到你的行为模式	85(72.6%)	28(23.9%)	4(3.4%)	67(82.7%)	8(9.9%)	6(7.4%)
文化融合是否有利于公司的管理	88(75.2%)	23(19.7%)	6(5.1%)	56(69.1%)	21(25.9%)	4(4.9%)
上下级之间是否存在不可逾越的界限	87(74.4%)	28(23.9%)	2(1.7%)	21(25.9%)	58(71.6%)	2(2.5%)
是否宁愿放弃休息也要工作	60(51.3%)	39(33.3%)	18(15.4%)	27(33.3%)	52(64.2%)	2(2.5%)
人际关系是否重要	97(82.9%)	20(17.1%)	0	15(18.5%)	63(77.8%)	3(3.7%)
为了尝试新事物而冒险	34(29.1%)	73(62.4%)	10(8.5%)	53(65.4%)	23(28.4%)	5(6.2%)
文化融合是否容易做到	12(10.3%)	102(87.2%)	3(2.6%)	10(12.3%)	67(82.7%)	4(4.9%)

二、合资企业核心员工跨文化管理调查结果

通过对合资企业跨文化管理的现状及访谈信息的研究分析得出以下结论：

1. 跨文化之间的差异普遍存在

根据表 4-4 统计结果显示，大约 94% 的被调查者认为存在文化差异；大约 80% 的被调查者认为存在的文化差异给他们的工作带来压力，大约 73% 的被调查者认为自己的行为模式已经受到多元文化的影响。

2. 中国文化与外方文化比较

在被问及“上下级之间是否存在不可逾越的界限”时，中外方被调查者的回答差别很大，74.4%的中方员工认为上下级之间存在不可逾越的界限；而71.6%的外方员工则认为上下级之间不存在不可逾越的界限。当被问及“是否宁愿放弃休息也要工作”时，51.3%的中方员工表示愿意牺牲个人休息时间去工作；而只有33.3%的外方员工表示可以接受为了工作而放弃休息，64.2%的外方员工则不会。当被问及“人际关系是否重要”的问题时，82.9%的中方员工认为企业内的人际关系非常重要；而77.8%的外方员工认为企业内人际关系不太重要。当被问及“为了尝试新事物而冒险”时，只有29.1%的中方员工表示愿意，而外方员工65.4%表示愿意，只有28.4%表示不愿意。当被问及“是否更倾向于求助管理制度解决问题”的问题时，中方员工63.2%表示肯定，有36.8%持否定回答；而外方员工92.6%表示肯定，只有7.4%持否定回答。

3. 合资企业内部跨文化的表现形式以及程度

在被调查者中，有7.6%的员工认为“文化差异”主要表现在组织的沟通方面，24.7%的员工认为主要表现在管理模式方面，19.7%的员工认为主要表现在人力资源方面，14.1%的员工认为主要表现在思想观念方面，22.2%的员工认为主要表现在激励体系方面，还有11.6%的员工认为主要表现在行为模式上。

8.1%的员工认为产生文化差异冲突的根源是政治因素，23.2%的员工认为是传统文化背景因素，22.7%的员工认为是风俗习惯因素，7.1%的员工认为是法律制度因素，19.7%的员工认为是语言因素，19.2%的员工认为是思维方式因素。

18.7%的员工认为文化差异会带来企业严重内耗，25.8%的员工认为文化差异会带来企业人际冲突，20.7%的员工认为文化差异会带来不当决策，23.7%的员工认为文化差异会导致企业沟通中断效率低下，8.6%的员工认为文化差异会带来怀恨心理，2.5%的员工认为文化差异会带来企业其他问题。

当被调查者被问及“你认为何种方式可消除文化差异”时，建议寻找并建立公司核心价值观的占被调查者的24.2%，建议为员工提供跨文化培训的占被调查者的26.8%，建议多为员工提供海外出差的机会的占被调查者的8.6%，建议通过管理制度进行调整的占被调查者的23.2%，建议通过建立良好的人际关系予以解决的占被调查者的15.2%，建议其他方式的占2%。

在对“文化融合”问题的回答上，约87%的被调查者认为文化融合不容易做到；13%的被调查者认为在合资企业文化融合方面应该单方面强调本土文化；28%的被调查者认为本公司正处于文化冲突整合阶段，35%的员工认为

本公司只是表面上文化的统一，24%的员工认为本公司中两种文化共存（见图4－1）。

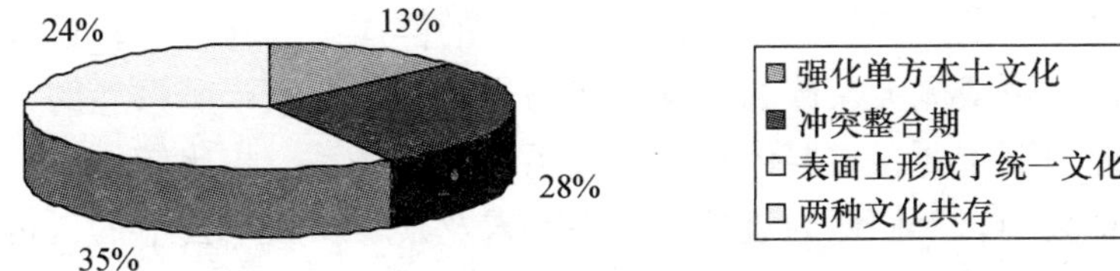

图4－1　合资企业文化融合现状

4. 合资经营的企业应该重视多元文化之间的沟通

在合资企业经营管理中文化差异的存在是不可避免的，如果运用不恰当的沟通措施予以解决，必然会激化矛盾，形成严重的文化冲突。从图4－1可以看出，就劳动力的多元化而言，合资企业的核心员工来自全球不同的国家和地区，具有不同的文化和教育背景，不同的年龄发展阶段，使得人力资源呈现出多元化的特征，这就造成员工之间的沟通难免会出现障碍和冲突。立足于本土文化进行沟通的方式在合资企业中已不再适用，在内部沟通渠道上更加注重依据不同员工的文化经历采用不同的沟通方法，尊重不同员工的情感需要和职业发展需要。所以，跨文化沟通这种全球沟通方式在合资公司中显得尤为重要。

第二节　合资企业核心员工跨文化 $4P_S$ 管理活动分析

一、合资企业核心员工招聘录用POSITION管理活动

1. 跨文化差异对合资企业核心员工招聘录用工作的影响

在权利距离长的国家，员工的理想人选来自社会中上层或名牌大学毕业生、有较高学历的群体，因为上述特点注定其或多或少具备某些方面的领导特质。所以在评判你是什么样的人时，你所在的团队的声誉比你的表现更为重要。在权利距离短的国家，员工的选聘则更多地根据其业绩和个人表现，员工是否能够获得晋升很大程度上以其个人所具备的能力为基础。

在不确定性避免程度高的国家，选聘员工主要依据他们的适应能力、忠于组

织的潜力、阅历和资历的深浅、管理能力和对组织的长期承诺等。在不确定性避免程度低的国家，员工的选聘主要是根据其受教育程度和以往的工作业绩，企业主要着眼于未来的发展。

集体主义导向的组织倾向于从其关系紧密的群体中选聘员工，这些人通常是其庞大家族的一员或庞大家族的朋友，成为亲戚或为其家族所熟悉的人比一个人其他方面的能力更重要，主要体现近亲关系和寻租关系。相比较而言，在个人主义占主体的社会中，人们认为过多地偏袒家人及其朋友是不公平的，也是不符合组织利益的。在这种社会背景影响下，人们认为一个人获得职位或晋升应该通过公平的手段来获取。这里的公平是指无论什么人，只要具备岗位所要求的条件，都可以成为候选人之一。其理念是，公平地竞争会使岗位找到最优秀的人才。

在男性化的社会，大部分的工作机会都被给予男性，女性从事的职业多是些文职类等辅助性的工作，更多的女性担负家庭主妇的角色。男性常常能接受到其他城市或到其他国家一年以上的任职，工作是整个生活的中心。而在女性化的社会，女性更多地从家庭中解放出来，进入以男性为主导的工作中去，由于受女性工作和生活观念的影响，人们认为工作不应是人们生活的核心，而应该花更多的时间与家人、朋友在一起。

在长期取向的文化中，选聘主要是基于候选人性格特质与公司文化适合程度及其工作经历。在选聘决策中，潜在雇员的具体技能以及专业程度相对而言并不重要，重要的是他们具有高的忠诚度和低离职率。因为组织长期承诺的专业化技能和社会化培训可以弥补最初与工作岗位要求相关的任何不足之处。相比而言，短期取向文化的组织则倾向于招聘那些能够使组织在短期内获利的、有经验的专业技术和管理人员。因为选聘者总是假设雇员不会对组织忠诚，公司不能保证在雇员专业技能和社会化培训方面的任何投资将会得到回报。

2. 合资企业核心员工的来源

合资企业核心员工主要来自母国、东道国和其他国家（或第三国）。

（1）来源于母国。核心员工由母公司员工或母国公民担任主要是母国公司从本公司或本国利益出发，其目的在于对世界各地的子公司进行控制，从而更好地为母公司或母国的战略目标服务。这种方式有利于母公司与子公司之间进行有效沟通，同时实现母公司对子公司进行控制。因为母国派出的核心员工熟悉母公司的运行情况、处事方式以及人事制度状况等，更为重要的是他们清楚母公司的战略目标、政策和经营文化理念等，较容易与母公司进行有效地沟通，同时也有利于母公司对海外子公司的管理和控制。母公司派出的核心员工对母公司具有高的忠诚度，熟悉公司的理念和母公司对海外子公司的期望，能够使海外子公司的未来发展与期望保持一致。一般来说，海外子公司的生产技术、管理理念和营销策略等大多是由母公司协助发展起来的，因为母公司派驻人员比东道国人员更了解母公司的这些先进生产技术、管理理念和营销策略，这就有利于海外子公司的发展。当子公司的利益与东道国的利益发生冲突时，如果东道国公民担任子公司重要职位，他可能损害子公司利益，为东道国国家利益考虑，而母国人员在同等情况下则倾向于为母公司的利益考虑。另外，有利于母公司培养自己的全球经营管理人才，扩大自身全球经营管理人才队伍。

然而，这种政策也有许多弊端：若被派遣人员不懂得东道国的政治、经济政策、法律法规、文化、语言，在子公司工作期间就可能会遇到很多障碍并且感到极度不适应。因此难以对日常经营活动做出正确的判断和决策。核心员工将母公司的管理方式和管理风格不恰当地照搬照抄到海外子公司去，可能会出现水土不服的现象；母国派遣的核心员工可能和东道国政府及各级行政主管部门，同公司上下级难以进行顺畅和有效地沟通；母国派遣的核心员工的存在可能会阻碍当地有才干的员工晋升，进而挫伤他们工作的积极性，不利于对本土化人才的使用和充分开发；同时派遣费用大大高于雇用本土化人才。

实践证明，在下列情况下，子公司的关键职位应当由母国人员担任：子公司处于建立阶段；通过其他途径无法招聘到的核心技术和管理人才；在海外设立子公司属于短期行为；东道国是一个多民族或多宗教信仰的国家，雇用一个属于某一民族或某一宗教的本地员工可能会使企业损失；由于子公司的经营与母公司和其他海外子公司的经营活动紧密相关，则该子公司的核心岗位多由母国人员担任。

从员工的配置安排上看，合资企业的高层管理人员更倾向于由母国外派人员担任，例如美国在亚洲的合资公司的高级职位中，母国外派员工占 55%，中层占 19%，只有 2% 的人处在初级的管理职位上。然而欧洲在亚洲的合资公司的高层的外派员工占 85%，中层占 25%，只有 5% 处在初级的管理岗位上。

（2）来源于东道国。由于核心员工母国化的各种弊端，加之海外企业业务量的扩大和地区的分散化，以及国际环境的不确定性，海外子公司开始有意识地将核心员工本土化，雇用本地化员工能够避免因文化差异而造成经营管理出现问题；还可以降低人力资源管理成本，其主要表现在：一方面降低或免除了外派人员培训和驻外津贴等费用；另一方面可使公司利用一些东道国低工资水平的优势（通过支付高于同类岗位标准的工资）来吸引更好、更有竞争力的人才；有利于子公司同当地政府、社区、工会组织、雇员和顾客等建立良好的关系，从而在东道国树立良好的企业形象；东道国核心员工一般任期都比较长，是子公司核心岗位员工的离职率低和子公司经营政策的连续性的重要保证；让当地核心员工看到自己职业生涯的发展潜力，增加了对企业的忠诚度和信赖感。例如，可口可乐公司海外子公司的核心岗位由本地人才担任，只在需要特别技术或者当地员工尚需培训和正在培训时，才使用美国员工。

然而，核心员工本地化也有潜在的弊端：本地化的人才可能无法将母公司和子公司之间的信息交流很好地沟通起来；本地化员工一般不具备全球化视野，无法整合子公司的全球资源和理解母公司的全球战略目标，从而在合作与协调方面会产生问题；减少了母国人员到国外任职机会，不利于本国人才全球视野的开拓和管理能力的培养。另外，本土化的核心员工的晋升路径有其最高点，当达到这个最高点，就无法获得晋升，这就是所谓的当地核心员工的不可移动性。这种情况往往会打击本地人才的积极性和工作热情，并且妨碍了他们对下属的提拔。由于本地核心员工在子公司中的提升受到限制，海外企业就很难招聘和留住一些在经营管理方面很有能力的外国人。

（3）来源于其他国（或第三国）。现在很多合资企业从其他国，即第三国选聘优秀的人才，因为他们精通外语，有子公司所在国工作经历并且了解该国文化，这样就会减少很多培训成本。但是这种选聘方法付出的时间和费用成本较高，并且还有可能受当地法律的限制。在经济全球化大背景下，不少企业的人才无国界化限制趋势更加明显。现在许多合资公司在招聘甄选核心员工时，更多考虑的是他们的专业技能、管理能力以及创新精神，而非国籍。作为职业型的全球化人才，他们按照职业道德、国际准则和惯例办事，民族主义倾向不明显，因而比较容易被母国和东道国接受。企业在全球范围有效和合理地选拔、调配、使用人才，克服企业内太过看重核心员工国籍的现象，从而避免近亲繁殖和高层管理人的民族狭隘思想的滋生，从而使公司能更好地发现和挖掘其合资经营的潜能。

研究表明，这三类人员的使用随着合资企业发展阶段的不同而不同。在合资企业成立初期，本地化雇佣人员比例较低，随着业务量的扩大，东道国雇员越来越多，甚至比例占到大多数。如外国公司在中国开设合资公司，一般来讲，母公司在海外合资公司成立初期会派出本公司或本国有经验的技术和管理人员，等经营走上正轨后，再调回一部分外派人员，随着合资公司海外业务的扩大，其核心人才的需求进一步扩大，公司的海外职员越来越多，员工国籍被作为选聘和晋升标准的问题重要性下降，同时母公司对子公司的控制也被削弱。目前大多数的合资公司处在多国经营阶段。在这一阶段中，无论是从组织的长期建设、研究与开发、市场的开拓，还是在成本节约的角度上，核心员工的本土化势在必行。事实上，近年来合资公司人员配置本土化趋势已日趋显著。

3. 在母国、东道国和其他国为合资企业选聘核心员工的标准

（1）在母国为合资企业选聘核心员工的标准。大多数寻求国际发展的公司

面临的最棘手的问题之一就是如何选择合适的外派人员。外派往往因为被外派人员不能适应东道国文化而失败，这些错误通常会给母公司带来巨大的损失。就美国而言，根据国家外务委员会和 SRI 国际抽样调查表明，一次失败的外派直接成本在 25 万 ~ 50 万美元。Motorola 公司曾做过一项调查，年薪为 7.5 万美元的中层雇员外派失败引致的直接和间接成本甚至更高。该公司还估算，对于一个 3 年期的外派，失败导致的直接成本在 60 万 ~ 125 万美元。派遣不合适的核心职员不仅导致公司经济上的损失，还有可能会导致子公司管理出现混乱，损害与东道国的关系，失去许多商业机会，而且对于那些或许不该被派出的员工来说职业生涯可能会因此遭受损失。图 4 – 2 显示出了选聘外派人员应该考虑的关键因素。

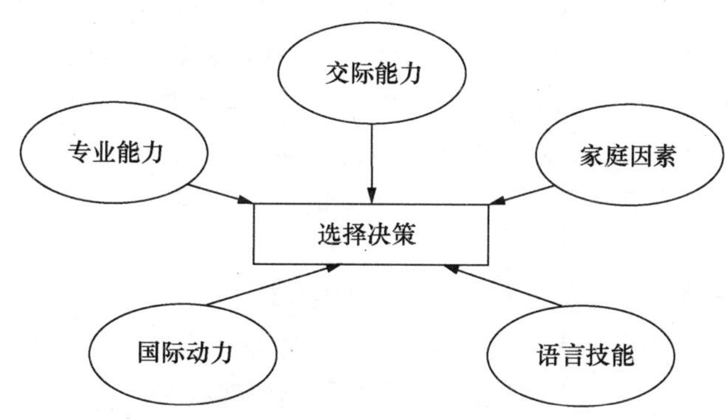

图 4 – 2 选聘外派人员的因素

专业能力：包括管理技能、技术技能和行政技能等。

交际能力：包括文化忍耐力和接受力，容忍度，沟通力，适应新态度和行为的灵活度，对高压力、高紧张环境的适应能力等。

国际动力：包括原职位与外派职位的对比、国际任务的责任感、对被派遣地区的兴趣、与职业生涯发展阶段的吻合程度等。

家庭因素：包括家庭其他成员对被派驻人员或自己国外生活的接受程度、家庭其他成员的交际能力和职业发展目标、子女的教育要求等。

语言技能：包括语言和非语言交流技能。

对任何外派任职而言，使得外派成功的因素并非同等重要，因素的重要性取决于以下四个方面：外派时间长短、文化的差异性、需要与当地公民的交往程度、工作责任大小与复杂度。表 4 – 5 总结了选派不同任职条件的人时，要考虑因素的先后问题。

表 4－5 不同任职条件下决定外派成功与否的因素的优先程度

外派成功因素	外派时间长短	文化的差异性	需要与当地公民的交往程度	工作责任大小与复杂度
专业能力	高	不确定	中	高
交际能力	中	高	高	中
国际动力	高	高	高	高
家庭因素	高	高	不确定	中
语言技能	中	高	高	不确定

（2）在东道国为合资企业选聘核心员工的标准。在东道国进行员工选聘的过程中，合资公司应该清楚自己如何选聘到一个同等价值（与原计划派驻群体）的劳动力群体。各个国家教育体制的不同使得评估应聘者的能力成为困难。例如，学生从大学进入劳动力市场的年龄可能因规定受教育时间不同而有很大的差别。德国大学毕业生因在大学学习时间长，加之有附加学习和国家服务的义务，所以一般 28 岁才能进入劳动力市场，但是日本和英国的大学毕业生进入劳动力市场的年龄可能只有 22 岁。另外每个国家的学科设置、培养方式、实践机会的多少都存在很大差别。

在东道国招聘员工，除了要关注他们的经验、能力以外，还要特别注意不同国家的文化背景因素。如美国学校和公司很注重培养员工的专业技能，而在韩国、印度、拉丁美洲等国家和地区则往往看重裙带关系而轻专业技能。按照欧美国家的观点，主动积极、自信和有个性的申请者可能会得到相对高的评价，但在一个高集体主义的文化里，这种行为通常会导致与其他员工很难和谐相处。

（3）在其他国为合资企业选聘核心员工的标准。选聘其他国员工作为合资公司的核心员工时，像跨文化适应能力、家庭因素和专业技能等个人因素，它们是用来考核母国外派员工，也同样适用于选聘其他国员工。然而，是否能够获得招聘许可证是能否招聘其他国员工的关键，因为各国政府都希望本国公民得到就业机会。对其他国员工能力进行评估比对母国员工评估更难。语言应该是一个重要的考量因素，被招聘的其他国员工至少应该流利使用一门国际通用语言。选聘其他国人员的方法很多，如一些美国跨国公司在美国商学院招聘留学生作为其他国员工。招聘具有外国或本国国籍的东道国人员（即出生在外国但和子公司的人员是同一国籍的人员）是当今社会的一种趋势。例如，一家英国公司聘请了一位加拿大国籍的华裔管理其在中国的合资公司。据估计，1996 年大部分在中国工作的外派经理都是来自中国香港、中国台湾和新加坡及马来西亚的华人，这种做法有利于减少跨文化沟通中的障碍，同时，也能部分解决合格经历缺乏的问题。

二、合资企业核心员工培训开发 PROMOTION 管理活动

1. 跨文化差异对合资企业核心员工培训工作的影响

在权利距离长的国家，培训的重点在于使员工同意或服从，员工的培训强调顺从和可依赖；在权利距离短的国家，主要培训的是员工的自主精神，培养方式灵活多变。例如，在欧美人看来，中国是个权利化程度很高的国家，学生从小就被教导要尊师重道，因此中国员工在接受培训时习惯将自己视为学习的被动接受者，对于老师提出的问题很少主动思考、提出质疑。因此西方企业普遍采用的高度参与式的培训方式在中国的合资公司根本不适用。在这种情况下，人力资源培训部门就要开发出一些适合本土员工的培训和开发技术。

在高不确定性避免文化中，员工的培训重点在于提高专业化技能以抵御竞争，寻求安全感；在低不确定性避免文化中，则更强调激励培训，鼓励员工发挥他们的创新精神。

在个人主义导向的文化中，培训集中于培养个人的一般技能，职业生涯规划是自己一个人独立完成的工作，因而可能会出现跟组织的使命、战略目标和文化不一致的现象；在集体主义导向的文化中，培训侧重于公司所需要的技能，员工认同组织的文化、使命和目标，对组织忠诚，并服从组织安排。

在男性化的社会中，人们生活的核心就是工作，在工作上得到认可是对自己最大的激励，因此培训的内容应与个人的职业生涯发展规划相关，员工很重视个人的发展；在女性化的社会，工作并不是人们生活的唯一追求，也不是核心，人们愿意享受更多与家人和朋友相处的时光，并注重生活质量，因此培训的形式和内容主要由工作单位来决定，与企业有关。

在长期取向的文化中，培训的主要内容是让员工具备长期就业所必备的技能；在短期取向的文化中，培训内容则主要集中于公司目前的、短期的需求。

例如，日本是集体主义导向文化的国家，在日本新加入的职员会被委派一些为别人服务的工作，为整个组织团队服务或者进行一种禅宗的训练，教会他们谦卑的态度。新加入的职员一旦通过了测试就会成为该组织真正的一员，这样员工的集体主义意识得到增强。而在美国企业对新员工有可能培训强化一种高度的个人主义、强调竞争性的和攻击性的企业文化气氛。

2. 针对不同来源国核心员工培训内容的研究

合资企业对核心员工的培训按培训对象不同大体上可以分为两类：①针对母公司或其他国的招募人员的培训；②为东道国的员工提供的培训。前一种培训通常是对外派人员跨文化适应能力的培训，目的是使外派人员了解他们将赴任区域的社会文化环境，增强其在东道国工作和生活的适应能力。后一种培训则主要是

针对管理技能、管理方法和公司制度以及文化的培训，目的是使东道国本地核心员工的技能和管理水平尽快达到公司的要求。

（1）针对母国外派核心人员或其他国招募核心员工的培训。因为文化价值观是对其性格特征的反映，并且是一种比较稳定和长久的信念，可以判断个体、群体或整个社会选择什么样的行为模式、交往法则和生存状态，以及借此评判好坏、是非、爱憎和美丑等，因此具有不同文化价值观的人往往会发生冲突，如不恰当的种族优越感、管理理念、沟通误会以及文化态度等问题。一般来说，一个人对新的文化社会环境的适应过程大致可以分为五个阶段，可以用图 4 －3 表示：

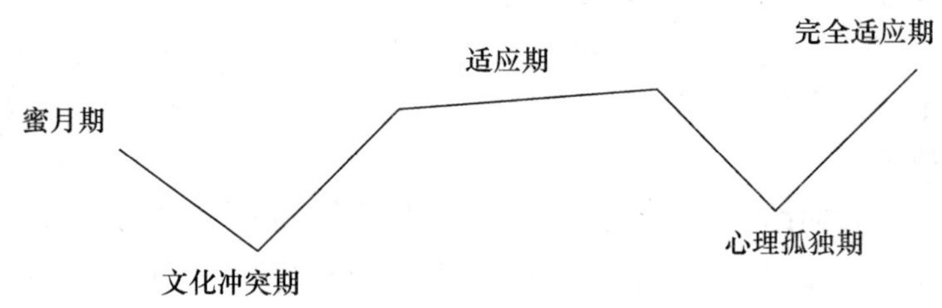

图 4 －3　对新文化的适应过程

外派人员不理解或不接受所派遣地区或国家的文化，在被外派到派遣地工作可能会遭遇文化冲突。进行跨文化适应能力培训是防止和减轻文化冲突对工作产生重大影响的有效方法。其中敏感性培训是针对外派人员最主要的培训方法，它包括两个方面内容：一是系统地培训有关母国的社会文化背景、文化特质和有别于其他民族和国家文化的主要特点；二是培训外派人员对派遣地区或国家文化特征的理性和感性认识以及分析能力。实际工作证明，比较有效的文化敏感性培训可以在很大程度上代替实际的国外生活和工作体验，使外派人员在心理上和应对文化冲突的方式上做好准备，减轻他们在东道国不同社会文化环境中抵触或不适应的感觉。文化敏感性培训主要内容包括以下方面：①系统文化教育，即请文化专家以讲授的方式系统地介绍东道国或派遣地区文化的特征；②情景模拟，即通过各种方式从不同方面模拟东道国的社会文化环境；③文化要素及特征，即通过东道国文化专题讨论和学术研究的方式，组织驻外人员探讨东道国文化的内在特征及其对管理风格、管理思维和决策方式的影响；④语言培训，这不仅是使学员掌握必备语言知识，还要使他们熟知东道国文化中特有的习惯表达和沟通方式，如符号、手势、习俗和礼节等；⑤人际交往活动，让学员与来自被派遣地区的人员有更多的接触和沟通的机会。

对异文化的敏感力也可以称为跨文化交流与沟通能力。跨文化沟通能力的提高是每一个跨文化企业的员工都必须面对的问题。两位加拿大教授斯特拉·廷·图米和威廉·豪威尔开发了一种跨文化沟通能力的五阶段模型如图4－4所示：

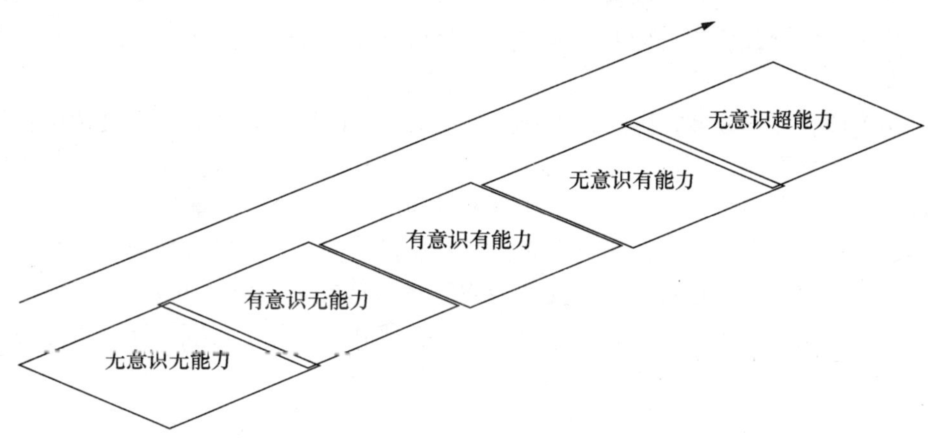

图4－4　跨文化交际的五阶段发展模型

无意识无能力是指在进行跨文化交流与沟通时既无管理意识，也无能力去管理，往往在一种无意识的状态下得罪与自己不同文化背景的人；有意识无能力是指在跨文化交流与沟通期间，知道自己的对或错，却不知道如何去修正自己错误的行为；有意识有能力是指在跨文化交流与沟通期间，知道与自己不同文化背景的人交流时应该改变方式，同时也有能力正确与之交流；无意识有能力是指可以在很自然的状态下或习惯于与不同文化背景的人交流，以至于成为其一种本能的反应；无意识超能力是指与不同文化的人交流已经没有任何障碍，但是不是任何人都可以达到这个水平。

文化敏感性训练的目的是让接受培训的人员跨文化沟通与交流的水平至少到达第三个阶段或以上。

（2）针对东道国招募的核心员工的培训。合资企业对东道国员工的培训主要是针对其生产和管理技术的培训。生产技术的培训一般侧重于从母公司转移生产技术并请技术专家对东道国员工进行培训指导。培训对象多数是技术部门、质量控制部门和生产部门的管理人员。管理技术的培训通常根据具体的管理职能进行分类培训。例如，对营销部门管理人员的培训侧重于各种营销组合、促销方式和市场分销的管理培训，对财务部门管理人员的培训主要是母国与东道国会计准则差异的分析与比较、计算机技术在会计方面的应用以及外汇风险如何管理等。在多数大型合资公司中，员工的晋升与培训联系在一起。不同级别的员工接受不同类型的培训。所以，员工晋升到更高的岗位时，合资企业往往通过新的培训计划来增强其岗位所必需的能力。此外，在培训东道国员工时需考虑到他们接受的独特的教育经历和民族文化熏陶，在管理活动中容易做出损害母公司而有利于东道国的事情来，不能做到双赢。因此，必须培养他们对母公司的忠诚度，力图使他们站在一个较公正的立场上思考和决定公司事务，使合资企业和东道国利益实现双赢。

在培训和开发领域，国际人力资源管理的重心由针对海外派驻人员的预备性培训转向建立面向子公司全体员工的国际管理开发体系，其目的在于提高员工的绩效水平和全球视野。培训和开发涉及的活动极其广泛，包括通过培训使员工了解组织的状况、工作的具体职责和必备的专业技能，对工作场所的社会文化及法律环境的了解，员工在特定社会文化背景下的人际交往技能的开发。研究表明，当培训与开发成为海外派出人员的特权时，企业制度和文化的统一性、本地员工国际化视角的开拓以及合资公司的整体利益都将受到损害。因此，目前的一个趋势是将培训与开发拓展到整个管理层，以推动多元文化背景、多国籍管理层的形成。

3. 培训形式

合资企业核心员工培训方式主要有以下几种：

（1）在职培训。在职培训通常是为了满足个别员工的要求和他们的特殊工作，其特点在于培训职工不离开工作岗位，在岗位上接受相关培训。在职培训强调实践性和快速性，由比较有经验的上级或同级员工进行培训和监督，指导他们在工作中如何表现。由于在职培训可以在工作时间内进行，时间约束性小，对外派人员来说，更适合于进行文化差异的调节适应。

外派人员培训的强度问题，首先培训强度是指需要受培训者为外派任职工作准备的努力程度。培训强度与外派任命的特征有关，它们之间相关关系如表4－6所示。

在职培训的好处在于：①具有针对性。培训的目的在于提高员工的工作能力，也就是增强员工解决问题的能力。如果员工在工作中接受培训，更能针对实践操作中出现的问题做出思考。培训人员能为员工提出改进意见，有针对性地解决问题，这样能够加深员工解决问题的印象。②加强员工和管理人员之间的沟通；在职培训能够增强管理人员和员工之间的沟通，方便彼此进行了解和沟通，促进彼此之间的互信。③节约培训费用。培训从组织未来角度来说应该是一项投资，但是它还会产生一定的成本。在职培训能够利用工作必须使用的有利条件，这样既节约了成本，也会使培训的效果更加有效。④培训时间和工作时间同时进行。让不具备本岗位要求能力的员工从事本岗位工作，肯定会给工作造成一定的

表 4－6　外派人员培训强度、培训方式、培训目标与任命特征的关系

培训强度	任命特征	培训方式	培训目标
高强度 （≥60 小时）	长期任命 相异文化 工作责任大 需与当地人深入交流	去东道国旅行；与具有东道国经验的管理人员会谈 与东道国人员会谈 集中语言培训	与东道国文化、商业文化和社会制度融洽相处
中强度 （20～60 小时）	介于二者之间	文化间的学习练习；角色扮演；案例研究；生存、语言培训	培训有关东道国文化的一般知识和具体知识，减少民族中心主义
低强度 （4～20 小时）	短期任命 相似文化 工作责任不大 与当地人交流需要不大	授课；录像；阅读；背景材料	提供有关东道国商业、国家文化的信息 公司经营的基本信息

影响。但是在职培训与其他培训不同，其是将培训融入工作中，实现工作与培训的互动，这样更有利于员工尽早掌握能力。

（2）外部培训。某个合资企业自己并不制定外部培训计划，而是由独立的第三方培训和开发机构针对合资企业的某一类员工而设计的，培训不在自己企业内部进行，而是委托社会培训机构办理或选派雇员接受企业外部培训。它不是专门为某一特定的组织安排的，其目的是通过培训来扩展员工的视野。例如，商学院开设的有关合资公司转移价格的课程、专业化培训机构提供的跨文化沟通和人际关系技能培训等。在对外派人员的培训上，大多数合资公司喜欢委托专业的培训机构把外派人员送到东道国去接受培训，这样做可以使外派人员在承受工作压力之前，已亲身体验文化差异的影响，从而在心理上和技能上做好应对准备。

像安德森和花旗银行这样全球性的公司，外派人员在海外子公司任职之前，公司会安排一年的新手培训计划。在这个计划进行期间，外派人员会到要派往的国家或地区旅游，体验当地文化。外派人员接受的培训内容会涉及商业和文化差异。一位墨西哥管理人员说，他们公司一般会提前几周将外派人员送到派遣国家或地区，让他们在那里接受跨文化的适应能力培训，这样做会使他们能够更快、更好地进入工作状态。

根据一项报道，有 61% 的公司向外派员工提供至少一天的跨文化适应能力培训。在这些公司中，有 35% 的培训对象涉及外派员工的整个家庭，23% 向外派员工及其助手提供培训，还有 3% 的公司培训只针对外派员工。然而，在接受培训的外派人员中，对培训感到满意的还不到 1/3。大多数员工对他们培训的一些方面感到很不满，包括自我的文化意识、适应过程、如何在不同的社会文化中开展工作、日常生活提示以及对背景问题理解。文化适应困难，是被外派工作人员提及的最频繁的问题，这也是跨国外派的主管们最头疼的地方。

通常，公司在外派人员及其助手到被派遣地区或国家任职前的几周，对他们进行为期2~3天的讲授式的培训。其他培训选择到任后进行，这种培训一般会持续1~3个月。有些公司还提供网络远程学习计划，或到别的国家的专业培训机构进行学习。在课程设计上，许多公司首先是通过问卷或电话调查，对特定家庭在特定社会文化中工作和生活的经验进行评价。然后，培训机构根据该家庭的背景知识制定培训课程。大部分课程包括：①文化的比较与分析，东道国与母国文化比较与分析；②文化差异适应能力培训，讲述文化冲击曲线理论、文化冲击的症状，以及怎样处理这些问题；③商业礼仪，东道国的商业交往中的一些习惯；④对核心员工以及其家人在新的环境中可能遇到的问题进行预测，并给出解决的方案。

外部培训的好处在于：①企业可以针对自己企业的特点来选择外部培训，对企业的发展来说是有百利而无一害的，可以解决企业面临的特定问题；②外部培训可以通过系统的培训来使员工的专业知识和技能、工作态度和方法以及职业责任感得到改善和提高；③外部培训可以使企业获得新鲜的知识和技能，打破企业内部一些固有的传统观念，并且可以通过外部培训来对企业面临的问题进行专业性的诊断和解决。

（3）内部培训。在企业的人力资源培训部门统一安排和其他相关部门的协助下，利用企业内专设的培训场地，在工作时间外利用企业的设备和设施所进行的培训活动称为企业内部培训。

这些培训计划涉及专题座谈会、讨论会、外语培训、网络资源搜索、角色扮演以及情景模拟。人力资源部可以采取到其他地方进行短期旅行、设置特殊课程、播放录音和录像、组织阅读图书以及企业内部网络等方式，提供各种形式的培训。一些公司鼓励外派人员，扮演与来自另一种文化的客户不期而遇的情景，以预期可能出现的误解和冲突，并且提供专业的解决方案。公司鼓励雇员通过对不同文化之间的差异和工作中处事方式进行讨论，畅谈自己对这些问题的理解，努力实现不同文化的相互教育。这种非正式的但很有效的互动式或情景式的培训方法，在全球性企业中得到很充分的运用。

内部培训的好处在于：①企业能够大量、快速、有效地为企业培养出所需要的人才。由于教育资源的限制和教育体制的缺陷，企业只有通过内部培训才能使招到的员工适应企业岗位的需要。②使员工积极性和创新性得到提高。通过内部培训，可以直接、彻底地满足员工的自尊、自我实现的需要，充分释放潜能，有效调动积极性。③减少员工的流动率和流失率。当员工无法有效地完成自己的工作时，就会形成工作压力，并在各方面表现出来。成功的内部培训能通过员工技能的提高，有效减少工作压力和增加工作乐趣，减少人员流动和流失，也有助于降低劳动力和管理成本。④督导员工变得更为有效和容易。当员工明白了工作性质，具备了工作能力，并有效地实施时，就会将“要我做”转化为“我要做”，减少经理对他们的管理和监督工作。⑤最大程度地降低成本。通过内部培训，改进员工工作表现，既可获得因人员素质的提高带来的实际效益，更可带来因员工主动性、积极性和创造性的激发所带来的巨大效益。⑥塑造更完美的企业文化。通过内部培训，员工会感激管理层为他们提供了使自己成长、发展和在工作中取得更大成就的机会，自然有效地增强企业对他们的向心力和凝聚力。⑦强化员工敬业精神。拥有正确心态和娴熟技巧的员工，自然地也具备了良好的敬业精神。而内部培训的一个主要目的和效果也正是对心态的改进和技巧的强化。⑧保证顾客的最大满意，几乎没有一个营销计划能打败口碑式宣传，顾客能看出谁是训练有素的员工，也能分辨出没有经过训练的员工，他们会通过员工的工作表现来判断该企业的管理能力，并因此影响他们的购买决策，影响他们的口碑宣传。⑨更有力地胜过竞争对手，只要与对手相比时存在一些特定的优势，就能在激烈的市场竞争中赢得一席之地。而人员优势正是很多企业欠缺的。对一般企业而言，只要付出不多努力，就能实现自己的人员优势，胜过竞争对手，而企业内部培训正是获得人员优势的最好手段。

就中国的合资公司来说，现在最流行、最有效的内部培训的方式就是在中国开设自己的研究院，来对员工进行培训。合资公司根据自己的需求来制订内部培训计划。一般来说，这种培训的效果更为直接和明显，因为它可以将来自不同国家、民族和文化背景的员工组织在一起，用同一种语言讲述同一个问题，正是这种多元化的组成使得大家必然会对某一问题产生激烈的争论，大家可以在争论中去学习对方是如何思考这一问题的，从而在争论中慢慢达成一致，形成一个共同的准则，这种培训能够帮助员工处理现实中文化冲突问题，形成妥协。在内部培训中，通常学员都能积极主动参与，并抱有一定的责任感，因为培训的课题与他们的工作和组织内现时存在的问题有较大的联系。

三、合资企业核心员工薪酬 PAYMENT 管理活动

1. 跨文化差异对合资企业核心员工薪酬的影响

在权力化程度高的文化中，薪酬体系往往与公司的层级设置一致，职位的高低决定其薪酬水平的高低，薪酬水平能够反映员工在公司地位上的差距；在权力化程度低的文化中，薪酬体系的设计往往比较平等化，薪酬水平之间差距较小。在高不确定性避免的文化中，主要根据员工工龄和专业技能来确定薪酬；在低不确定性避免的文化中，则主要根据个人工作业绩来确定薪酬。在个人主义倾向比

较严重的社会中，薪酬体系设计给予工作业绩比较突出的个人高的薪酬；在集体主义导向的文化中，薪酬体系设计是建立在员工整体业绩基础之上的。在长期导向的国家，对当前薪酬水平的重视程度次于对个人和公司的长期目标重视，员工往往更加注重长期的福利待遇和保障；在短期导向的文化中，员工的薪酬直接与已有的能力和技能挂钩。在男性度高的社会中，在工作上得到认可被视为对其最好的激励，而薪酬水平的高低是对其工作是否被认可的最重要体现。相比之下，在男性度低的国家，人们更愿意花很多时间与家人和朋友在一起，薪酬水平差距较小。因此，薪酬的多少与文化价值观相关。例如表 4 －7 举例说明薪酬策略因文化中个人主义倾向的不同而有差异。

表 4 －7　个人主义与薪酬策略

个人主义	主导价值	公司特征	薪酬策略	典型国家
高	个人成就；自私；独立；个人奉献；自我控制；相信命运掌握在自己手中；与员工的功利主义关系	公司无须对员工的所有福利负责；员工们追求个人利益；必须有明确的控制体制以保证员工的服从并避免对公司准则的严重背离	业绩导向；回报个人成就；强调外在的平等；外在的回报是个人成就的重要标志；尽量区分个人的贡献	美国 英国 加拿大 新西兰
低	集体成就；为他人牺牲；依靠社会 集体奉献；外在控制；相信命运天定 以道德指导人际关系	公司承诺对个人生活高度关注 非常强调对公司的忠诚 标准化的而不仅仅是正规的控制体制，以保证对公司的服从	集体的业绩是重要的准绳；资历向导；强调内在的回报；指导薪酬政策的关键在于内部平等；个人需要影响所得	新加坡 韩国 印度尼西亚 日本

2. 不同来源国核心员工薪酬构成及其内容

由于不同国家的薪酬水平、员工所期望的报酬以及报酬支付的依据之间存在很大的差距，因此合资企业对母公司外派人员和东道国员工应该制定不同的薪酬体系，其目的是以最小的经济成本吸引不同文化背景的优秀员工，使其发挥最大的效用。

（1）母国外派核心人员或其他国招募核心人员薪酬构成及其内容。一般由基本工资、奖金、津贴和非货币化报酬组成。其中基本工资确定通常有三种方法：①母国基准法。该种方法是国际上比较通行的做法，即由母公司派往海外工作的员工，其基本工资水平通常与其在国内的工资水平一致。这样做的好处不仅便于他们因工作需要返回母公司工作，而且可以避免在不同的海外子公司调动时调整工资的麻烦。但是当派遣地区或国家的工资水平高于母国水平时，这种做法就会失去激励性。通常母公司为了让员工踏实工作，都会上调工资水平，与派遣地工资水平一致。采用母国基准法最大的不足之处在于其会导致来自不同国家的员工在同一岗位上工资水平不一致，从而产生矛盾争端，不利于公司管理。②派遣国或地区基准法，即让外派员工的基本工资与派遣国或地区相同职位的基本工资相一致。这种方法的优缺点正好与原在国基准法相反。如果派遣国或地区工资水平高于母国同等职位工资水平，则对员工是一种激励。同时合资企业内部薪酬公平度也得以增加。但是如果派遣国或地区工资水平低于母国同等职位工资水平，这种做法显然会影响他们的士气，也不利于他们返回母国进行工作和不同子公司之间调配。③折中法。由于①和②两种方法利弊参半，因此有些合资公司采取折中的方式，即根据母国工资的一定比例来设计一个基本工资额，再根据派遣国或地区工资的一定比例确定提高的工资额，二者相加，就是外派人员的基本薪酬了。折中法很好地集中了①和②两种方法的优点，同时使得其缺点的影响减小，是现在大多数合资公司在制定薪酬政策时通常采用的方法。

奖金是指对外派人员及其家属在海外工作和生活遭遇不便和牺牲所给予的一种补偿，它包括流动工作奖金、满期工作奖金、探亲奖等。发放流动工作奖金的目的是鼓励外派员工在海外不同子公司之间进行流动，它通常占基本工资的10%～20%。外聘人员基本上都可以拿到这部分奖金。这种方法的弊端在于其无法刺激员工自主流动的积极性，返回母国工作意味着这部分奖金将无法获得。有一些公司采取了几种办法来解决这些问题。一种方法是“逐步减少奖金”，即×年后（通常是3～5年）这部分奖金在他们工资逐步增长的情况下减少。另一种方法是“单独支付流动奖金”，这种方法将奖金发放不与工作的分配挂钩，而直接与员工的流动挂钩。在这两种情况下，只有流动时雇员才可得到奖金。满期工作奖金目的是母公司鼓励外派人员在整个合同期内都待在海外子公司，这部分奖金只有在合同期满才会发放。这种奖励适合于外派时间比较长或派遣地区条件比较恶劣的外派方式。探亲奖主要用于支付外派人员及其家属在外派期间中途返回母国休假探亲的费用。发放此奖原因有二：一是母公司希望外派员工及其家属与母国和母国文化保持经常性的交流；二是外派人员在回国休假期间，至少要在总部待上几天，保持与总部的沟通，了解公司的新政策。一般休假时间是2～4周，支付费用主要是往返的交通费和待在总部时的全部费用。

合资企业为了维持薪酬的内部公平性，在整个公司内执行统一的与工作岗位相适应的基本工资，然后根据外派员工所在地的情况，补偿数额不等的津贴。这一做法主要是依据国际经济中的购买力平等化理论，即外派员工的薪酬水平至少能使其在派遣地保持与在母国时相同的储蓄水平、住房条件以及商品和服务消费水平，如果出现不一致的现象，则由公司补偿差额。最常见的津贴有房租津贴、生活费津贴、税负调节津贴、子女教育津贴、迁居开支及调动津贴等。

非货币化报酬又称非财务报酬，指与货币报酬相对的，来自企业和工作本身，表现有企业良好的人际关系、工作的挑战性等。主要有以下特点：①非货币性报酬的成本很小，甚至为零；②非货币性报酬受国家宏观政策影响很小，并且“协调性”强；③非货币性报酬对员工的激励具有持续性；④非货币性报酬对员工的激励具有深刻性；⑤非货币性报酬几乎不受企业业绩考核的影响；⑥非货币性报酬能够满足员工的个性化需求；⑦非货币性报酬能够满足员工多方面的需求，能够产生巨大的凝聚力，并且使员工更加忠诚于企业。根据 Richard A. Guzzo 对海外经理的一项调查显示，80% 的外派员工对给予他们的货币化报酬是很满意的。例如职位的晋升、不同海外子公司的调动、上级的认可和表扬、来自同级和客户的尊重、获取新知识的学习和培训机会、完成挑战性的工作带来的心理满足感等。随着知识经济的到来，人们需求层次的进一步提高，非货币化薪酬将会发挥越来越大的作用。

（2）在东道国招募的核心员工的薪酬构成及其内容。母公司在为海外的合资公司制定薪酬政策时，应该考虑到当地劳动力市场的薪酬水平、劳动报酬方面的相关法律法规和当地的社会文化。同时还要保持与母公司的整体薪酬战略一致。总的来说，包括四部分：

第一，工资即员工付出劳动的回报。一般情况下工资额是根据劳动者的劳动成果确定的。员工工资一般在一定劳动阶段结束后以现金形式立即付清（一般为 1 个月），部分工资也可以延期支付。合资企业可采取固定岗位工资制，也可采取计时、计件这种绩效工资制。跨国经营的企业工资水平一般高于经营范围只限于国内的企业，否则无法吸引优秀的人才为其工作。工资政策如何确定，需视每个企业的具体情况而定。例如上海大众在实施岗位工资制的过程中就经历了与德方管理人员在观念和认识上的碰撞、冲突乃至沟通、融合的过程，德方的人力资源经理打算在上海大众公司全盘引进并照搬包括一岗一级原则和确定岗位工资级别的德国大众的薪酬政策。中方在分析研究后认为，德国大众的薪酬政策与中国的传统文化之间存在很大的差异，上海大众应制定更适合本企业特点的薪酬政策。中方决定通过不同的渠道向德方提出自己的想法。工会在行政协商会议上提出了三条意见：①年老体弱员工的利益应该受到岗位等级工资制的保障；②按职工技能熟练程度把一个岗位分成几个岗位等级，即采用一岗多级制；③不能用德国大众的标准来确定上海大众的岗位工资级别。因为中德员工在技能的熟练程度方面存在差别，所以应该设置一些过渡性的工资政策，待员工经过培训后达到岗位的要求，再发放岗位工资。德方总经理认为工会的意见很重要，要求人力资源部门认真研究并在设计上海大众的薪酬政策时考虑上述意见。经过各方努力，最终形成了上海大众今天的岗位等级工资制。

第二，奖金即对员工超额劳动的奖励，是一种浮动性报酬。企业依据个人绩效、团体表现及整个企业的盈利能力等来对员工发放奖金，而这些依据又和企业的文化有关。

第三，福利是企业给予员工的额外补贴，目的是为了保留和激励员工，一般不采用货币的形式，而是发放实物、提供各种免费服务以及为员工解决具体的生活困难。不同国家，对于员工的失业保险、医疗保险、住房公积金、养老保险和其他各种福利的管理规定存在很大的不同，合资企业得视企业具体情况而定。

第四，提供非货币化报酬。例如和外派员工同等的晋升机会、上级的认可和表扬、良好的职业发展前景、海外学习和培训机会、带薪休假、合理充分的休息时间、良好的企业文化、融洽的人际关系、专人帮助理财、职业咨询和心理辅导等。

3. 核心员工薪酬的支付方式

因为合资企业的员工来自不同的国家或地区，所以在制定薪酬政策时，要充分考虑员工的工资是按母国货币、派遣地货币，还是第三国货币来支付。这是因为工资的支付要规避汇率波动而产生的问题。如果外派员工的薪酬按照母国货币进行支付，当母国货币相对于派遣地货币出现贬值时，外派员工的实际收入是减少的，员工往往就会出现不满情绪。另外，还要充分考虑外派员工会在母国进行储蓄的情况。如果外派员工的薪酬都以派遣地的货币进行支付，那么当派遣地区实行外汇管制时，外派员工就无法在母国进行货币的储蓄。最后还要考虑税负的情况，有些派遣地规定只对外籍人员从本地取得的收入部分收税，如果以派遣地货币支付全部工资的话，就会增加外派人员的税负负担。

基于以上一些因素的考虑，合资企业对外派员工和派遣地员工采取综合性的薪酬支付方式，各种支付方式比例不等。外派员工的薪酬一般分为两部分：一部分以派遣地货币支付，其数额大致等于外派员工在原来母国国内用于消费的收入加上外派生活津贴、国外服务津贴和派遣地缴纳的税款等。另一部分以母国货币进行支付，其数额一般按外派员工基本工资的一定比例计算，然后存入外派员工指定的母国账户里。对于派遣地员工一般以派遣地区货币进行支付，辅之支付一定数量的坚挺外币作为对其工作优异的奖励。

较之单一文化下的企业人力资源管理，跨文化的管理更为复杂，但只要找出文化背后的特质，开发出适合本地文化的人力资源管理系统，文化的差异就不会成为合资企业发展的障碍了。

四、合资企业核心员工绩效考评 PERFORMANCE 管理活动

1. 跨文化差异对合资企业核心员工绩效考评工作的影响

在权力距离长的社会中，绩效考评指标的设定存在“一言堂”的现象，因

为主管人员拥有绝对的地位和权威，下属认为自己只要完成上级安排的任务就行了，而设定考核指标是上级的事。主管和员工一起制定绩效评价指标会被认为是上级无能的一种表现；在权利距离短的社会中则相反，主管人员和下属一起完成考评指标的设定，员工会认为这是对自己信任的一种表现，而且设定的指标比较可行。

在不确定性避免程度比较高的社会中，由于员工喜欢规避风险，无人愿意担任有风险的工作，造成考评指标的设置就很困难，所以通常根据工龄和专长来考评；在不确定性避免程度比较低的社会中，则主要根据个人表现或绩效来设定考评指标。

在个人主义倾向的社会中，主要针对员工个人的表现或业绩来进行考评指标设置，业绩评价体系是公开的、正式的；但在集体主义倾向的社会中，针对员工个人来设置考评指标是不合适的，因为在集体主义文化的社会中，个人是团队中的一员，所以个人业绩的考评离不开整个团队的业绩考评。在这种文化中，对团队集体的考评比对员工个人进行考评更为重要，而且它的业绩评价体系倾向于非公开和非正式的方式。

在男性化的社会中，考评指标因性别的差异而不同；在女性化的社会中这种性别差距较小，企业根据员工个人的表现或绩效进行考评。

在长期取向的文化中，考评指标的重点在于评价和开发与企业长期目标一致或忠诚于企业的个体或团体，忠于企业、为企业的长期利益考虑、踏实的工作态度是主要考虑的因素；而在短期取向的文化中，员工短期的工作业绩则是考核的重点。

不同的文化背景下，人们对绩效考核指标的认识存在不同。美国经理会认为与他人建立关系并影响他人、虚心听取他人意见和适应能力最重要。而一些欧洲的经理会认为，结果导向型的激励更为重要，那些“软”的技能比如听取他人意见和团队建设与绩效相关性较小。中国文化受儒家文化影响很大，比较强调与人和谐相处、善待他人，所以在对员工进行考评时，会把这些因素考虑进去。绩效考评反馈方法是从欧美国家引进过来的，是与个性化倾向很强的社会文化背景相适应的，所以这种方法在集体主义思想很深的中国显然是不合适的，相反会产生很多问题。大量研究表明，文化对决定绩效考评的范围和方法影响很大，同时，文化的差异将影响管理者的管理风格以及下属对不同管理方式的反应和适应性。

研究表明，美国、澳大利亚等权力距离短的国家，员工能够平等地参与到对上级和下级的绩效考评指标设置中去，而不必受权威和职位高低的影响。中国被认为是权力距离长的社会，员工可能更加关注来自上级的反馈信息，而对来自下级的反馈信息不太关注。同时，由于权威（或职位高低）带来无形压力，下级反馈信息往往无法全面地反馈到上级那里或带有“虚假”的成分，因为不敢冒犯权威。中国的管理者往往可能从下级那里得到很高的评价，但同级的评价往往较低。显然，这种文化背景不能完全为管理者的业绩做出客观、公正、有价值的考评。文化背景的差异还会对考评指标的认识产生影响，有研究发现，集体主义倾向高的企业中员工把自己进步看得很不重要，而那些高个人主义的企业员工却把与其他人合作共事的团队精神看得很不重要。

2. 绩效考评的考评者

（1）母国总公司。在很多情况下，母国公司的管理者无法理解外派员工的海外工作和生活经历，因而无法对他们做出客观、有价值的考评，或者准确地评估他们对于公司的价值。无论是外派管理者还是国内的管理者都更注重自己眼前的工作，而不是跨国界、跨文化的合作。但是现在科学技术特别是信息技术的发展改变了这一情况，国际性的沟通比以前更加方便。即使沟通方便了，但是外派人员在跟总部联系时，也很少跟上级进行沟通，这样就会影响考评的客观性。

（2）派遣地评估。尽管对外派人员的业绩考核，派遣地的管理者更容易做出，但是使用派遣地考评仍然存在一些障碍。首先，派遣地社会文化会影响业绩的考评。例如在不同的文化背景下，积极主动地参与公司的决策会得到两种截然不同的评价，这样就会对考评的真实性造成影响。另外，派遣地的管理层常常缺乏足够的眼光去看待这种绩效对整个公司的真实贡献。

（3）全方位评估。合资企业内部，由于员工具有不同的文化背景，对同一个问题的看法不尽相同。为了确保考评的客观性和公正性，企业在进行评估时，尤其在对母公司外派员工进行考评时，必须从全方位进行，考评者不能单一化，应有母国的上级、派遣地区非母国上级、下级、同事或客户。例如，对一名美国母公司外派到中国的员工进行考评，如果由中国的直接上级、同事或下级进行评价，那么中国的考评者可能因为戴着“有色眼镜”而不能做出公正、客观的评价。原因可能是中方经理不喜欢其美国下属积极主动地参与公司的决策。此外，在中国能够与员工维持良好关系的主管比那些单纯地具有很高工作绩效的美方主管更能得到下属的支持。而如果由母公司的美国管理者对这名外派人员进行考评，由于距离遥远、沟通少，加之对中国的社会文化不了解，很难对员工的绩效做出有效的评价。通过上面的分析我们知道对具有不同的文化背景的员工做出客观、公正的评价是困难的。所以合资公司通常采取以派遣地评价为主、以母公司的评价意见为辅的方法。如果母公司对最终考评结果负责的话，也需征求一些曾在被评价对象正在工作的国家或地区工作过的员工的意见，这样可以减少考评的偏差。

3. 绩效考评的指标

在对具有不同文化背景的派遣地员工、母国或其他国外派人员进行考评时，考评指标应有所区别。对派遣地员工的考评指标由当地管理层确定，还可参照当地同行业企业的标准。对外派人员的考评指标就要相对复杂一些。

母公司通常以海外合资公司的投资回报率或利润率作为考评管理人员的指标，这种只看短期经济效益的方法，可能会诱发经理人员不考虑企业长期发展，做出损害企业的短期行为，同时这种方法也混淆了企业经营评价指标和员工绩效考评指标。之所以这么说，是因为经营活动的市场环境不同。举个例子说，某一种商品在经济发达地区很畅销，但是在经济欠发达地区卖不动甚至滞销。按照上述考评标准，外派人员考核就会受到影响。考评时一定得考虑这个因素，否则就把对外派管理人员的绩效考核与海外合资公司业绩评价相混淆了。还有国际经营的不确定性，如全球外汇市场汇率的突然变化，派遣地法律法规的更改、派遣地外资政策突然改变等都会影响当年海外合资公司的投资回报率和利润率。另外，母公司的海外子公司政策也会影响合资公司的账面利润，如跨国公司内部转移价格的运用等。

因此，应该根据外派人员的实际贡献来对其进行考评，除要考虑海外合资公司的利润率、市场占有率和投资回报率等硬指标外，还应考虑到他们在树立公司良好形象、扩大影响力、同派遣地政府关系以及员工管理、维持和管理海外合资公司的生产与销售、母公司长期战略是否落实等方面的一系列软指标。同时，在确定考评指标时，还要根据派遣地的社会文化背景增加一些指标或对某些指标进行修改，以增强考评指标的适应性。

4. 绩效考评方式

跨文化企业的经营比在单一文化下企业经营要求有更多的信息。因此高层管理者在进行考评时应该综合多种考评方式（又称 360 度考评），如日常观察、现场监督、自我考评、上级考评、下属考评、客户考评、供应商考评等方式的综合。表 4－8 为不同考评方式运用的不同指标、适用的时间。

表 4－8　跨文化企业人员的考评方式、指标和时间

考评方式	考评指标	考评时间
自我考评	达到目标；管理技能；项目成功	6 个月或在主要项目结束时
下属考评	领导技能；沟通技能；下属发展	在主要项目完成时
外派经理或东道国经理的日常观察	团队建设；人际交流能力；跨文化沟通技能	6 个月
现场监管	管理技能；领导技能；达到目标	在重大项目结束时
客户考评	服务质量和及时性；谈判技能；跨文化沟通技能	每年

第三节　合资企业核心员工面临的跨文化管理问题

一、合资企业的文化差异表现

在合资企业中，文化差异主要表现为以下几个方面：

1. 中外方员工社会文化价值观不同

受中国五千年传统文化的影响，儒家思想已经成为人们心中根深蒂固的一种人生信念。儒家思想强调“学而优则仕”、入世的观念，“齐家、治国、平天下”成为了中国人一直的追求。而且中国文化强调一种“权术”的思想，当然这种思想被大量地用在从事政治活动上，讲究“方圆做人”、“高调做事”。在这种思想影响下大多数中方员工喜好升迁，玩弄权术，通过任何手段完成自己的目标。西方价值观则是一种多元价值观，通过经商和从政，或其他途径都能实现自己的人生目标和价值。

2. 外方员工注重推理和思辨，中方员工注重经验和直觉

外方员工大多受西方哲学的影响，在对世界的本源、主客体之间的关系、人与自然之间的关系以及事物的变化发展等的认识是在对世界万物经过大量的观察，加之自己的推理和总结得出的，充满着理性的色彩，具有很强的抽象思维特征。所以外方员工在处理问题时，讲究探寻问题产生的原因，通过推理和逻辑思维去尝试解决问题，并且总结失败经验和规律；而中国的传统思维以经验和直觉为特征。中国哲学是对各种经验的长期总结，而自然得到发展。这些经验和规律的总结与西方逻辑演绎得到不同，“只能意会，不能言传”，如对一幅书画的欣赏一样，讲究领略神韵，却很难说出一二三来。这种传统的哲学思维使得中国的员工在处理问题时注重从自身的经验和直觉出发，这样的行为模式可能会起到意想不到的结果，也有可能对企业造成破坏。

3. 外方员工注重细节分析，中方员工注重从整体上解决问题

中国传统文化主要的关注对象是人，所以人与人之间的关系也就成为了中国哲学一直研究的主题。无论是儒、道、佛的哲学都在诠释人生的哲学，不愿意进行纯科学研究和对大自然的探索活动。这种思维模式使得中方的员工在解决问题时，习惯从总体上去把握，力求从全局出发。而西方文化一直在探究自然的奥秘，因此研究人与自然的关系则是西方哲学一直探究的问题。在人与自然的关系

上，西方哲学强调“天人对立”的思想，即人应该征服自然，做自然的主人，这种思想在西方的一些著作和影视作品中都有所展现。在这种思维模式的影响下，外方员工可能从某方面利益出发去解决现在的问题，而损害其他人的利益，无法做到全面或双赢。

4. 外方员工比较功利，中方员工讲究道德、伦理

受西方文化的影响，外方员工在处理问题时比较功利和注重时效性。在这种思维的影响下，外方员工做事讲究程序和做事的方法，多以目的为导向。由于中国长期处于封建农业社会，强调人与自然、人与人和谐相处，伦理道德摆在了很高的位置。礼义规范高于一切，“义”、“利”之辨的结果使价值观念产生偏差，提倡人为了符合某种礼义规范应该牺牲自己的利益，“重义轻利”被视为高风亮节、品格高尚。在这种思维的影响下，中方员工注重与人和谐相处，对于取得利益或好处的方式会谨慎地考虑。

5. 外方员工以个人为本位，中方员工以家族为本位

西方文化宣扬“人人生而自由平等”的观念，并且有一种“原罪”观念，希望通过自己的努力向上帝赎罪。他们认为个人不依靠任何人存在，个人权利不受侵犯，信奉个人本位和以自我为中心。这种思想影响其生活的各个方面，儿女成家之后很少和家人沟通，更不用说住在一起了。个人成就的高低被认为是对其评价的基础。在这种思想的影响下，员工个性较强，积极性和创造性高，很难在企业中形成小团体，但常常会为人际关系感到苦恼。中国文化则强调家族本位，家对于飘泊在外的儿女来说是温馨的港湾。在家中长幼有序，要各安其分，各尽其务。这种思想夸张到君臣关系和朋友关系，便形成了中国传统社会一直遵从“三纲五常”观念。在这种思维的影响下，中方员工一般以集体利益为重，把个人利益摆在次要位置，或者说集体荣誉感才是员工的最终追求。

如果这些文化的深层内涵我们已经了解了，那么我们就能够理解在这种文化背景下人们的语言和行为，也就更能够理解是什么价值观支配着人们的语言和行为。文化因素支配着人们的行为及其决策模式，同时也塑造着整个社会的形态。在中外合资企业管理中，人们容易无意识地触犯对方的文化习俗或习惯，只有对国与国、民族与民族之间的文化差异进行了解，才能知道冲突产生的文化根源，才能克服跨文化管理的障碍。

中国有句古诗是这样描述人们认识的不同的，叫“横看成岭侧成峰，远近高低各不同”，所以具有不同文化背景的人对同一个事物、同一种行为有不同的看法，得出的结论也就大不相同。因此我们不能够轻率地做出这样的结论：与我们的观点或结论相反的或有冲突的观点或结论都是错误的；也不能固执地按照自己的标准和准则制定任何规章和制度。来自不同文化、不同国家的员工共同创办合

资企业，必然产生一些文化上的冲突，这是很正常的。一般而言，欧美文化是个人主义主导型文化，崇尚科学、法制、理性、平等和民主，强调自我价值实现。而中华文化是集体主义导向型的文化，强调中庸、和谐、德治，集体高于个人。积淀深厚的文化传统以耳濡目染、潜移默化的方式影响着每一个人，塑造着本国家或本民族的人们，使他们具有统一的价值观、思维方式、处事风格和生活习惯。这些文化因素，常常是用语言无法教会的，因此，在中外合资企业中，这种社会文化背景差异的客观存在，必然产生文化冲突。

合资企业同时受母国与派遣地区社会文化的影响和相互作用，不同国家的政治、经济、文化、法律不同，相应的价值观也会存在很大差异。例如，母公司的文化风格与派遣地区文化风格存在差异，同时合资企业内部员工之间也存在个体文化上的差异。因此，由于文化差异的存在造成合资企业面临跨文化管理的问题，主要表现在以下几个方面：①

（1）人力资源管理。外籍员工的选拔存在困难；中方管理中存在“枪打出头鸟”的问题；因“裙带关系”引起的内部竞争不公平现象；中西方领导风格的差异。

（2）人际交往管理。语言沟通障碍；合作中各行其是，难以协调；信息沟通中存在的各种问题。

（3）员工情绪管理。各种调动员工积极性的措施失效；个人的创造性无法调动；人际关系重于工作的业绩和员工的能力；薪酬体制和福利待遇中的跨文化问题；集体主义与个人主义的冲突。

（4）决策管理。决策过程不同；决策标准不相一致；缺乏参与精神；不愿意承担责任，缺乏个人主动性。

（5）目标与计划管理。计划制订问题；无时间、无利润观念与效率意识相抵触；目标与质量保证问题；衡量行动需要不同的尺度。

（6）监督管理。中国人喜欢严格监督的习惯，只是监督的需要程度不同；对工作任务描述不具体，质量无保证；凭感情采取的惩罚手段不同。

（7）组织管理。合作愿望受到抑制；非正式等级和团队的组成；团队生产力降低，凝聚力缺乏；没有充分的冒险准备；革新愿望缺乏引导。

由于文化差异的存在使得合资企业的产品、款式、造型、包装、外观、服务、推销手段和广告宣传，同目标市场顾客的生活方式、文化素养、风俗习惯和特定的审美需求不一致，造成商品销路不畅甚至滞销的现象屡屡发生。人们把这种现象称为“文化障碍”；相反，产品若能同目标市场的文化价值观和审美需求

① 帕特里希亚·派尔：《跨文化管理》，中国社会科学出版社 1998 年版。

相一致，则称为“文化沟通”。

二、跨文化差异产生的原因

所谓“文化差异”，简单地说，是指不同国家、民族之间文化的差别。不同国家或民族的文化都有其延续性、独特性和非物质性特点。各个民族间的语言、习俗习惯和文化价值观不尽相同，恰恰是文化的这些特点塑造着民族的独特性。

根据著名跨文化研究与管理专家 Hofstede 关于文化差异性五个指标的理论，可以分析得知当跨国经营的企业由一种文化背景进入另一种文化背景时，会遇到各种各样陌生的行为和方式，而由此产生的文化差异引发出的文化冲突屡见不鲜。就其根源来说，有以下几个方面：①

1. 对文化符号系统的理解不同

符号是人类意念世界的一个组成部分，具有一定的功能性价值，不同的文化采用不同的符号，表达不同的意思；虽然在不同的文化中，有些符号相同，但表达的意思却截然相反。

2. 对信息理解的不同

由于语言和社会文化背景的不同，必然使得人们对同一信息的理解产生差异，这样往往使得文化导致的冲突产生，沟通出现障碍。沟通是个人或群体之间交流和传递信息的过程，但是由于许多沟通上的障碍，例如，人们对空间、时间、友谊、价值观、风俗习惯等的理解不同，使得沟通出现堵塞，甚至发展为冲突。

3. 不同民族具有不同思维模式

独特的思维模式是不同文化形成的内在逻辑思想，比如，中国人喜欢综合思维和形象思维，而欧美人偏好分析思维和逻辑思维（抽象思维）；中国人注重“同一”，而欧美人喜欢“对立”。东方的演绎思维模式与西方的实证主义思维模式，常常是合资企业员工在进行跨文化沟通中产生冲突的最主要原因，企业的管理者应该注意这方面的情况。

4. 处理问题的不同行为模式

行为模式是一个国家或民族文化的外显表现，它具有固定的模式，在相似相同的场合为大家共同使用，是个人或群体表达认同的直接沟通形式。不同的文化造就了不同的行为模式，在相同的情景下，这些行为模式也会表现出很大的差异。

5. 管理风格不同

中国企业管理协会曾做过一项研究，研究结果将管理的风格分为民主型、混

---

① 王竹青：《论跨国公司的跨文化管理》，《重庆工业学院学报》2002 年 4 月。

合型和专断型三种。管理是一门艺术，意味着要变通，而不是教条主义的说教。一位合资企业精明的管理者不仅要具备本土经营的管理能力，更应该具备跨文化的、综合性的管理能力。如果只靠教条来管理企业，不懂得变通，一切从本民族的特点出发，势必会导致企业经营上的失败。

6. 法律和政策意识差异

由于合资双方对对方的政治、经济、社会文化环境缺乏足够的了解和认识，文化敏感度不强，往往依据自己的思维模式和行为模式对事物作出判断，由此导致冲突的产生。一个国家或地区在制定自己的法律和政策时，必然带有自己文化的烙印，所以合资企业在当地经营企业时，对法律和政策要给予充分的尊重，并且应该探寻其背后的深层次原因。

7. 不同民族性格

一个国家或民族文化形成经历了漫长的时间，在这一过程中民族性格也会形成，它表现出很强的独特性。民族的责任、个性和人性的冲突，构成了两种文化沟通的障碍。

8. 文化价值观不同

合资企业的员工具有不同的社会文化背景，在思想形成过程中对“人与人”、“人与自然”、“人与社会”等关系的看法和评价不同，由此形成的价值观也存在差异，中西方文化在价值观上的差异主要表现在集体主义与个人主义、权力距离差距两个方面。东方价值观表现为重视集体、亲密无间、喜好共性、崇尚和谐；西方价值观表现为突出个人、强调个性、保护隐私、崇尚个人竞争。

9. 种族优越感

指人们认为自己的民族优于其他民族，认为自己的文化价值体系比其他文化价值体系优越。如果一位合资企业的管理者以种族优越感去管理员工，和同行接触，他的行为会受到员工的抵制和唾弃，遭到同行的排挤，因而无法对公司进行管理。

三、合资企业的文化冲突

合资企业内部员工具有不同的社会文化背景，必然引起文化的冲突，这是很正常的。关键是这种冲突在多大程度上影响合资企业的管理，以及通过什么方法和措施将这种文化冲突的影响减至最小。所谓“文化冲突”是指不同形态的文化相互对立、相互排斥的过程，在合资企业中表现为母公司的文化与东道国文化以及企业内部具有不同社会文化背景员工之间的冲突。顾名思义，中西方文化的冲突表现为中国文化与欧美文化的冲突，这里的“欧美文化”并不是特指某一或两个国家，而是作为一个文化整体存在。

1. 文化冲突的表现

产生文化冲突并不是一件坏事，因为在文化冲突过程中，冲突双方会努力了解对方的文化，找寻深层次的文化特质，最终在理解的基础上达成和谐，显然这种冲突对于企业改进管理和效率是有好处的。但是大量的冲突得不到有效地沟通和管理的话，可能对合资企业来说是一种灾难性的破坏，造成企业管理出现混乱，企业人力资源管理效率下降，给东道国和客户留下不好的印象。在中外合资企业中文化冲突主要表现在以下几个方面:①

（1）显性文化冲突。是指冲突双方文化符号系统之间的冲突，也就是我们通常所说的语言表达方式和习俗习惯冲突。

（2）制度文化冲突。在中外合资企业管理中，管理者必然会遇到一个问题，就是具有不同文化背景的员工在一个共同的环境下工作，规范各方行为的共同标准该如何制定。

欧美企业一般是在比较健全和严格的法律环境下开展经营管理活动的，行事的依据主要是法律条文，中国企业长期以来依靠国家计划和上级的行政命令来行事，条文、文件便替代法律成为行事的章程和决策的依据，这些条文、文件随着发布系统的主管人员对趋势判断，甚至个人主观判断的改变而改变，因此它不具备连贯性和长期性，也不具备确定性，只要具有政策指令性就足够了。这种主观性的文件和条文不具备可操作性，因为企业员工已在无数次执行这种指令的经验中形成对它的默契。所以在合资企业内部由于大家的处事方式不同，必然产生冲突。

（3）激励机制的冲突。在企业经营效益与增加员工工资的关系方面，中国企业将企业经营效益与工资增长挂钩，即经营效益好时，会增加员工工资，反之，则不会；欧美企业认为企业增长工资的目的是为了让员工应对当地的物价指数和生活指数上涨以及通货膨胀对收入的影响。在企业员工工资的调整上，中国企业偏重员工的资历、学历和技能水平。而欧美企业则认为，员工的工资与他们工作的岗位和工作性质有关，所以只有员工的工作岗位变动了，才会考虑调整员工工资。

（4）价值文化的冲突。由于受传统文化和政府行为的影响，在对待风险态度方面，中国企业家缺乏冒险精神和风险管理意识，犹犹豫豫，在市场经济快速发展的今天很难把握住机会。欧美企业家则认为在经营企业的过程中冒风险是难免的，企业家要敢于创新和冒险，敢于投入时间和资金进行新的研发并致力于新的市场营销策略的尝试。

---

① 朱筠笙：《跨文化管理》，广东经济出版社。

工作和成就的态度方面，中国员工认为工作只不过是自己谋生的手段而已，做事懒散、没有责任心，而且认为在工作中获得奖励是应该的，没有感激之心；欧美企业员工则认为做好工作是自己能力的一种体现并且能够从中获得满足感，在工作中遇到困难和问题，往往积极自我归因，找到解决问题的突破口。

不同意见的表达方式方面，中国员工认为直接向领导反映意见和问题是不好的行为，这样会导致同事的误解；而欧美员工认为有意见和问题就应该向领导提出来，因为关系到他的利益。以上方面的不同可能会导致冲突的产生。

2. 文化冲突对合资企业管理的影响

中外合资企业双方在管理理念和管理方法上的冲突和差异虽然不是直接对抗的和难以调和的，另外对企业的生产经营活动不具有破坏性的影响，但是如果沟通和管理得不好对企业管理的影响还是巨大的。加拿大凯林教授的研究发现，合资企业经营的失败率很高，在失败的合资企业中30% ~40%是由于母公司文化与东道国文化以及个体社会文化背景之间冲突造成的。戴维·A. 利克斯说："凡是跨国公司大的失败，几乎都是因为忽视了文化差异这一基本的或微妙的理解所招致的结果。"① 跨文化管理与合资企业的关系就好比心脏与人体的关系，没有心脏，血液就无法被传输到身体的各个部位，血液无法正常、流畅地传输，身体各个部位就无法正常工作，人就可能瘫痪。具体来说合资企业的经营管理受跨文化冲突的影响主要体现在以下几个方面：②

（1）合资企业的管理高效率和市场机会可能因跨文化冲突而丧失。由于人们社会文化背景的不同、价值取向不同、行为模式不同，导致合资企业内部必然产生文化冲突。随着合资企业员工国籍更加多元化，多元化的冲突越来越表现在企业的内部管理和外部经营上。在内部管理上，由于员工的社会文化背景不同、处理问题的方式以及沟通方式存在很大的差异，导致组织协调难度大，管理费用增加，造成组织的低效率运转。在外部经营上由于与东道国的文化差异，无法以积极的和高效的形象去面对市场竞争，对市场的理解不够，往往在竞争中处于被动地位，甚至会丧失很多市场机会。由于没有统一的行为规范和价值观，人们往往容易各行其是，各自为政，跨文化冲突使合资企业的各项工作散乱化，无法形成集中统一的标准化、规范化管理。

（2）合资企业双方的关系因跨文化冲突而趋于紧张。经常性的这种冲突会使合资双方对搞好企业管理失去信心，甚至怀疑自己当初的选择，后悔和合资方进行合作。有时合资双方可能在某一具体问题上产生矛盾和冲突，双方对采取这种行为究竟是因为价值观差异引起的，还是由于各自的利益动机不同引起的问题

① 《外国经济与管理》，1998 年第 9 期。

② 王竹青：《论跨国公司的跨文化管理》，《重庆工业学院学报》，2002 年 4 月第 16 卷第 2 期。

产生分歧，双方会因这一问题产生猜疑甚至采取一些破坏性的活动，损害对方利益，最后导致合资企业经营管理出现混乱。

（3）企业的决策效率因跨文化冲突而降低。由于合资企业内部员工的思维方式、行为模式和价值观不同，当他们遇到某一问题时，会以自己的价值观思维对问题做出判断、分析和评价，最后做出自己的决策，把不同的决策结果统一或协调起来需要花费很多时间和精力，有时甚至难以做到，这样必然导致企业的决策效率低下。

（4）合资企业内部经营管理者和员工的和谐关系受到跨文化冲突的影响。成功的跨国经营最为重要的因素是合资双方以及合资企业管理层与员工之间的相互信任和理解，如果他们之间存在误解和猜疑，甚至是互相拆台或攻击对方的话，双方之间的沟通必然会产生障碍，形成矛盾和冲突。文化的差异并不是不可逾越的鸿沟，只要双方找出产生这种冲突的深层次文化原因，求同存异，努力找寻大家利益的共同点，把合资企业的利益和发展放在首位，合力经营好企业。

中外合资企业的管理是一种跨文化管理，合资企业的管理人员和员工来自具有不同文化背景的国家或地区，价值观存在很大差异，在处理问题的方式上存在很大不同，所以在合资企业内部必然产生文化的冲突，如何对这种冲突进行疏通和管理，便是跨文化管理的问题，也是合资企业最头疼的问题。对于合资企业来讲，其经营的范围越广，面临的陌生环境也会越多，进行跨文化管理的难度也就会越大。能否解决由于跨文化而导致的文化冲突问题，是合资企业经营成败的一个关键因素。

在内部管理上，不同社会文化背景的员工对同一种管理风格或特点会做出不同的反应。例如，曾在一家美国跨国公司所做的研究表明，当具有不同文化背景的员工被问及对美国管理者的态度问题时，多数中国员工表示沉默，日本员工的态度是事后与主管交换意见，阿拉伯员工则直接对上级提出异议，美国员工提议对管理者的问题进行公开讨论。

现代跨国企业海外扩张的方法通常是直接投资于当地，主要是采用合资、合作或独资的企业组织形式，文化背景之间的冲突在这些企业中表现得很突出。合资企业与独资企业的一个本质上的区别是：合资企业的文化冲突主要体现在管理层中间，独资企业中的文化冲突主要体现在管理层与下级员工之间。在合资企业中由合资双方各自任命一位或数位管理者共同管理公司，双方展开合作，当他们就某一问题进行深入交流时，由于文化背景方面的差异，会产生这样或那样的矛盾。特别是当合资双方在管理的参与度和决策权难分上下时，在一些基本问题上，如管理方式、投资方向、人事安排、改革要求、市场选择上持不同意见时，就会严重影响合资企业的经营管理效益。合资企业失败率高的一个重要原因就是

跨文化冲突没有得到有效的管理和沟通而导致的。

合资企业中存在的管理摩擦或不当不能全部归因于跨文化的冲突，管理者的能力以及性格特质也可能导致管理出现问题，一个没有多少跨国管理经验的经理在派遣地所面临的问题，对于一个具有多年国际经营和管理经验的管理者来说可能不是问题。合资企业中管理者的能力、个性与文化背景搅和在一起，使合资企业的跨文化管理研究难度加大。

第五章

合资企业核心员工 TCHRM 跨文化管理模型设计

第一节 合资企业文化适应过程分析

一、文化适应的基本阶段

Berry（1982）将企业文化整合称为“文化适应”（Acculturation）①。合资企业的文化适应问题涉及面非常广，既包括战略性的文化适应、产品的文化适应、职员的文化适应、技术的文化适应，还包括管理和制度等方面的文化适应等，这里也牵涉到跨国公司内外部所存在（或所需要）的文化适应问题等，不一而足②。当然，本书没有把以上所有内容都纳入研究范围。俞文钊教授在其文章《共同管理文化的新模式及其应用》中提出了跨文化管理的新模式，即共同管理模式（Common Management Culture，CMC）。随后，又在此基础上，提出了跨文化管理中的整合同化理论（Integrating - Assimilating Theory，IAT），将整合同化过程分为探索期、碰撞期、整合期和创新期四个过程，③ 本书以此为基础对文化适应过程的阶段进行了划分。

---

① Sylvie Chevrier, cross - culture management in multinational project groups, Journal of World Business, 38 (2003), pp. 141 - 149.

② 史天林、孙焕琴、梅莉：《跨国经营与跨国公司管理》（第一版），中国商业出版社 2001 年版，第 121 ~ 125 页。

③ 俞文钊：《合资企业的跨文化管理》，北京人民教育出版社 1996 年版，第 151 ~ 155 页。

1. 各个阶段的划分

合资企业在其经营管理过程中的文化适应一般分为以下几个阶段：探索期、冲突期、交汇期、融合期。每个阶段企业对待文化差异的反应都是不一样的，若采取有针对性的措施应对文化冲突，企业就能顺利过渡到融合期。

第一阶段为探索期。探索期属于双方文化的吸引阶段，员工对待文化冲突的态度比较乐观，甚至忽视这种差异的存在，新的文化和新奇的事物满足了双方员工的好奇心，他们会慢慢去接触并开始喜欢对方的文化。希望对方的文化能给自己的发展带来好处，这一阶段通常也是文化冲突的潜伏期，当双方进一步接触的时候，特别是感觉对方的文化给自己带来不适应感或潜在威胁的时候，冲突就随时可能爆发，文化的适应就进入第二个阶段。

第二阶段为冲突期。在合资经营中，随着双方交流和合作的进一步加深，文化之间的差异就会被明确，甚至会放大，由于文化具有种族优越感的特点，因此在合资公司中，人们对对方的文化会产生怀疑甚至排斥的心理，这样势必会产生文化之间的激烈冲突和碰撞。这一阶段，人们一般持以自我为中心的态度，对对方的文化不愿意去理解、沟通、包容，体谅这种文化差异性的存在，在合资企业内部表现为不服从、不合作、不执行，这样严重损害了合资企业的利益，让管理走向困境。

第三阶段为交汇期。在文化交汇阶段，人们逐渐由不理解、排斥、拒绝走向理解、尊重、认同对方的文化，对于出现的矛盾和冲突更多的是以一种理性、体谅的态度去探寻产生冲突的深层次原因。处理矛盾更加谨慎和理性，能抱着一种学习的态度去发现对方文化中的优点，同时也对自身的问题进行检讨，这一阶段虽然文化冲突的风险依然存在，但合资公司中的核心员工们对待文化差异更加地包容，同时也积累了一定的应付和处理文化风险事件的经验。

第四阶段为融合期。文化融合是指不同背景的文化或文化因素相互吸引、相互结合的过程。当合资公司中的中外雇员能够以一种更加理性、客观的态度去理解文化差异，包容文化差异的存在，能够熟练地处理差异产生的矛盾和问题时，双方就进入了对异文化的适应阶段，这也是个文化融合的过程，双方相互学习促进，彼此改造对方，各文化因素之间相互渗透，相互结合，融为一体，会产生更大的合作优势。

2. 各个阶段的特征与表现

文化适应的不同阶段会表现出不同的特征（见图 5 – 1）。

在探索期，外来文化与本土文化属于初步接触阶段，双方都对彼此的文化充满好奇感和新鲜感。对对方的文化还不太了解，文化差异还不清楚，都处于谨慎的探索中，慢慢地了解彼此的文化差异，文化的冲突还处在潜伏阶段。

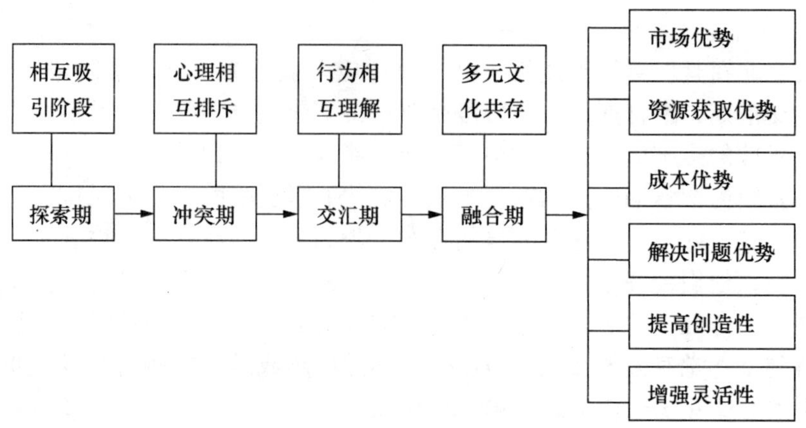

图5-1 文化适应各个阶段的划分

在冲突期，人们对待文化的差异和冲突首先表现在心理上，对对方文化产生排斥和抗拒的心理，这是不可避免的。这种冲突自双方合作时就开始出现，如谈判、签订协议的过程，差异和分歧可能因为协议或合同的正式签订而出现暂时的解决，但在此后的日常管理、经营决策以及员工合作等方面仍会出现种种矛盾。特别是受社会文化背景的影响，对协议或合同的不同解释可能使双方矛盾不断激化，潜藏文化冲突爆发的可能。冲突阶段是文化"初步接触"的必然反应，这一阶段文化冲突处理得好坏直接影响合资企业能否很好地经营下去，管理会不会出现混乱，也会影响接下来的多元文化的交汇与融合。因此，在冲突期，具有不同文化背景的管理人员首先应该认真分析不同文化之间的差异，对彼此的差异要理解和包容，尊重这种差异的存在，因为尊重彼此的文化是双方文化和心灵沟通的桥梁，有了这座桥梁，才能对彼此的行为习惯、思考方式、处事方式、风俗习惯以及价值观进一步地了解，才能在做决策时更好地理解对方做出这种决策的原因，实现双方精诚合作，共同把企业管理好。

所谓交汇期，是指两种或两种以上文化的相互渗透阶段，在这一时期，人们能够对彼此的文化进行包容和理解，对具有不同社会文化背景的管理者的观念和行为模式能够表示支持和体谅。既能看到自身文化的优点和缺点，也能看到对方文化的优点和缺点，做到取长补短，相互学习。

所谓融合期，是指多元文化的全面融合阶段。合资企业既形成了多元文化并存状态的认可，又形成了统一追求的价值观和行为准则。此时企业就会获得多元文化的优势，主要体现在①：

（1）市场方面，针对当地人的文化和消费偏好制定出适合本土市场的销售

① 邹海：《如何解决跨文化管理问题》，《企业家内参》2002年11月，第25~29页。

策略。

（2）资源获取方面，公司可以获得多元文化人才的优势。

（3）成本方面，减少因协调冲突和矛盾而增加的企业成本以及其他衍生成本。

（4）解决问题方面，更宽广的国际视角和综合分析能力提高了决策的效率和质量。

（5）创造性方面，多元文化的创造性以及行为制度的一致性使得员工的创造性得到发挥。

（6）系统灵活方面，提高了组织在面临多种需求和环境变化时的灵活应变能力。

二、文化适应过程的影响因素

1. 文化适应的影响因素

那么又有哪些因素影响和制约着文化的适应过程呢？浙江大学管理学院的王重鸣和杜红教授在总结国内外有关文化适应文献的基础上，编制了跨文化适应问卷，并运用此问卷调查了合资企业的314名中高层管理者，采用探索性、验证性因子分析和结构方程建模技术探讨了跨文化适应的结构维度。

合资企业员工和文化的多元性要求对其实行跨文化管理。文化差异对企业行为影响最大的因素是中外管理者合作的文化适应能力，它主要体现在管理规范和决策、信息交流以及人力资源利用等方面，管理者只有互相学习并融合对方的管理理念和方法而形成的“第三文化”，才能有效克服跨文化产生的冲突和矛盾，实现管理目的的一致性。[①]

合资企业高级管理层的跨文化合作适应问题更为重要，因为高级管理层是在各自母公司和各自下属的多重作用下共同进行的。因此，作为管理者的核心员工之间的跨文化适应与合作对于企业经营的好坏更为重要。但领导者与成员之间的转换关系（Leader Member Exchange）也会影响企业的绩效，所以管理层与员工之间的直接领导关系与员工之间的合作关系也是跨文化适应与合作应该考虑的因素。合资企业中影响跨文化管理中影响文化适应的因素包括：

（1）人力资源利用。人力资源是企业经营成败的关键，是最重要的因素，对跨文化管理尤其如此。人力资源管理本土化是跨文化管理的关键，能够帮助合资公司形成和谐的与东道国相同的经营理念，减少人事上的冲突。多数合资企业的人力资源本土化的实施策略是：重要决策由母公司派驻的高层管理者做出，其

① 杜红、王重鸣：《外资企业跨文化适应模式分析：结构方程建模》，《应用心理学》2001年第24卷第4期，第415～417页。

他日常事务主要交由当地主管处理。如果由当地人担任高层管理者，可以有助于缩短外派核心员工的适应期，更适应当地的文化，但是母公司的企业文化、管理风格、价值认同很难渗透进合资公司。针对以上问题，合资公司管理可以实行双轨制，在进行本土化管理的同时，也能保证母公司对子公司战略决策和重大事项上控制的。也就是说公司的经营管理可以由派驻的母公司负责人和当地的高层主管共同做出。这样做既能使合资公司的经营决策适应派遣地文化，又能保证母公司的思想在合资公司内部得以贯彻。母公司的海外派驻主管与本地主管在高层次管理上的合作对于员工适应文化差异，促使合资公司顺利、快速地开展工作起到了关键性的作用。

外派人员能否快速地适应派遣地文化，本地员工能否很快适应公司的管理风格和政策制度，尽最大的能力，发挥最大的才能，直接影响到合资企业的经营成败，因此说能否充分利用人力资源是合资企业跨文化管理是否成功的重要影响因素之一。

（2）直接上下级关系。合资企业中上下级关系也是影响跨文化管理的一个重要因素。直接上下级关系好坏直接影响到上级的决策能否很好地贯彻下去。如果直接上下级的关系处理不好，即使高层管理者在公司决策方面达成了一致意见，制定了统一的行动策略，但由于上下级沟通出现问题，致使决策的执行被延迟或无法全面、有效地传达，就这样一层一层传达到公司最基层的决策也就远远偏离了当初的决定了，这样可能会给企业带来破坏性的损失。因此，上级领导者除了要努力发展并维持水平方向上的人际关系，也要致力于同自己的下级处理好关系，这样才能保证决策的高效率执行。

（3）中高层团队合作。中高层团队是合资企业的核心力量，因为决策的制定与贯彻、目标的分解与完成很大程度上都要依赖中高层管理团队的有效合作。合资企业中，中高层团队成员可能来自不同社会文化背景的国家或地区，他们之间的文化差异和沟通障碍会直接影响跨国公司内部的和谐与统一，甚至企业能否成功经营，目标是否能够达成。因此，中高层之间的沟通作为人际交往的一个维度，影响着跨文化管理中的文化适应过程。

（4）中外经理沟通。经理是合资企业内部的管理者，其说话具有一定的权威，中外经理之间的沟通与管理有利于减少或缩短文化差异的影响，也就是说直接影响其下属的文化适应能力。如果双方经理多进行沟通与交流，还有利于大家在一系列影响公司的重大决策问题上减少分歧，达成一致意见，跨文化管理的问题也就很容易解决。

（5）管理制度规范化。当一个组织内部存在两种或两种以上文化时，如何使这些有差异的文化相互适应融合，就要做到管理制度的规范化。特别是文化适应的冲突阶段，如果规范的管理制度、健全的管理手段没有建立起来，那么这种文化的冲突会愈发激烈，文化适应无法或延迟进入交汇期，甚至会导致合资企业经营的失败。当然，并不是说只要做到管理制度的规范化就能达到文化的适应，因为在两种文化接触的初期，双方对彼此的文化差异还没有在心理上认可，于是，通过制定一些规范化的管理制度，引导双方去认识存在的文化差异，同时也是从制度上要求员工"可以做什么，不可以做什么"，起到一定的约束作用，让文化适应平稳地过渡到交汇期。所以说管理制度规范化是跨文化管理的另一个重要影响因素。

（6）价值决策前提。跨文化管理中文化适应影响因素之一是价值决策前提。在中外合资企业中，中外文化背景的差异导致其经营理念和价值观不同，因而以此为基础的价值决策也就会出现很大的差异。不同的文化特征形成人们不同的价值观，不同的价值观影响着人们的决策。因此，可以说价值决策前提是跨文化管理的一个重要影响因素。能否协调统一价值决策的前提是进行跨文化管理关键。

文化适应问题是跨文化管理中一个重要的方面，不仅涉及双方管理者的价值倾向、管理风格、高层沟通、上下级人际关系和人力资源的利用等方面，更在于文化适应问题直接影响到企业的经营绩效，甚至企业经营的成败。尽管其中的人际合作适应对经营绩效的影响作用较弱，但是我们可以把这一问题归因于人际关系适应与管理决策适应的相关性，这种相关性使得人际合作适应对经营绩效的作用部分地转移到管理决策适应中。①

从表面上看，合资企业是资本、技术、人员和劳动的组合，但从深层次上来讲是不同文化的接触、碰撞、交汇与融合。合资企业跨文化适应由管理决策适应和人际合作适应两维度构成。价值决策前提、人力资源利用、管理制度规范化构成了管理决策适应维度；中外经理沟通、直接上下级关系、中高层团队合作构成了跨文化适应的人际合作适应维度（见图 5－2）。

2. 文化适应阶段的应对措施

在文化适应维度分析的基础上，针对文化适应各个阶段的特征，本书提出了各文化适应阶段的应对措施，并逐步达到前面所阐述的六个维度的适应。

在文化接触的探索期，合资企业需要全面考察并了解企业面对的不同社会文化背景和它们之间的差异，对可能会发生的文化冲突提出预测，并根据考察的结果制订出一些初步应对文化冲突的整合同化方案。如利用各种公司发行的内部刊物、各类交流会以及学习培训的机会沟通不同文化价值观和行为方式之间的差异。应当列出这种差异的要点，并进行不同文化之间优点和缺点的比较。经理和

① 杜红、王重鸣：《外资企业跨文化适应模式分析：结构方程建模》，《应用心理学》2001 年第 24 卷第 4 期，第 415～417 页。

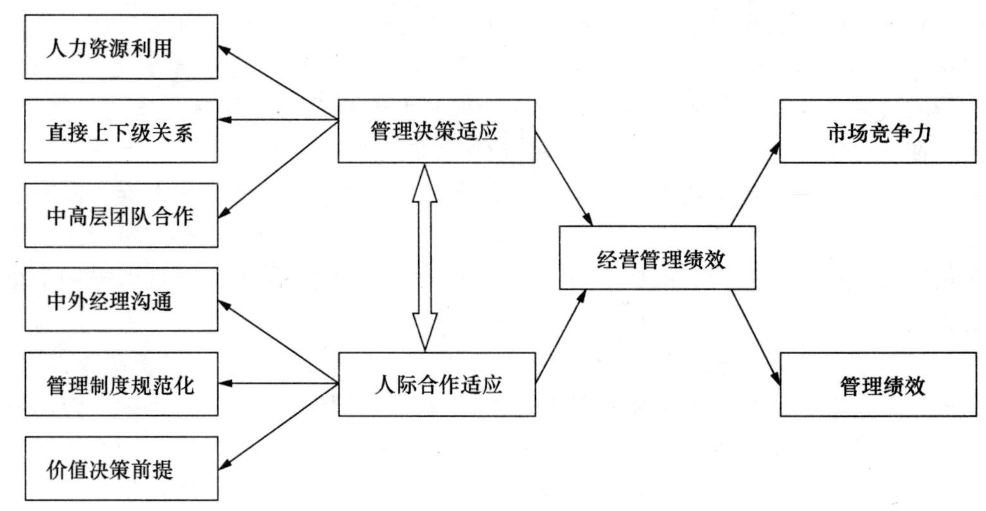

图 5－2　合资企业跨文化适应结构模型

员工们应该用清晰、易懂的方式表述文化之间的差异，为以后的跨文化分析提供可视化的材料。

文化适应这一阶段的目标，首先应该是对价值决策前提进行统一。在这一阶段，双方的文化对彼此来讲是新鲜和好奇的，文化差异的存在并未被察觉。只有通过积极主动的方式去找寻不同文化的相同点和不同点，才能在价值决策前提这一维度达到文化适应的要求。

冲突期是合资企业进行文化整合的阶段，这一阶段会有一系列管理制度的出台。因此，在这一阶段最主要的是对“差异焦点”的监控。所谓“差异焦点”就是指文化整合阶段可能起重大障碍的关键点，它可以是某种社会文化背景下的制度、某个利益群体、某个人。随着文化进一步整合，差异焦点将会成为一个十分活跃的要素。冲突在合资企业内部是不可避免的，只是冲突的类型、程度等不同而已。因此在文化整合阶段把握文化整合的速度和可能发生的文化冲突的强度之间的关系是监控差异焦点需要注意的问题。这一阶段文化适应的目标是人力资源利用和管理规范化方面。因为进入这个阶段文化之间的差异凸显出来，双方在心理上和行为上开始反感，甚至排斥对方的文化，文化冲突由此产生。应对措施关键是把握好人的因素，通过各种管理规范来约束并规范双方的行为，充分而有效的利用人力资源，避免冲突进一步发展。因此，通过规范化的管理制度来监控差异焦点，在人力资源利用和管理规范化两个维度达到文化适应的目的。

文化的交汇期是指不同文化开始逐步达到协调、融合的过程，这一过程持续的时间也比较长。这一阶段主要任务是形成、调整并维护好文化整合中的一系列管理规章制度与系统。它是一个动态的过程，“整合—融合”在这一阶段体现得最为明显。跨文化管理需要采取深度交流与沟通的方式来寻找到各方都认同的"共同愿景"。这一阶段的主要目标是致力于中外经理的沟通和直接上下级关系。文化经过上一阶段的碰撞与磨合，双方对彼此文化的差异已经有了一个透彻的了解，并且体谅和理解对方的文化。除了形成、调整并维护好有效的管理制度和系统外，中外经理之间和直接上下级之间形成有效地沟通，对"共同愿景"的形成也是有帮助的。

融合期是在文化趋于融合的基础上，经过跨文化的整合创造出来的"第三方文化"，这一文化是各方都能接受的。这一阶段相对于前三个阶段来说是比较模糊的，因为文化的碰撞就是创新和开拓的过程，而且随着跨文化企业的成长和成熟，融合期的主题和过程就会一直持续下去。寻找并发现到不同文化的优点，摒弃不同文化中的缺点与不适应之处，创造一种新的、充满生气的、适应不同文化背景员工的合资企业文化。可以说，融合期是文化适应所希望的，也是必须达到的阶段，这也是一个新的开始。随着合资企业经营环境不断改变，这种创造的"第三方文化"也要不断地调整，进一步去完善共同的经营管理价值观。此时，中高层团队之间的有效沟通与和谐共处，对于共同愿景与文化的形成、企业目标的实现至关重要。因此，这一阶段主要是通过中高层的有效沟通与合作来完成文化适应的目标的。

尽管前面是针对不同的文化适应阶段提出措施的，并分角度进行了划分，如图 5－3 所示，在现实文化适应过程中，各个阶段并不是严格地对应一两个维度的，而是相互交织，只是程度不同而已。

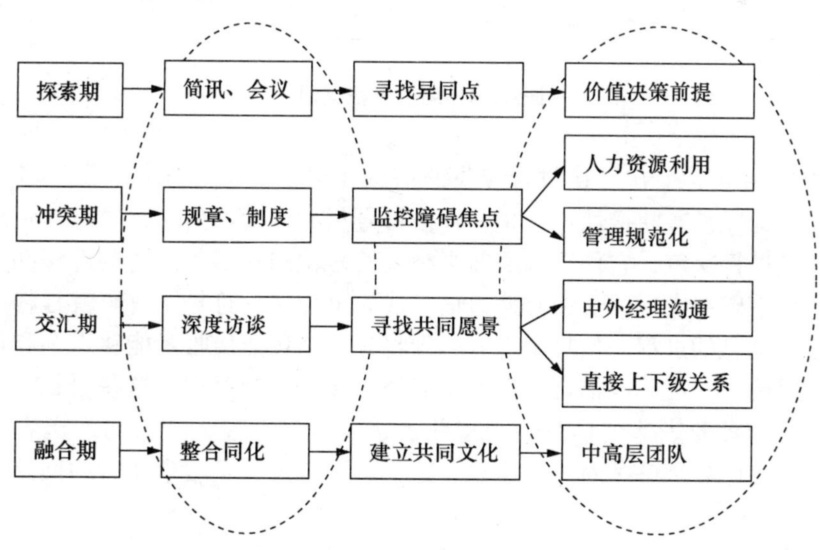

图 5－3　各阶段应对措施——维度适应

第二节 合资企业核心员工跨文化沟通

一、跨文化沟通模式分析

沟通是人们通过语言和非语言方式传递并理解信息、知识的全过程，是人们了解他人思想、情感、见解和价值观的一种双向途径。① 沟通过程涉及沟通主体（信息发送者和信息接收者）和沟通客体（信息）的关系。沟通的起始点是信息的发送者，终点是信息的接收者。当终结点上的接收者反馈其想法、意见时，他又转变为信息的发送者，最初起点上的发送者就成为了信息的接收者。沟通就是这样一个轮回反复的过程，而且任何沟通都遵循一个基本的沟通过程模型，如图5－4所示：

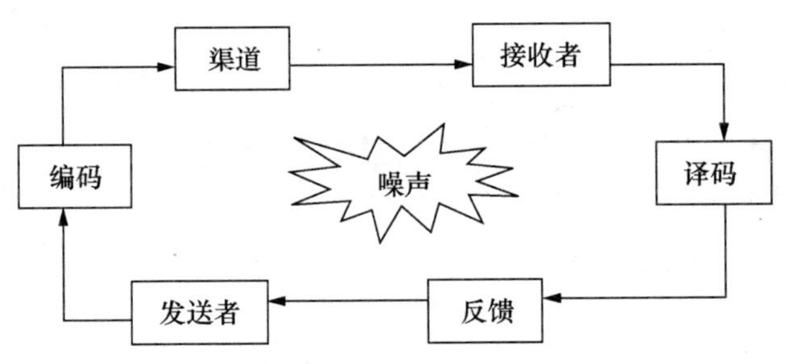

图5－4 沟通过程模型

由图5－4可以看出，接收者接收的信息在很多情况下不同于发送者发出的信息。因为沟通具有间接性：它是某种被符号化的行为。信念、思想、观念等信息不能直接进行交流，它们在沟通前必须被符号化和外部化，这些过程都是通过对信息进行编码来实现的。编码使得信息成为可传递的符号。解码就是将这些符号再转化为信息的过程。信息发送者必须将其信息按照接收者能够识别和理解的方式进行编码——编码成语言、动作或表情。接收者通过理解这些语言、动作或表情了解传达者要表达的信息。当接收者确定收到信息，就会向发送者发出反馈，表达自己已经理解了对方的意思，这样沟通就形成了一个闭合的回路。反馈

① 康青：《管理沟通》，中国人民大学出版社2006年版，第3页。

是对沟通效果的一种折射，也使得沟通成为一个互动的过程。

跨文化沟通是指个体、群体等使用一种文化编码的信息，如语言、动作或表情等，该信息在该种文化中有特定的内涵，当它传递到另一种文化中，经过解码，被另一种文化背景的个体、群体等感知或理解。显然跨文化沟通的信息发送者和接收者具有不同的社会文化背景，图 5 –5 就是跨文化沟通的图解：

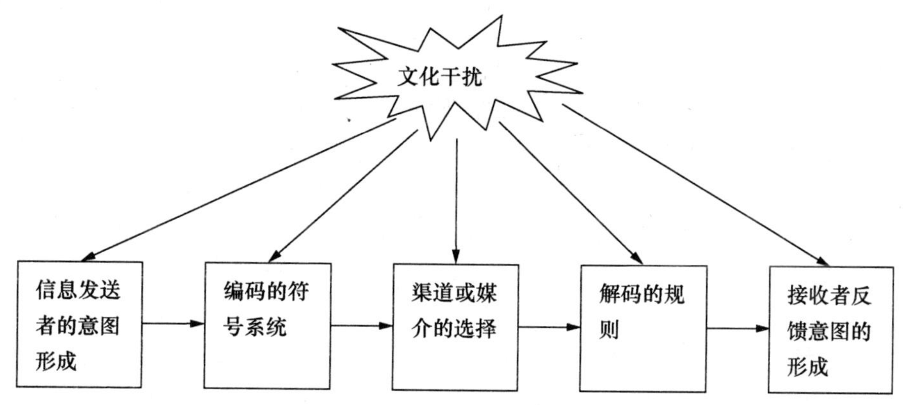

图 5 –5　文化对沟通过程的干扰

与同一文化下的沟通相比较，跨文化沟通与文化的联系密切。由于文化差异的存在，沟通可能会遭遇“文化干扰”或“文化误读”，有效的跨文化沟通的建立可能需要更多的精力和时间。可以说合资企业经营的成功必须具备良好的跨文化沟通的能力。沟通出现障碍或无效往往会导致企业经营合作出现很多问题。

跨文化管理学中目前比较著名、权威的跨文化沟通模型是由萨姆瓦等人提出的。按照萨姆瓦等人的说法，除了文化以外，还存在着其他一些因素塑造着个体。虽然文化对于每个人来说是主导性的影响力量，但是每个人受其影响程度不同。在进行跨文化的信息传递时，当某个信息离开它被编码的那个文化背景时（这个编码的信息是发送者真正要表达的意图），当它被用另外一种文化背景进行解码时，一个变化发生了，解码文化成为了传递信息的一部分。在经过跨文化沟通的解码后，原始信息的内容已经被修改了。由于这种文化的差异，导致信息的发送者与接收者出现了沟通上的障碍，无法真正理解对方所要表达的意图。

文化对跨文化沟通的影响程度是由不同文化之间的差异程度决定的，例如，信息在文化 A 与文化 B 之间发生的变化远比 A 与 C、B 与 C 之间的变化要小，这是因为文化 A 与 B 之间有着较多的相似性，所以，两者之间在沟通行为及其意义上更相似，解码的结果与原始信息编码时的内涵意义就更接近于一致。然而，在文化 C 方面，由于它与文化 A、B 之间有相当大的差异，解码结果也就与原始信息有较大的差异。①

二、跨文化沟通阶段

为了提高跨文化沟通的有效性，我们首先必须知道跨文化沟通的几个阶段。单从信息的接收者方面来看，跨文化沟通可以分为三个阶段：感知、解释和评价。本书将讨论这几个阶段，并且通过分析找寻一些影响跨文化沟通的主要因素。

1. 感知

（1）感知的定义。感知是个体对外部世界的刺激进行选择、评价和组织的过程。感知过程的结果被称为知觉。

感知与文化十分密切。一方面，人们对事物的接收次序、对外部世界刺激的反应以及外部的倾向性是由文化决定的；另一方面，当某种知觉形成后，又会对跨文化的沟通以及文化的发展产生影响。

在跨文化沟通过程中，研究感知对沟通的影响具有十分重要的意义。人们在沟通时产生的各种障碍或不畅，主要是因为人们的感知方式存在差异造成的。为了保证跨文化沟通的有效性，我们必须了解具有不同文化背景的个体差异的感知方式。

（2）感知的特点。感知模式受到文化和环境的影响。它具有以下特点：

第一，可学性。我们并不是一生下来就以某种特有的方式看待这个世界，直接或间接的经验告诉我们以怎样的方式感知这个世界。于是我们可以通过学习对方的语言、行为模式、礼仪和思维方式等来尽量减少跨文化带来的沟通障碍。

第二，连贯性。因为知觉比较稳定，一旦我们形成了对某个事物特有的认识，我们一般会继续以同样的方式来看待它。

第三，文化决定性。文化背景是我们以什么样的方式、价值观感知这个世界的基础。

第四，不精确性。有时我们能够看到某个事物的存在，有时我们不能。这是因为我们的文化“过滤器”在起作用，引导我们认识那些符合我们文化或价值观的东西，而对于那些不符合的直接剔除，有时甚至进行阻碍、曲解或重新创造。因此我们是根据我们的文化背景来感知这个世界的。

第五，选择性。每时每刻，我们的感官都受到外部世界的刺激。通过筛选，我们保留下那些听到的、见到的、尝到的或感觉到的大多数东西。当我们感知到的东西超过大脑识别所能承受的范围时，我们只允许经过选择的信息通过知觉进

① L. A. Samovar, R. E. Porter, And N. C. Jain, Understanding Intercultural Communication. Belmont, CA: Wadsworth, 1981, p. 29.

入我们的大脑。

2. 解释

（1）解释的定义。指对感知到的事物及其与其他事物之间的关系做出说明，它是对知觉的理解过程。解释是通过我们已有的经验来对我们的行为做出引导。在我们已有的经验基础上，我们对知觉做出判断（假设）。因此，当我们在遇到类似的情况时，我们就不必重新观察。

解释有两种形式：归类和成见。归类是指我们被太多的外部世界所刺激，并因此而困扰，所以我们只感知那些我们认为有意义的映像。我们对知觉进行分类，这些分类成为我们解释外部世界的基础，并且在一个更为复杂的环境下发挥作用。成见也是一种对知觉的分类形式，它是用来描述某一类特定群体的行为方式的。以成见看人是指在与其他民族、种族或异文化的个体或群体交往与沟通时，继续根据自己以往的经验来解释自己感知到的世界，造成不当的归类或成见，也可以解释为“误释”。

（2）误释的根源。

第一，以己度人。指以自己的标准来判断或评价别人或环境，且往往会得到一种事与愿违的结果。以己度人是我们上文提到种族优越感的一种体现形式。人们一般认为本民族的文化、价值观体系是优于其他民族的，不愿意或不轻易接受其他民族的文化，并以自己的文化或价值观去解释、评判他人的行为。

第二，潜意识下的文化“盲人”。人们大多数是在潜意识的状态下进行解释的，而我们的文化同一性又从未要求我们检视我们的判断和文化的基础如何，当在统一文化下沟通和交流时，我们做出的判断是相似的；如果我们与一个具有不同文化背景的个体或群体沟通时，这些已有的经验将不会起作用，有时甚至起反作用。

第三，缺乏文化自觉意识。虽然我们大多数人认为在进行跨文化沟通时，应该多了解外国人，其实不然，我们最大的困难在于我们缺乏对自身文化的自觉意识。著名人类学家爱德华曾说过：“最难了解，因而也最难学的是最接近我们的东西。”因为对国家或本民族的文化特质知之甚少，当我们从别人口中了解到对我们的描述时会感到十分惊讶。

3. 评价

评价是指对人或事物的好坏做出判断。文化背景对人们做出的评价较之知觉和解释的影响更大。我们通常以自己的文化或价值观去评价处于同一文化下的人或事，这是一种正常行为；如果我们用它来评价另一种文化中的人或事，显然是不合适的，因此不能把我们的文化作为参照系。往往错误的评价会产生严重的后果。

感知、解释、评价是跨文化沟通的三个阶段。错误感知必然导致错误解释，建立在错误解释上的评价自然也不可能是正确的。合资企业里的员工在试图理解外国同事时，首先应该观察其行为以及处事方式，因为解释和评价是建立在大量观察事物的基础上的，由此形成一种知觉。然后通过跨文化的分析，了解产生其这种行为背后的深层次文化因素，以一种合理的方式对其做出解释和评价。

三、跨文化沟通的原则

最近，加拿大皇家学会院士董林雪英博士提出了跨文化沟通的四种可能结果：文化融合或多文化共存、文化边缘化、文化同化、文化分隔。

当文化融合或多元文化共存时，本国家或本民族的人们感觉有必要保存好自己的文化，同时他们也被主流文化所吸引。将两种文化中的优点结合在一起是跨文化沟通最为理想的一种方式。

文化边缘化是最没有作用的文化适应方式。在这种方式下，来自少数文化的成员既不被鼓励保护他们的文化，也被主流文化所接纳，排除在外。幸运的是，这种情况在海外合资企业内部很少出现。在上述两种文化适应极端情况之间是文化同化与文化分隔。

在文化同化的情况下，少数文化成员应该单方面去迎合主流文化。在董博士对外派与被调回的人员所做的研究中发现，许多外派员工都把文化同化作为与当地人交流与沟通的一种方式。如果外派员工过分地被当地文化同化的话，他们可能会被指责是母国文化的“背叛者”，母公司对他也将不会重用，他的信仰受到怀疑。因此在处理跨文化沟通差异时，外派员工可能存在失去自己母国文化或价值观的危险。

文化分隔是指少数文化成员与主流文化保持一定的距离。例如，在跨国工作时，许多外派员工选择居住在当地本民族聚居区，尽量在生活中与派遣地居民接触。在处理文化差异时，来自少数文化的成员倾向于与自己文化背景或价值观相似的成员多沟通与交往。这种方法虽然可行，但是它无法产生一种协调效应，也不符合合资公司所倡导的多元文化包容政策。总而言之，这四种跨文化沟通的结果，可以用表 5－1 表示：

表 5－1　跨文化沟通的四种结果

跨文化沟通结果	文化融合	文化边缘化	文化同化	文化分隔
保存自己的优点	Y	N	N	Y
吸取他人的精华	Y	N	Y	N

注：Y 表示有，N 表示无。

文化融合才是跨文化沟通的最有效结果。如果要把两种或两种文化的优点融合在一起，合资企业的管理者必须做到以下几点：

1. 综合运用多种有效的跨文化沟通方式

沟通方式存在很多种，包括语言、动作、表情，可以是书面上的，也可以是网络的等。在进行跨文化管理时，管理者要注意运用多种沟通表达方式，使沟通变得更有效率。当然，语言是沟通最为直接的表达方式。因为一个国家或民族的语言是其文化最重要的组成部分。在进行跨文化沟通时，语言沟通的畅通或发生分歧，往往是由不同文化的共同性和特异性决定的。当合资企业内部员工语言存在差异时，我们除了口头表达时要注意速度、多重复，并尽可能多地使用主动语句外，还应该多用非语言表达方式，如动作、手势和表情等。在和对方进行语言沟通时，要经常停顿，多给对方时间进行理解，在不了解对方文化背景的情况下，不要急于打破沉默，应该假设认为你们之间是存在文化差异的。在语言表达完之后，不要认定他们理解了，先假定他们不理解，再检查其理解程度，例如，让他们将他们所理解的解释给你听。

2. 完整地遵照沟通的闭合程序进行沟通

跨文化沟通指具有不同文化背景的个体或群体互动的沟通过程，绝不是单方面表达了自己的想法就意味着沟通的结束。进行沟通的双方都应该清楚自己所要表达的内容，以及以何种方式进行沟通，而且应当保证对方反馈的信息与自己表达的内容是相符的。在沟通中一定要做到既知己，又知彼。知己，意味着了解自己，识别那些大家都具有的态度、倾向性的简单行为，这些不仅决定我们说什么，还决定我们能听到什么。在潜意识里先入为主的观念，是进行跨文化沟通最大的障碍。此外，知己还包括我们如何看待这个世界和文化之间的差异，以何种方式去沟通。要想改进沟通，我们就应该知道自己对自己的评价是什么，对自己的文化是怎样理解的。如果对自己有一个透彻的了解，知道如何表达自己，对自己的个性特征、潜藏的文化影响因素有相当明确的理解，我们就能更好地理解他人对自己的评价，在进行跨文化沟通时就能做出必要的调整。知彼就是要学习、接近对方的文化，要善于“文化移情”，同时对对方的文化应该采取一种比较超然的态度，以免落入其文化俗套之中。

3. 开设基于文化适应的跨文化培训课程

合资企业的管理者不仅存在着对东道国的文化学习和适应问题，还应提高对不同文化变化的鉴别能力。因为文化中某些东西是可变的，合资企业的管理者为了达到自己跨文化管理的目的，而对派遣地的某些文化方面加以变革。欧美管理学学者提出，跨文化培训是人力资源管理的重心所在。合资企业应该通过有效的培训，培养具有长远眼光、能够适应不同的文化、积极主动和创新精神的经理人员。跨文化培训的主要内容有：文化敏感性训练、文化认识、语言学习、地区环境模拟、跨文化沟通以及处理文化冲突的技巧等。这种训练的目的在于：使得员工对当地的文化、管理理念及其习惯做法有个初步了解；减少外派员工经理人员可能遇到的冲突；维持组织良好、稳定的人际关系；加强员工之间的合作以及公司的凝聚力。

4. 理解并清楚跨文化沟通的意义

可以这样讲，文化态度是决定跨文化的人力资源管理者在进行跨文化管理时，其人力资源政策是否有效的关键。如果他没有认识到这一点的话，往往会由于文化冲突而影响管理者与派遣地员工的关系，从而加大了管理者与员工的沟通成本、人际距离，影响合资企业内部上下级之间的协作与沟通，造成企业管理上的困难。跨文化管理者应该认识到合资企业内部文化差异的存在，并认识到跨文化沟通的意义，这样才能积极主动地对跨文化沟通与管理进行思考。

5. 建设“合金”企业文化

通过文化敏感性训练和对文化差异的识别，公司员工的文化适应能力和鉴别能力得到了提高。建设“合金”企业文化，是指建立在具有不同文化背景的员工在文化共性达到统一认识的基础上，根据企业面临宏观和微观环境以及母公司的战略要求建立起共同的管理愿景和制度以及强有力的企业文化，同时通过文化的微观诱导作用，使个体服从集体的行为，而不发生碰撞。这样可以不断地减少文化摩擦，使得员工能把自己的目标和行为与合资公司的目标和经营理念结合起来，增强文化对员工的塑造能力。

第三节　合资企业核心员工 TCHRM 跨文化管理模型

一、TCHRM 模型形成

合资企业多元文化的特点给企业管理和上下级以及同级之间的沟通交流带来了很大的困难，虽然国内学者看到了文化差异的客观存在要求企业改变管理风格和理念，但对于如何在跨文化管理过程中尽快地实现双赢型跨文化研究却不够全面。为此，本书提出了建立 TCHRM 跨文化人力资源管理模型。下面就建立这种模型的必要性和必然性进行阐述。

成立合资企业对于东道国来说，目的之一是引进西方先进的科学技术和管理理念。先进的技术需要配套的“软件”系统，如生产技术管理和员工技能培训等。而 TCHRM 模型既是引进、学习先进生产技术的结果，又在技术引进的同时，给予人力资源管理观念、制度、技术变革的必要支持，使得引进的技术真正适合中国企业。因此建立 TCHRM 模型有助于技术的引进、消化和吸收，真正实现技术的本土化。成功的合资企业致力于建立一种符合企业自身规律，又具有中外文化相容性特征的新企业文化。上海市科委协同中国企业管理协会在上海做的一项研究表明，75% ~90% 的合资企业董事会以及高级管理层都由双方共同担任，共同做出决策，对企业共同实施经营管理。[①] 双方共同管理的现实就使得合资企业的管理者应该建立起一种文化协同机制，有效地协调文化的差异，又要实现对人力资源进行科学管理的模式要求，即建立起双方认同的 TCHRM 模式。

中外合资企业的管理层大多数由中外人员共同组成，双方高层之间的互动与协调、部门之间的合作、管理决策的统一以及管理风格与方法上的相互理解直接影响合资企业管理和控制的有效性。为提高合资企业管理绩效，建立跨文化的人力资源管理模式十分必要，其能促进企业内和谐人际关系和积极向上组织氛围的形成，保证企业各项工作的开展。因为合资企业内部存在不同的利益群体，管理决策的风格、合资利益的匹配以及相互之间信任关系的建立直接影响企业的战略和经营决策。这就要求双方建立共同的利益基础和统一的人力资源管理政策，TCHRM 模型就是这样的人力资源管理模式。TCHRM 模型的建立有助于提高企业的人力资源管理效率，避免因文化差异而导致的管理和经营决策的失败。

美国管理学大师彼得·德鲁克说过，“管理越是能运用一个社会的传统价值观和信念，它就越能取得成就”。合资企业的经营管理受到整个中国大环境的影响和制约，这不仅仅要求合资企业遵守中国的政策和法律法规，而且要求其同中国的文化背景相适应。因此，在引进欧美先进的管理技术和理念时，必须立足于中国传统的管理文化上，将其进行修改。TCHRM 模型就是要探索这种适合中国国情的跨文化人力资源管理模式，以实现“洋为中用”的目的。上海大众原德方副总经理马丁·波斯特博士曾指出：“为了实现长期的目标，必须实现三个‘中国化’：一个是技术的中国化，一个是管理的中国化，最重要的是要实现人才的中国化。”[②]

企业只能有一套管理模式，合资企业也一样。TCHRM 模式所追求的正是在统一的管理模式之下，中外方管理者在存在文化差异的现实基础上，能够精诚合作、和谐共事。文化同一性仅产生于多元文化的组织为获得共同的目标而努力的过程中，TCHRM 模式正是在中国独有的政治、社会和文化背景下，通过不同国

① 陈志、田莹:《浅议三资企业的跨文化管理》,《外国经济与管理》1999 年第 12 期。

② 朱象贤:《加快探索中国企业跨文化人力资源管理之路》,《上海综合经济》2000 年。

家或民族文化内涵的合资企业的企业文化和双方人力资源的个体文化在企业内相互碰撞、叠加、组合而构筑起来的新的合资企业人力资源管理模式。同时，这种模式是在不断的运动和变化中。随着企业外部环境和经营战略的变化，生产规模和市场占有率进一步扩大，彼此沟通和理解的进一步深化，TCHRM 也应该进行适当的调整，它需要一个动态的过程，以达到跨文化管理有效性的要求。

不同文化背景的合资双方，不同的管理风格和理念，TCHRM 模型的具体内容也会存在差别，但是都应遵循一般的、共同的基本原则。这些基本原则决定管理活动的基本方法和方式，使得跨文化管理沿着正确的道路发展。本着系统性、平等互利、因地制宜的原则本书建立 TCHRM 模型，即跨文化人力资源管理模型。它由三个层次和四个方面组成，如图 5－6 所示，它们之间既有兼容性，又有独立性。

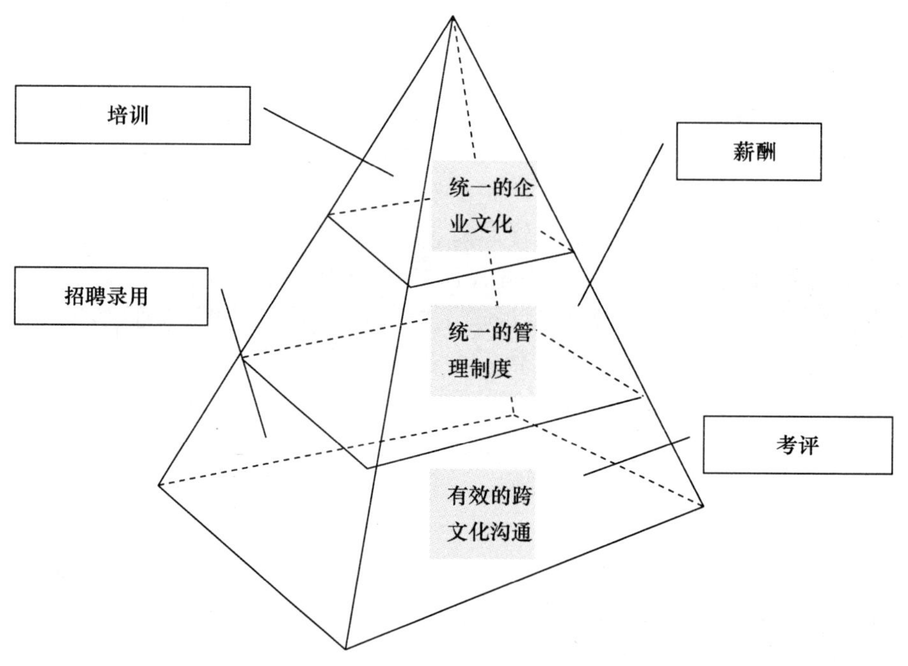

图 5－6　合资企业核心员工 TCHRM 跨文化管理模型

模型的第一个层次是有效沟通。进行有效沟通是合资企业核心员工跨文化管理的基础和桥梁。通过沟通，跨文化管理中出现的矛盾和冲突都能得到有效的化解，所以说良好、有效的沟通是实现合资企业跨文化管理最基本、最重要的职能，并且是其他一切管理职能的依托和基石。在对合资企业核心员工进行跨文化管理时，双方在文化背景、管理方式和理念以及价值观方面存在着差异，所以制定符合合资企业利益的统一管理制度必须从有效的跨文化沟通开始。

TCHRM 模型的第二个层次是建立统一的管理制度。合资企业在运营中必须建立属于自己的统一的管理制度，而这种统一的管理制度并不是合资双方管理制度的简单加减、拼凑而成。模型显示，在有效的跨文化沟通基础上，统一的管理制度可以将沟通的具体结果以制度的方式固定下来，并以此来指导和约束员工的行为，成为合资双方都必须遵守的规章制度。管理制度包含一些具体的技术和外在的行为方式，统一的管理制度为跨文化管理需求提供了一个稳固的判断尺度和行事依据。

TCHRM 模型的第三个层次是统一的企业文化。合资企业的跨文化管理达到这个层次，意味着靠统一的管理制度作为判断和行事的依据转向更高层次的、一种内化的统一的企业文化来管理企业。管理制度是一种物质的、表面的东西，而文化则是一种稳固的、内在的精神。多元文化相容的精神和价值观形成了合资企业特有的统一的企业文化，而这种文化对员工行为和精神的塑造更有意义和影响力。它反映了物质环境的影响和对企业协调的作用，是管理的最高境界，如图 5－7 所示：

图 5－7　有效沟通、管理制度、企业文化关系

只有把精神文化渗透到制度层次中，企业文化才能最终落实到具体的管理活动上去，才能形成有效的激励和约束机制，才能正确地规范企业员工的行为。所以在 TCHRM 模型中，统一的管理制度既体现了统一的企业文化要求，又是统一不同管理文化、固定管理风格的有效手段。

以有效的沟通为基础，以统一的管理制度为桥梁，以统一的企业文化为目的核心，既是 TCHRM 模型的构建逻辑，也分别构成该模型的三个层次，对整个系统的运行发挥导向作用。只有遵循三个层次的内在逻辑关系，建立组织的管理协调系统，才能形成最佳的系统合力，实现管理功能的系统化。

二、TCHRM 模型的三层面与 $4P_S$ 管理

建立 TCHRM 模型是力图在合资企业内部跨文化管理中实现文化的整合效应，使它在东西方文化融合的基础上形成一系列的重叠效应，推动企业文化向前

发展，是管理中内部协调和外部竞争效应的统一，因为一切内部管理的目的是实现内部协调，外部管理的作用在于进行有效地外部竞争。企业的内部状态可以分为内部消耗、内部松散、内部有序和内部协作四种。进行科学的管理能够使得内部消耗和内部松散状态达到内部有序状态，这是科学管理的基本特定决定的。但是欧美的企业管理只能达到内部有序状态，这是由其独立的人格特点决定的。而中国企业的内部管理能够达到内部协作的状态。因此，有效管理的最佳状态，不仅要依靠有效的管理手段，还要考虑被管理对象的文化背景。中外合资企业提供了这样一个文化多元交叉的环境，使得中外管理者在管理技巧和管理风格上不断吸收对方的优点和长处，从而创新出一种适合合资企业的新的管理模式。TCHRM 模型能够实现内部管理的协作，外部管理的竞争效应。因此，核心员工的跨文化管理的关键是人力资源管理的 $4P_S$ 活动，每一项活动都应依循 TCHRM 模型的三个结构层次进行，即核心员工的跨文化人力资源管理模型要通过人力资源管理的 $4P_S$ 的活动具体展开进行，这是一个相辅相成的过程。它们使合资企业的核心员工更能适应跨文化的环境，消除文化差异导致的冲突，形成一种既符合合资企业人力资源管理的要求，又体现一种文化的交融性的新型人力资源管理模式，从而提高合资企业的经营管理绩效，增强其市场竞争力。

1. TCHRM 模型有效跨文化沟通层面与核心员工 $4P_S$ 活动

合资企业核心员工 TCHRM 模型包含三个层次：有效的跨文化沟通、统一的管理制度和统一的企业文化，合资企业的经营管理由于多元文化的存在遭遇很多困难，跨文化沟通也由于文化差异的存在给企业的内部管理带来了“瓶颈”问题。因此，从下列情况我们可以看到实施有效跨文化沟通的必要性和必然性。

成功的中外合资企业应该建立一个具有中外文化融合特征的、符合企业自身特点的新型企业管理文化。双方共管的目的是在企业内部形成一种新的、有效的文化协调机制，实现人力资源的科学管理，实现差异双方有效地沟通。

引进西方先进的科学技术和管理经验是我国与外国企业合资建立企业的主要目的之一。但是先进的技术需要配套的措施来为其服务，如引进某种机床，需要配套引进专业的技术培训人员和维修人员等。TCHRM 模型中的跨文化沟通层次在引进技术的同时，又给予必要的培训、制度和人力资源的支持，使引进的技术更加适合中国的国情。

合资企业双方只有在各自不同文化背景的基础上针对中国特殊的宏观和微观环境，考虑到本企业员工的接受能力，开发出一套适合本企业的跨文化沟通模式，才能在跨文化人力资源管理方面取得成功。在实施跨文化沟通过程中要注意考虑本国传统的管理模式与引进的国外管理模式相结合，时刻关注结合以后的管理方法或理念在合资企业中是否可行，是否符合合资企业的企业文化。同时跨文化的"不确定性"也要求我们时时刻刻关注可行适宜的标准。跨文化沟通是一种"权变"和动态适应模式，随着合资企业的进一步发展和内部与外部环境的改变，跨文化沟通模式也要适时地完善和调整。

合资企业的双方投资目的或想得到的收益是不同的。要处理好两者利益的关系并使其达到统一，就要求在建立跨文化沟通模式时贯彻平等双赢的原则，它也是双方发挥优势和精诚合作的重要保证。在建立跨文化沟通模式时，合资双方应该对彼此的文化背景、管理理念乃至个体的一些基本情况有一个基本的了解，这样才能在工作中更好地合作，形成良好的、有效的跨文化沟通。这既是文化融合的要求，也是实际工作的需要。相互信任、相互尊重是建立在了解的基础上，在合作共事过程中达成的。它有利于形成一种积极向上、相互学习和精诚合作的氛围。

美国著名社会学家帕森斯提出了关于社会组织系统的 AGIL 理论。他认为任何一种存在的社会系统，客观上都有如下特征：①它有一个内部状态和外部环境的问题；②一个社会系统在构建其行为活动时，必须具有一个区别于其他社会系统的目标因素或手段因素。因此，一个社会系统客观上存在着两套关系：一是整个组织体系内部关系以及与外部环境的关系；二是整个组织体系与目标的关系以及与其目标相关性的手段之间的关系。这两套关系是客观存在的，也是任何社会组织体系带有的规律性特征。[①] 这种规律性正是 AGIL 理论的研究依据。而我们之前讨论的跨文化人力资源管理系统正是这样一种社会组织系统，因此我们在建立 TCHRM 模型时可以借鉴这一研究成果，将其运用到合资企业这一特殊的社会组织中。

所谓 AGIL 是指组织（企业）的四项功能，即适应功能（Adaptation）、目标实现功能（Goal attainment）、整合功能（Integration）和模式维护功能（Latency）。所谓适应功能是指组织体系确保其从外部获得必要的人力、物力和财力支持，并通过这些因素在组织体系内的合理配置来保持与外界相适应的关系。目标实现功能是指组织体系对目标达成的满足以及如何确定多元目标的优先次序。整合功能是指如何整合体系中各组之间以及个人之间的关系并使之成为一个功能性整体。模式维护功能是指如何运用组织的一些规范和价值观体系来确保组织运转的连贯性和一致性。上面介绍的四种功能是任何组织都不可缺少的，而且在组织中的运作也不是单方面的和孤立的，而是相联系和相互的。基于以上几点，我们认为 AGIL 理论是整体的、辩证的和功能全面的理论。这四种功能的相互关系，如图 5－8 所示。

---

① 杨著：《个人策略与社会结构——制度的演化理论》，王勇译，格致出版社 2008 年版。

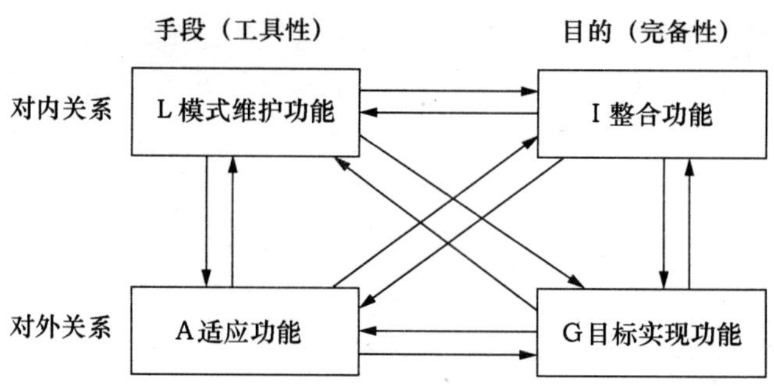

图5-8　AGIL功能关系

在合资企业建立有效的跨文化沟通模块时，运用AGIL理论可以帮助经理人员对其管理理念进行功能性分析，并且作为选择和确定跨文化沟通内容的依据。同时也可以减少操作过程中的主观性和盲目性，避免管理者做出符合自身利益和缺乏事实依据的随意选择。

在合资企业核心员工人力资源管理的四个具体活动中，跨文化沟通是否有效是影响其行为的重要因素，特别是对管理者管理行为的影响。跨文化的沟通是否有效还影响到核心员工与其下级员工、内部之间以及与上级之间的人际关系。由于合资双方具有不同的文化背景，核心员工的人力资源管理的文化差异也在各个方面体现出来，如招聘管理、培训管理、绩效管理和薪酬管理等。人力资源管理的$4P_S$活动是激励合资企业核心员工的主要手段和措施，如果合资企业的整个管理活动过程因为跨文化沟通的失败而无法协调的话，合资双方就可能无法继续合作（见图5-9）。

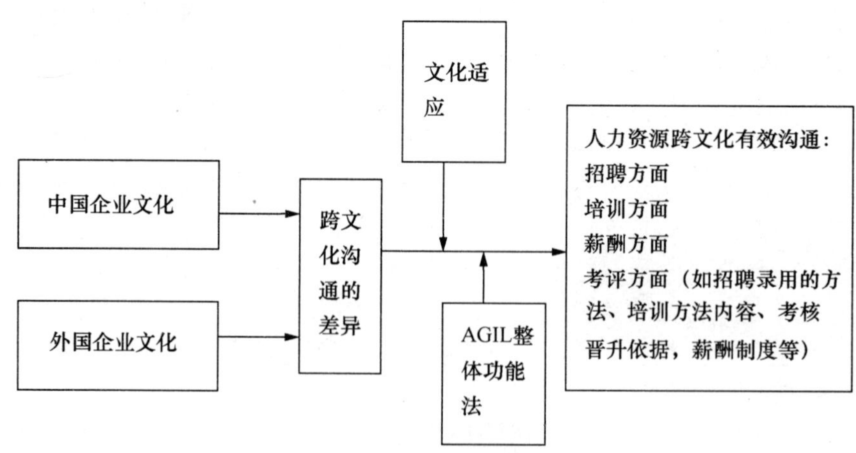

图5-9　TCHRM跨文化沟通层面

因此，合资企业的管理重点应该是使得跨文化沟通层面达到有效和一致，其具体做法是在跨文化有效沟通的基础上建立指导原则和思想一致的核心员工招聘制度、培训制度、薪酬制度及考核制度。只有依靠核心员工跨文化的有效沟通，才能保证合资企业统一的管理制度和统一的企业文化的建立。

2. TCHRM 模型统一的管理制度层面与核心员工 $4P_S$ 活动

有效的跨文化沟通使得文化融合得以实现，而文化融合的结果需要相应的制度、规范甚至法规的形式体现出来，统一的管理制度就是合资企业不同文化得以融合的具体体现，对企业的管理机制和人力资本的运营起到决定性的作用。

文化背景的差异导致管理理念和方法的不同，种族优越感使得双方都想把自己的管理制度作为合资企业统一的管理制度，这种做法显然是不行的，它必然会产生很多矛盾和冲突。任何组织都只能有一套统一的管理制度，合资企业也不例外，在前期有效的跨文化沟通的基础上，这种管理制度的建立是可行的，中外双方依据认同的统一的管理制度处理问题，有利于消除因为文化差异而导致的冲突和不和谐。同时，通过固定工作程序，有利于合资企业内部官僚作风和随性而为、不负责任的工作态度的滋长，培养员工强烈的法制观念和严谨的工作作风。因此，建立在有效跨文化沟通基础上的统一管理制度对员工的约束力和控制力是企业连续性和一致性经营的保证。例如加强统一的员工职业生涯规划制度和人力资源规划制度，就是从管理制度上的保证。但是仅仅从制度上保证是不够的，例如许多国有企业的人力资源管理部门只是将原来的人事科改成人力资源管理部门，显然没有实质性的改变。

在TCHRM 模型中，首先要识别和认识到中外双方在管理制度方面存在的差异，在有效沟通的基础上，运用 AGIL 理论进行管理制度的功能性选择，最终在人力资源管理方面形成统一的管理制度。将统一的管理制度功能模块作以下描述，如图 5－10 所示。

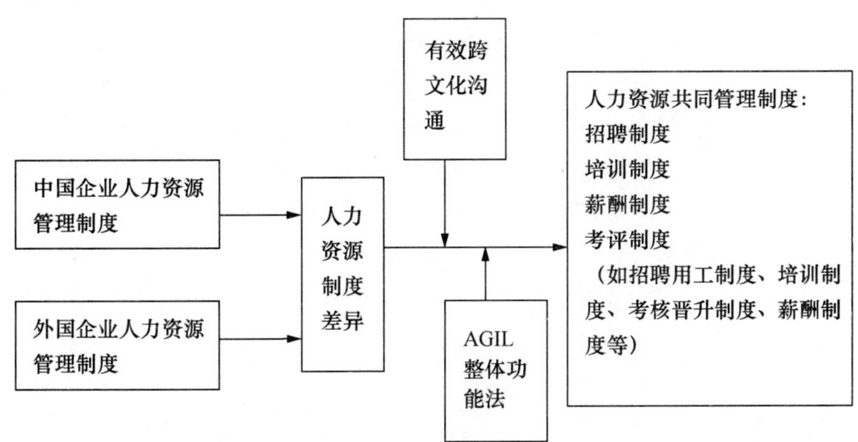

图 5－10　TCHRM 共同的管理制度层面

统一的管理制度使得合资企业在核心员工的招聘和使用制度上，真正具有实权，可以通过外部公开招聘和内部考核等多种方式来招聘人才，然后通过劳动用工制度的调整，使得企业的用工制度处在一个公开的系统中，排除了人为的因素；同时制定人力资源规划制度，使用工具有计划性，避免遭受巨大的劳动力管理成本和用工培训计划中断的压力；注意评价员工的综合素质，在重点考察员工实际专业能力的同时，还要对其非专业能力进行考察；要做到岗位责任明确，专业分工清楚，对常规问题的处理都要有明文规定的程序和政策，防止权责不分和互相推诿的现象出现。在晋升和绩效考核制度上，企业不仅要考虑员工在企业的服务年限，更重要的是要考虑员工的能力和贡献，并且将能力的提升和绩效作为两个最重要的指标。应该致力于避免企业内部论资排辈现象的产生，使有能力和高绩效的员工获得晋升。建立工作考核评价管理系统，针对不同分工的员工采用个人绩效考核和团队绩效考核相结合的方式进行，在既强调团队集体主义精神的同时，也应该注重个人的价值以及对组织的贡献。无特殊原因时，应该多从内部选拔员工，因为这样有利于员工积极性的提高和加强对企业的忠诚度。在员工的培训上，应该建立完善的人力资源培训制度，并且进行适时的调整，为企业的发展培养合适的人才。因此，合资企业应该建立长期的、连续的、可调整的人力资源培训制度，满足企业发展的需要。

总之，在跨文化有效沟通的基础上，合资企业核心员工的人力资源管理应该具体在企业统一的管理制度上，虽然合资企业不同文化背景的双方管理理念和方法存在着差别，但由统一的管理制度管理、约束、激励和衡量员工行为为企业的日常管理提供了标准和尺度。统一的管理制度为人力资源各项政策的实施提供了保证。只有在具体的、统一的管理制度中对日常的工作行为进行规范和界定，才能实现核心员工真正意义上的公平和激励。

对合资企业核心员工的管理具体来说就是人力资源管理。人力资源管理是一门实践性很强的管理，不仅要求有管理观念和制度，还必须有一套将其付诸实施的技术和方法。严格意义上来讲，管理技术和方法也是管理制度的一部分。由于人力资源管理技术具有实用性、可操作性的特点，所以统一的管理技术层面在TCHRM模型中也具有很重要的地位，也是其中最具操作性的层面。随着中国特色社会主义市场经济的进一步发展和人力资源管理对企业重要性的增强，我国的人力资源管理技术也取得了很大的发展。计划经济下的劳动人事管理主要采用指令性或命令性的方法，手段主要是管、卡、压的时代已经过去。现代企业的人力资源管理要求采用市场化的方法，实现人才的自由流动，主要以柔性管理为主。现代是信息不断更新、知识大爆炸的时代，为了适合新形势迅猛发展的需要，许多管理学者综合运用管理学、心理学、经济学、领导科学和行为科学等学科原理，直接将研究的成果通过适当修改运用到企业人力资源管理中去，这些新技术包括现代企业实施的战略管理、目标管理、柔性管理、心理与素质测评方法和现代沟通技术等。科学技术，尤其是操作性强的工程技术具有极大的跨文化移植性。

大量事实表明：具有健全人力资源管理实践的组织（例如，科学的招聘技术、有效的测评和挑选程序）与那些不健全的组织相比，年利润、利润增长和整体绩效水平都比较高。[①] 总之，统一的管理制度是实现统一的管理技术和方法的保证，而统一的管理技术和方法是实现统一的管理制度的平台和支撑，在合资企业的管理技术和方法运用方面，我们应该鼓励积极吸引外方先进的管理技术和手段，使之与中国的管理水平、管理制度和管理手段相结合，提高企业的成本节约能力和工作绩效。例如，笔者在合资企业进行企业文化差异问卷调查时也同样了解了其管理的技术水平情况，其中有将近50%的合资企业将中外方的管理制度、管理技术与方法做了科学的结合。这些合资企业不仅有严格的管理制度，而且还通过计算机、网络等现代科学技术将其具体到可操作的电脑技术平台，实现“无纸化办公”，并且还形成局域网络办公平台，企业的会议、上下级之间的沟通、新闻的发布都可以通过这个平台进行。拥有电脑技术和网络平台的各个部门的具体工作都交由相关的软件来处理，如财务管理软件、薪酬管理软件、数据录入软件、培训考试系统等，原则上这些软件是归各个部门管理和控制的，但同时它也很方便各部门进行信息共享，在今天这样一个竞争激烈的时代里方便了企业管理者及时、快速地获得第一手材料，从而为企业做出快速的、全面的决策，把握住市场机会。科学合理的管理技术和手段可以最大化地利用计算机和网络技术将在异地办公的员工纳入到自己的管理体系中来，实现时间上的协调统一。也可以将原本由跨文化有效沟通为基础形成的统一管理制度程序化、规范化，为统一的管理制度形成提供技术支持。

3. TCHRM 模型统一的企业文化层面与核心员工 $4P_S$ 活动

许多企业家、专家、学者从不同的角度对企业文化做了阐述，有的从企业个性的角度将企业文化分为专权型、民主型、法理型、伦理型和权变型；有的认为企业文化是企业持续经营的根本，认为企业面临什么危机都不可怕，可怕的是面临文化危机；有的人将企业文化定义为企业宗教，是员工的精神依托，其约束着每一位员工的行为；还有的认为企业文化支撑着企业的形象，它以企业的价值观为基础，以企业组织结构系统和物质系统为依托，以企业员工的团队精神和员工的活动为表现，构筑企业自己独有的生产经营理念和服务风格。它包括企业目标、企业价值观、企业使命和企业精神。

① 赵曙明、冯芷艳、刘洪：《人力资源管理研究的新进展》，南京大学出版社2002年版，第249～265页。

企业文化以企业精神和管理哲学为核心，全体员工是其工作对象，规章制度是其载体，通过宣传、培训、教育、合作和娱乐等方式规范员工的行为，统一员工的意志，凝聚员工的力量，为企业的目标服务。可以说，企业的文化是价值观、理想、信念行为准则和最高目标等内容的综合体，是一种精神的东西，它可以激发员工的潜力，使之为企业的持续发展作出最大的贡献。企业文化通常是由物质、制度和精神三个层面构成。企业文化的第一和第二层内容较具体，很容易表现出来，而第三层次的精神很抽象，不容易通过某种方式表现出来，但是它才是企业文化的灵魂，寓于各种具体的实体中，其表现为企业的伦理观念、企业精神、企业使命和企业价值观等，表现出来的是精神形态。

企业使命主要指企业的社会使命和经济使命。企业是社会的有机组成部分，除了需要满足自身生存和发展的需要外，还应该满足社会对企业的需求。企业必须与外部环境达到和谐相处，实现双赢，才能获得持续的发展，并且树立起良好的社会形象。所以企业在追求利润最大化目标时，必须考虑到自身的社会使命，这样才能获得长足的发展。比如日本的松下公司从社会的层面将自己的使命定义为通过生产、再生产，使那些很有价值的生活物质变得像自来水那样丰富和廉价，能无穷无尽地供应给社会。

企业的价值观是指企业员工在企业共同愿景、使命和目标下形成的价值观体系。作为一种意识形态，它会影响企业的一系列行为：控制和调节员工的兴趣、情绪、态度和意志，决定员工的价值观、信念，规范员工的行为，影响企业目标的实现。如日本丰田公司则以“从不模仿别人”、“经常保持幻想与朝气”的价值观来建立企业的形象；德国大众汽车公司通过建立“坚定、自信、前进”的价值观塑造形象。企业的价值观是企业文化的核心部分，即使企业的员工不断更新，这些价值观也会保持和延续下去。从这一点讲，企业的文化是很稳定的东西，很难改变。正如先哲老子说的，“天下万物生于有，有生于无”。企业价值观的表现越简单和具体，就越容易被大家理解和接受。海尔总裁张瑞敏曾经说过：“企业中起关键作用的少数制约着处于从属地位的多数。”因此，企业文化的灵魂就是企业高层领导的世界观、价值观和行为准则的外在体现。“市场链”、“日清日高”、“追求卓越”等，就是张瑞敏做事雷厉风行、办事灵活和追求完美的鲜活体现。企业文化体现在两个方面，一是高层管理者的综合价值观和行为方式；二是要做到简单易懂。只有这样才能被员工领会和执行。

企业精神是指建立在统一价值观和信念的基础上，极具特色的群体意识。它是通过引导、宣传、培训、示范和员工积极参与与配合，在长期的企业实践中形成的一种意识，是企业价值观的体现。这种企业精神一旦被员工理解和接受，企业就会形成凝聚力和向心力。所以说企业精神是组织的灵魂，塑造着企业的形象。正如劳伦斯·米勒在《美国企业精神》一书中论述“卓越原则”时指出的：“卓越，并非一种成就，而是一种精神。卓越精神掌握了一个人或一个人的生命与灵魂，它是一个永无止境的学习过程，本身就带有满足感。”

各个国家或民族因为文化背景和环境的差异导致价值观方面存在着差别。企业价值观是企业个性的核心部分，它显著地影响着员工个体和企业的行为。任何一种管理理念和技术都不可能是完美的，也不可能适合于每个企业。某一种特定的价值观与某一种特定的生产方式和管理实践相结合，在特定的时间和特定的组织中有其存在的依据。从跨文化研究的角度来看，中、日、美三国企业的管理理念差异很大。我们不能一概地说某种管理理念好或某种不好，只有适合企业本身的特点，适合企业实际的运营情况，我们才能说这种管理理念是合适的。因此在构建 TCHRM 模型时，我们应该把管理上的不同文化看做一系列文化要素，根据企业的目标、经营环境和人力资源管理现状从中选择几个合适的要素，将这几个要素组合成合资企业统一的经营管理理念，结合实际的运用情况，进行取舍和优化，最终形成合资企业自己统一的价值观。这一过程必不可少，它是合资企业构建 TCHRM 模型的前提和基础。比如在上海大众统一管理文化的形成过程中，正是将建立统一的价值观放在首位的。① 中外双方认识到只有理解双方在管理观念上的差异，通过有效的沟通和交流，才能形成统一的、双方认同的合资企业经营管理理念，通过双方遵守统一的企业价值准则，协调工作上的不和谐，才能使企业运行机制处于最佳状态。

但是在短期内是不可能形成统一的价值观的。因为价值观是文化传统、社会风俗、习惯长期积淀所形成的价值评判标准，具有相对的连续性和稳定性。统一的价值观是在不同的价值观相互对抗、磨合，最后相互妥协的运动过程中形成的，最后经过组织的实践才最终确定下来的。价值观之间的冲突是合资企业文化中最本质、最典型的冲突和矛盾。从文化发展的角度来讲，文化冲突发展的最终结果必定不是一种文化被另一种文化所同化或消灭，也不是两者独立运行，不相往来。而是走向文化的融合，这就是合资企业可以形成统一价值观的依据。

企业文化形成或发展实质上是一种人力资源管理制度或公司制度的建设。人力资源管理是企业文化建设的核心部分，没有人力资源管理或人力资源管理无效，企业文化就会失去生存和发展的源泉。而企业文化则是人力资源管理的灵魂。所以，应该建立完善的人力资源管理政策，提高整个公司人力资源管理的运作效率，努力培育和发展积极向上、精诚合作、忠诚的、相互协作的企业文化。正如《美国制造》一书的作者说的那样：“可以发现那些成绩最好的企业，满足

① 王容钧、韦尔克纳：《建立起不同文化背景下的合资企业管理文化》，《中国青年报》，1990（4）：23。

其改善产品质量和市场灵活性所要求的、具有一定敬业精神、责任心和知识，并不是依靠在人力资源管理政策上表面形式的改进就能得到的。”简而言之，人力资源管理需要一种理念即使命、目标或价值观去激励和约束员工的行为，而这种理念以公司的人力资源管理政策稳定下来，作为员工的行动指南。

本书构建的 TCHRM 模型中的统一的企业文化层面，首先要了解中外企业人力资源管理理念的差异。因为文化冲突是由文化差异引起的，所以要协调这种冲突必须首先对文化差异进行识别。然后，使用 AGIL 整体功能分析法进行企业文化要素的选择，这样可以提高 TCHRM 模型的客观性和科学性。在对不同企业文化共性认识的基础上，根据现实环境的要求和企业的战略目标建立起企业人力资源统一的企业文化观念。将统一企业文化层次模块描述，如图 5 - 11 所示：

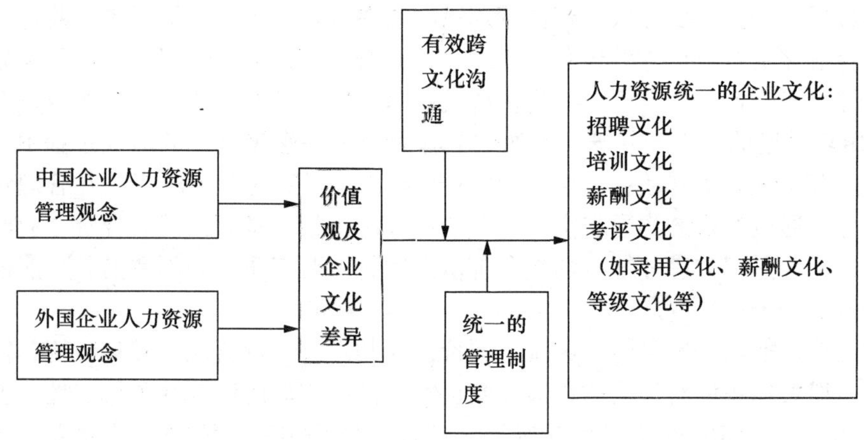

图 5 - 11　TCHRM 模型共同企业文化层面

在构建合资企业核心员工统一的企业文化层面时可以将抽象的企业文化具体转化成对核心员工人力资源管理的四个具体活动来实现。企业文化是塑造员工行为的主要因素，核心员工的行为也受其影响和约束。合资企业核心员工的招聘管理在遭遇文化差异时主要表现在以下几个方面：聘用核心员工的渠道差异、甄选核心员工的标准差异、招聘考核核心员工的程序差异、招聘面试核心员工的流程差异等。同样对核心员工的培训上也存在着差异，合资企业核心员工在培训管理方面遭遇到的文化差异表现在以下方面：培训核心员工的方式差异、培训核心员工的标准差异、培训核心员工的流程差异、培训核心员工的目标差异等。同样，合资企业核心员工在薪酬管理方面遭遇的价值观差异表现在以下方面：核心员工的薪酬给付方式差异、核心员工的薪酬给付标准差异、核心员工的薪酬激励效用差异、核心员工的薪酬给付流程差异等。而对核心员工的考评管理活动也是这样，主要表现在：核心员工的考核方式差异、考核标准差异、核心员工考核者差异、核心员工考核流程差异等。

人力资源 $4P_S$ 活动是合资企业激励核心员工具体的管理手段和措施，如果整个的管理活动因为员工之间的文化差异而无法协调和统一，甚至中间某个细微的环节出现问题，都会导致员工工作不顺畅，出现心情不舒畅和不满情绪，进而导致核心员工工作积极性锐减，影响工作绩效，员工内部将出现新的矛盾和冲突，最终导致合资双方无法继续合作，影响企业经营的成败。

所以，合资企业的最终目标应该是在企业文化层面上达成统一和一致，反过来在企业文化的指导下开展核心员工的招聘、培训、薪酬及绩效考核管理制度建设。管理制度的统一又会促进更加有效的跨文化沟通。只有企业文化、管理制度、跨文化沟通三位一体高度融合才能打造更加高效的合资企业核心员工的跨文化管理绩效。

第六章

合资企业核心员工 TCHRM 跨文化管理模型检验与实施

第一节　合资企业核心员工 TCHRM 模型效度检验及因子分析

一、TCHRM 模型检验

本书在第四章中对合资企业文化差异问卷调查结果进行了比较。为了对构建 TCHRM 模型进行验证，现在选择其中一组调查结果运用 SPSS 软件进行分析，调查结果涉及 11 个变量，见表 6－1：

表 6－1　调查结果变量

编号	项目
X1	公司中存在文化差异
X2	多元文化给你的工作带来压力
X3	更倾向于求助管理制度解决问题
X4	外国管理文化优于中国管理文化
X5	多元文化的存在影响到你的行为模式
X6	文化融合有利于公司的管理
X7	上下级之间存在不可逾越的界限
X8	宁愿放弃休息也要工作
X9	人际关系很重要
X10	为了尝试新事物而冒险
X11	文化融合不容易做到

分别对中外方员工调查结果进行描述统计分析，输出每个项目的均值和标准差，中方员工调查结果统计分析数据具体见表6－2，对外方员工的调查结果描述统计分析见表6－3。

表6－2　中方员工调查结果统计分析数据

	N	Mean	Std. Deviation
X1	117	4.34	1.267
X2	117	3.83	1.778
X3	117	2.95	2.289
X4	117	2.54	2.303
X5	117	3.45	2.045
X6	117	3.62	1.934
X7	117	3.57	1.958
X8	117	2.7	2.155
X9	117	3.85	1.811
X10	117	1.52	2.099
X11	117	4.09	1.518
Valid N (listwise)	117		

表6－3　外方员工调查结果统计分析数据

	N	Mean	Std. Deviation
X1	81	4.46	1.119
X2	81	3.96	1.742
X3	81	4.33	1.313
X4	81	3.78	1.857
X5	81	4.04	1.577
X6	81	3.33	2.104
X7	81	1.26	2.066
X8	81	1.62	2.234
X9	81	0.94	1.839
X10	81	3.19	2.151
X11	81	0.68	1.588
Valid N (listwise)	81		

为了简化项目，接着对这11个项目进行因子分析，采取主成分分析，并采取正交旋转，分析结果如表6－4。

表6－4展示了KMO和Bartlett球形检验结果。中方与外方KMO值分别为0.847和0.769，Bartlett球形检验的X^2统计值的显著性概率是0.000，说明这11个变量具有相关性，进行因子分析是可行的。

表6－4 KMO和Bartlett球形检验结果

中方		
Kaiser－Meyer－Olkin Measure of Sampling Adequacy.		0.847
Bartlett's Test of Sphericity	Approx. Chi－Square	1583.345
	df	55
	Sig.	0.000
外方		
Kaiser－Meyer－Olkin Measure of Sampling Adequacy.		0.769
Bartlett's Test of Sphericity	Approx. Chi－Square	819.599
	df	55
	Sig.	0.000

表6－5给出了提取公共因子前后各变量的共同度，从Extraction一列的数值可以看出，各个变量的共同度比较大。说明变量空间转化为因子空间时保留了比较多的信息，说明因子分析的效果是显著的。

表6－5 提取公共因子前后各变量的共同度

中方			外方		
	Initial	Extraction		Initial	Extraction
X1	1.000	0.441	X1	1.000	0.859
X2	1.000	0.839	X2	1.000	0.855
X3	1.000	0.805	X3	1.000	0.879
X4	1.000	0.886	X4	1.000	0.849
X5	1.000	0.847	X5	1.000	0.792
X6	1.000	0.841	X6	1.000	0.849
X7	1.000	0.845	X7	1.000	0.856
X8	1.000	0.858	X8	1.000	0.738
X9	1.000	0.825	X9	1.000	0.859
X10	1.000	0.567	X10	1.000	0.796
X11	1.000	0.710	X11	1.000	0.705

Extraction Method：Principal Component Analysis.

因子分析的总方差解释见表 6－6：

表 6－6　因子分析的总方差解释

中方

Component	Initial Eigenvalues			Extraction Sums of Squared Loadings			Rotation Sums of Squared Loadings		
	Total	% of Variance	Cumulative %	Total	% of Variance	Cumulative %	Total	% of Variance	Cumulative %
1	6.461	58.740	58.740	6.461	58.740	58.740	5.044	45.858	45.858
2	2.004	18.215	76.955	2.004	18.215	76.955	3.421	31.098	76.955
3	0.852	7.744	84.699						
4	0.610	5.547	90.246						
5	0.414	3.766	94.012						
6	0.228	2.072	96.085						
7	0.190	1.732	97.816						
8	0.111	1.010	98.827						
9	0.078	0.706	99.533						
10	0.029	0.261	99.794						
11	0.023	0.206	100.000						

外方

Component	Initial Eigenvalues			Extraction Sums of Squared Loadings			Rotation Sums of Squared Loadings		
	Total	% of Variance	Cumulative %	Total	% of Variance	Cumulative %	Total	% of Variance	Cumulative %
1	5.019	45.628	45.628	5.019	45.628	45.628	3.542	32.197	32.197
2	2.781	25.284	70.912	2.781	25.284	70.912	3.161	28.740	60.936
3	1.237	11.247	82.158	1.237	11.247	82.158	2.334	21.222	82.158
4	0.667	6.065	88.223						
5	0.472	4.292	92.515						
6	0.212	1.929	94.445						
7	0.198	1.796	96.240						
8	0.155	1.406	97.646						
9	0.123	1.118	98.764						
10	0.081	0.736	99.501						
11	0.055	0.499	100.000						

Extraction Method: Principal Component Analysis.

在因子分析的结果中，中方和外方分别有两个因子和三个因子的特征值大于1，因子的特征根分别累计解释了总方差的76.955%和82.158%。说明了本问卷具有良好的结构效度。保留这些特征值大于1的因子。

在因子负载中，保留因子负载绝对值大于0.7的因子，并把因子负载矩阵重新排序，使得在同一个因子上，有较高负载的变量排在一起，结果见表6－7旋转后的因子载荷矩阵。

表6－7　旋转后的因子载荷矩阵

中方			外方			
Item	Component		Item	Component		
	1	2		1	2	3
X2	0.879		X2	0.71		
X5	0.773		X4	0.849		
X6	0.803		X5	0.797		
X7	0.79		X6	0.888		
X9	0.902		X10	0.844		
X11	0.843		X7		0.904	
X4		0.897	X8		0.804	
X8		0.921	X9		0.922	
X10		0.751	X11		0.829	
			X1			0.923
			X3			0.912

二、研究结论分析

对研究结果的分析讨论：为了便于更好地解释因子，笔者对因子分析的结果进行了微调，把调整后的各变量重新归类，并对各因子定义如下：

1. 跨文化沟通的变化

表6－8中所列五项依次描述了外方员工进入合资企业对跨文化沟通关注度的改变。其特征值为3.542，共解释了方差变异的32.197%。中方员工进入合资企业后对跨文化沟通关注程度的变化其特征值为5.04，共解释了方差变异的45.858%。说明对跨文化沟通认识是变化最明显的方面。

表6－8　跨文化沟通变化因子

X2	多元文化给你的工作带来压力
X4	外国管理文化优于中国管理文化
X5	多元文化的存在影响到你的行为模式
X6	文化融合有利于公司的管理
X10	为了尝试新事物而冒险

合资企业跨文化沟通是实现管理有效最基本的方法和手段。当合资双方意识到文化差异存在时，沟通才是解决冲突和矛盾，实现有效管理的重要途径。由于合资企业内部不同文化背景的存在，使得在管理理念、处理问题的方式和价值观等方面有很大的差异，这些差异很容易成为员工之间发生矛盾和冲突的“导火索”。许多合资企业的外方的核心员工在进入合资企业工作之前已经认识到了这一点，文化的差异可能会导致他们与派遣地上级或员工沟通出现不畅，可能导致很多母公司的决策在合资企业无法有效实施，这无形中给其增加了很大压力。中方核心员工由于具有本地文化背景，所以在与供应商、客户和当地政府交往时，优于外方员工，这是其优势，但是与外方员工的合作仍是他们比较头疼的问题，因为如何与外方员工有效地合作关系到双方合作的走向，也无法充分地引进先进的技术和管理经验。

有效的跨文化沟通的良好结果是在制度上予以固定或规定，就跨文化沟通的本身的特点和整个过程而言，当进行跨文化沟通时，核心员工的行为就开始改变了。特别是当合资双方员工认识到有效的跨文化沟通对企业的经营和发展有利时，人们愿意接受新的冒险和尝试。

2. 管理制度的变化

表6－9中所列两个项目描述了外方员工进入合资企业后对管理制度关注程度的变化。其特征值为2.334，共解释了方差变异的21.222%。说明合资双方对于建立统一的管理制度方面有着明显的变化。不同的管理制度在合资企业内达成一致表明双方对彼此的文化认同的开始。双方进行文化选择后，开始寻找适合合资企业的统一价值观的文化内容。要使这些不同的文化因素合理、有效地组合在一起，使其价值观体系真正贯彻在合资企业的管理中，文化适应的过程还要继续。库尔特·利温曾提出组织发展三步走模式，即解冻（Unfreezing）、改变（Changing）、重新冻结（Refreezing）。① TCHRM模型中统一管理制度的形成也要经历这三个步骤。而文化的融合使得选择好的合资企业统一管理制度重新冻结，

① Kurt Lewin. Field Theoryin Social Sciences. New York：Harper & Row. 1951.

表 6-9 管理制度变化因子

X1	公司中存在文化差异
X3	更倾向于求助管理制度解决问题

使其成为一个固定的、相对稳定的行为规范准则和标准。文化融合是文化选择必然产生的结果。文化融合是在文化选择的基础上进一步强化文化意识，是文化要素和机制在新的文化观念驱动下重新整合和固定。“一种社会组织，特别是一个企业，为了生存的需要，组织成员之间在社会—情感方面要有最低限度的结合。”① 作为文化的主体，合资企业内部不同文化之间的融合对合资企业的生存和发展具有重要的意义。文化融合的功能表现在以下几个方面：

（1）从组织动态发展角度看，文化认同是合资企业运作的推进剂。特定的文化是建立有效跨文化管理的前提之上的，即不同文化要素之间的相互认同、融合。不同的文化要素和文化模式经过选择、冲突与对抗、磨合、认同、相容，最后被规范化、制度化，为跨文化管理奠定文化基础，从而使组织中的个体具备在心理层面上了解每一种具体管理行为的能力，强化个体之间以及个体与组织之间的相关度。

（2）从组织结构而言，文化融合是合资企业的黏合剂。合资企业受特定文化模式的影响，组织的文化以多元文化背景和主体为依托。在这种具有文化意义的组织里，如果没有不同文化之间的认同和融合，或缺乏统一文化的塑造，势必会减弱整个组织的系统性和和谐性，影响企业的生存和发展。因此，文化之间的融合有利于合资企业真正形成文化意义上的意识、文化的归属感和利益感，从而促进整个组织的和谐。

（3）文化融合是文化群体中基本的价值取向。在各种条件的作用下文化之间的融合具有相对的稳定性。文化融合是合资企业建立、存在和发展的凝聚力。由于一致的认同，可以把具有不同文化背景的员工在特定的意义和条件下组织起来，形成一个具有统一价值观的文化整体。

与组织的再造类似，合资企业统一的管理制度的构建也会经历解冻、改变、再冻结的过程。在建立有效的跨文化沟通的基础上，合资企业会初步构建一套切实可行的管理制度，经过在组织内部的发布、执行再重新修订和调整，不断地完善，从而形成相对固定或稳定的模式对合资企业管理进行指导和约束。

3. 企业文化的变化

不同的文化没有绝对的优劣之分，每种文化思想以及行为模式都有其特定条

① 刘光明：《企业文化》，经济管理出版社 2006 年版。

件下的适应能力和存在价值。人们往往比较注意文化差异带来的负面影响，而不能见到其积极的一面。表 6－10 描述了外派员工进入合资企业在对待企业文化方面态度发生的变化。其特征值为 3.161，共解释了方差变异的 28.74%，说明了外派人员在企业文化方面的认识较为明显。实际上，现代企业面临的内外部环境变得日益复杂和不确定，特别是跨国界的生产与经营，早已超越了单一文化影响下的地理空间，从这点来讲，我们的企业经营已经进入多元文化影响的时代，只不过对不同的企业和个体来讲，这种影响在深度、广度、时间上存在差异而已。很明显，如果企业的经营管理者和员工能够正视这种情况的到来，以积极、乐观、开放的心态，抱着学习的态度去了解不同文化和思想，学习它们的长处，突破自己国家或民族文化的局限性，这样会大大增强自己在多元文化条件下的生存能力，才能让企业长期、持续地经营下去。即使我们企业的经营仍在单一文化背景下进行，这并不意味着我们能够“闭门造车”，也并不意味着我们的管理思想、处事方式等能够保证具有最大的效率，有时候吸收一些国外文化思想可能会更好地使我们对现在的行为进行思考。

表 6－10 企业文化变化因子

X7	上下级之间存在不可逾越的界限
X8	宁愿放弃休息也要工作
X9	人际关系很重要
X11	文化融合不容易做到

整合同化理论是实现文化融合最有效的理论和方法。整合同化理论（Integration Assimilation Theory，IAT）是将企业多元的价值观经过整合转变成为大多数员工认同的统一价值观念，即企业核心价值观，并为所有员工接纳。整合（Integration）是指合资企业主动对内外部资源进行组合，在求同存异的基础上，将企业的多元价值观协调组合成大家都愿意接受的统一的、新的价值观。显然它来源于多元文化价值观，但是又高于多元文化价值观；同化（Assimilation）是组织对统一价值观进行确认，并使其成为绝大多数员工认同的观念。①

在认识到多元文化间的差异是中外合资企业重要的资源后，我们可以通过以下方式或路径对这种差异积极、合理、有效地加以利用。

（1）当碰到管理难题时，注意不同文化下的企业管理者是如何处理的，这

① 俞文钊、严文华：《整合同化理论与跨国公司的跨文化管理》，《人类工效学》2000 年第 4 期，第 18～24 页。

样能够增加我们处理此类问题的方法，同时也能开拓我们的思维。

（2）以合资对方企业（或其他先进的同类企业）为蓝本，看看自己在经营管理方面与它们相比存在哪些问题，并对造成这种差距的原因进行对比分析。惯性的思维，对事物进行封闭性的分析使我们对于自身存在的问题熟视无睹，或根本无法发现问题，只有通过对比分析才能看到自己的短处与长处。

（3）当合资双方在处理同一个问题发生冲突时，不要急于去说服对方认同自己的处理方式，而应该冷静下来，从客观的角度去分析不同的处理方式可能会导致什么样的结果，以及这种结果对企业的经营会产生什么样的影响，各种观点中哪些是有益的，哪些是无益的。最后综合各方观点中对合资企业有益的成分，这才是最好的处理方式。

通过对多元化优缺点的认识和学习，从事跨文化管理的管理者一定要充分地认识到组织文化多样性对企业经营管理的利与弊。只有当管理者认识到了文化多样性及其对组织的有益之处，才能充分利用这种文化的多样性，而不是漠视或消除文化的多样性。只要采取适当的文化多样性的管理策略，文化多样性在提高组织绩效、增加收益和增强组织竞争力等方面的优势才能发挥出来，使得文化因素成为企业利润增长的一个关键因素。在具体的跨文化管理过程中，要建立有关多样性的计划：①认同和尊重彼此间的文化差异；②正确看待组织中所有层面的多样化；③鼓励不同观点和差异的存在；④营造机会平等的氛围；⑤建立与多样化员工队伍相适应的工作准则；⑥公司提供多样化的工作环境。

一般人们在进行文化选择时，只会选择外来文化中那些与自己文化价值观相契合的要素和内容。国内许多企业都从自身的管理理念出发，按照自己的文化价值观吸收国外那些先进的管理观念。但是，很多个案表明，由于文化的惯性诱导和自身利益的迁就，往往使管理者进行文化选择时，根本看不到对方文化的优点，或者即使看到了优点，也不愿意放弃自己的文化习惯和处事方式，而去接受一种需要花时间去理解的、全新的理念。这样的心理严重阻碍了合资企业的发展。因此，要构建 TCHRM 模式，形成统一的价值观，管理者必须转变观念，进行客观和理性的分析，即把自己的文化和外来文化进行比较，发现外来文化的优势和自身文化的劣势，而不是以组织自身的主观偏好作为评价的唯一标准。这种理性选择建立在两条基本原则之上：

（1）在了解自身文化的基础上去理解外来文化；当对组织自身的文化内核和文化结构的演变及其优缺点有一个清楚的了解，能够使我们在进行理性文化选择时获得识别自身文化与外来文化之间的差异的参照系。

（2）增强“文化移情”意识。“文化移情”要求人们在某种程度上摆脱受自身文化的影响，避免由于种族中心主义或文化优越感所带来的单一文化标准的泛滥，既要摆脱自身文化的束缚，又要从另一个文化的视角去反观自己的文化，同时又能在文化差异方面采取一种超然的态度，而非盲目地落入外来文化的俗套之中。

新加坡的实践可谓是文化选择方面现实与远见的完美结合。例如新加坡政府在培养新型职工队伍上致力于建设一支融日本工人特色和德国工人长处的新型职工队伍。因为日本职工能够吃苦耐劳、忠于雇主；德国工人勤劳，且受到高度的正规训练。李光耀认为新加坡人善于学习，但很容易产生自满情绪，且经常认为自己什么都学到手了，实际上什么都没有学好。日本员工对企业忠诚度高，把自己的命运和企业的命运联系在一起，而新加坡人则热衷于发迹。在对德国和日本等国家的文化特点进行详细的分析和研究后，加之采取一系列措施，经过十多年的持续努力，使员工队伍的素质达到了预期的效果①。

本书构建的 TCHRM 模型贯彻了一种把所有管理基因都看做可借鉴的文化因素的思想。不同的文化之间存在某种共性的东西，管理也是一种文化，所以有些管理原则也是通用的。合资企业的管理者应该具有利用一切人类创造的优秀管理经验的勇气和能力，根据自己企业的特点和战略目标，选取相应的管理方法和原则。在构建合资企业 TCHRM 模式时可以借鉴 AGIL 功能分析方法，它可以使管理者在进行管理创新时，不会因为自己的个人喜好而随意取舍，进而提高了管理模式的客观性和科学性。而且，这种文化也会使合资企业构建的 TCHRM 模型更具操作性和实用性，具有广阔的应用前景。

第二节 合资企业核心员工 TCHRM 模型具体应用策略

一、有效跨文化沟通模块的实施

1. 增强中外双方核心员工跨文化沟通技巧

不同类型的文化差异可以运用不同的手段消除。中外方核心员工应该清楚双方文化差异的存在，并努力去了解对方的文化特征。管理理念、技能或方法的不同，产生的冲突可以通过沟通和学习改变。处事方式和生活习惯之间的冲突也可以通过沟通得到解决，但需要较长的时间。但是人们基本的价值观却很难改变。

① 赵曙明：《跨国公司在华面临的挑战：文化差异与跨文化管理》，《管理世界》1997 年第 3 期，第 76 页。

所以要对不同种类的文化差异进行划分，有针对性地解决冲突问题。

（1）彼此尊重。无论在哪种文化环境下，尊重对方个体、价值观和文化是与其进一步交流的前提。在尊重的基础上，对方愿意以信任、开放、积极的心态对待别人，这样能够减少不必要的紧张感，有利于双方的沟通与交流。所以相互的尊重不仅包括对人格的尊重，还包括对交流内容的尊重。

（2）实施文化敏感性训练，增强移情，善于换位思考和体验。文化敏感性训练的作用在于增强人们对不同文化差异的反应能力。具体的做法包括把具有不同文化背景的员工集中在一起进行文化的培训、角色扮演和情景模拟、到实地进行考察等，通过这些方式打破每个人心中的文化障碍和角色束缚。由于在特定的文化背景和环境下工作和生活，人们会产生特定的观念、想法以及行事方式，而作为一个外人是无法理解的。如果我们进行文化移情、换位思考，站在对方的角度去思考问题，从而能够很好地理解对方的想法，并及时地做出反应，那么双方的沟通就能变得顺畅很多。

（3）在善于倾听的基础上加强核心员工的沟通合作。所谓“听”，不单纯“听”对方讲话的内容，而且要“听”对方的言内和言外之意。听见、听清楚、听懂三者的内涵是不一样的。听见是指听者察觉到了外界传入自己耳朵里的声音；听清楚是指听者准确无误地察觉外界的声音，没有任何含糊的感觉；听懂是指听者准确地理解对方传达的信息。善于倾听，不仅要准确、完整地理解对方所要表达的含义，还要在听的过程中注意观察对方的肢体动作、表情和谈话的环境等，充分利用谈话情境在心理上对谈话者起安抚、鼓励和说服的作用，使双方在潜移默化中缩小和消除差距，达成理解和共识。①

合资双方在企业中应该相互理解与信任，平等合作、共同为企业的生存与发展贡献自己的力量。因此，合资双方在了解了彼此的文化差异后，应该努力探寻差异背后的深层次原因，实现沟通和协作，在求同存异的基础上寻求利益一致。中外双方可以采取日常会议、研讨会和联谊会等形式来增加彼此的沟通与理解。通过这种跨文化的沟通，中外方发现对方文化中优秀的文化因素，先进的管理理念，在互相理解和尊重的基础上将这些优秀的因素进行重新整合，使之为合资企业管理服务。而且通过沟通，合资企业完全可以利用这种多元文化的优势，改善企业的管理，并且提高企业的经营效益。

（4）反对种族中心主义。消除沟通的障碍就要反对文化优越感，文化优越感的实质就是对其他国家或民族的文化等缺乏了解和一种开放的心态，从而产生狭隘和偏见的观点，就像戴了一副有色眼镜一样，会阻碍员工进一步了解其他文

① 菲利普·R. 哈里斯、罗伯特·T. 莫兰：《跨文化管理教程》，关士杰译，新华出版社 2002 年版，第 35～38 页。

化，对跨文化管理来说是十分不利的。因为文化优越感是在母国文化的影响下形成的，不易消除。在进行跨文化管理中，要努力消除文化优越感给合资企业带来的负面影响，实现文化之间的理解和包容。

中外合资双方长时间在不同的文化背景下生活与工作，文化对其价值观和行为方式有很深的影响，所以我们不应该要求在短期内让彼此互相理解和信任，达成利益的一致。因此双方的沟通与融合是一个长期的过程，不应强求一致，急于求成，应该给双方一个适应和磨合的时间，实现软着陆，这样有利于缓和文化差异给企业的经营管理带来的危害。

2. 构建跨文化学习型组织

学习型组织是对原有观念、方法、习惯、技术和制度的一种突破，有利于合资双方站在一个新的角度看问题。学习型组织是美国 MIT 商学院教授、著名管理学家彼得·圣吉（Peter M. Senge）提出的新的管理理念。他认为，如今是一个信息大爆炸的社会，企业要想在社会大变革和市场经济大潮中生存和发展，成为学习型企业是组织发展的必然选择。也就是说，每个企业必须比竞争对手更快、更好、更有效地学习，从个人到整个组织实现学习再造，这样才能在竞争中立于不败之地。

学习型组织（Learning Organization，或译为学习型机构）是指通过培养弥漫于整个组织的学习气氛，充分发挥员工的创造性思维能力，而建立起来的有机的、高度柔性的、扁平化的、符合人性的、能持续发展的组织。这种类型的组织能够获得长期的、持续的学习能力，具有高于个人绩效总和的团队绩效。彼得·圣吉在《第五项修炼：学习型组织的艺术与实践》一书中，对学习型组织理论进行了全面而系统的介绍。[①] 该理论也被视为组织创新理论领域一个伟大的发现。因为它的研究目的在于如何创造一个动态的、高绩效的企业，即一个能够使员工全身心地投入并且愿意持续学习的组织。学习型理论的精华在于其五项修炼说。具体为：

第一项修炼：自我超越（Personal Mastery），它是整个学习型组织的基础。自我修炼的目的在于培养组织成员持续地追求自己终极目标的能力，引导组织的个人学会“如何在生命中产生和延续创造性能力”（彼得·圣吉，1995）。自我修炼对于组织中的每个成员来说，其作用是十分重要的，缺乏这一项修炼，整个组织的学习就无法进行。因此，个人的学习是组织学习的基础或起点。经过自我修炼，员工就会主动接受管理者的指挥，更加积极主动地、创造性地工作，从而使整个组织充满活力和创造性，这也是人力资源管理最终追求的目标。

① 彼得·圣吉：《第五项修炼：学习型组织的艺术与实践》，张成林译，中信出版社 2009 年版。

第二项修炼：改善心智模式（Improving Mental Models）。心智模式也就是我们认识事物的方法和习惯。彼得·圣吉认为，人们的语言和行为模式受多年形成的观念的影响，这种观念就是人们认识事物的心智模式或认知模式，也就是我们经常说的世界观或价值观。传统的心智模式对企业员工是一种束缚，使其无法对外界急剧的变化做出及时、快速的反应，同时也无法认识到变革对组织的重大意义，最终导致组织停滞不前，甚至失败。改善心智模式的目的在于使企业的高层管理者和员工树立一种危机意识，看清企业所处的状况，对外部和内部环境做出及时、准确的评估，采取有利于企业生存和发展的必要措施。其重要意义在于介绍和传播一种先进的心理修炼方法，而不仅是一种新思想的注入，对于合资企业的跨文化人力资源管理来说，具有现实的操作意义。

第三项修炼：建立共同愿景（Building Shared Vision）。共同愿景包括两层含义：一是共同远景，即企业组织发展的未来目标；二是共同愿望，即建立在企业的未来目标为员工接受的基础上，对组织未来发展的一种共同愿望和理想。建立企业的共同愿景目的在于希望员工在共同愿景的鼓舞下主动地、积极地为组织作出贡献，而不是被动地服从。共同愿景能够将组织的目标有效地转化为企业个人奋斗目标，可以实现组织目标的有效分解和员工对组织目标的承诺。实际上，共同愿景建设与企业文化和企业精神等团队意识培养等有着内在的联系，它们都是企业人力资源管理所要解决的核心问题。

第四项修炼：团队学习（Team Learning）。团队学习是学习型组织的第四项修炼。团队是由员工和管理层组成的一个共同体，它合理利用每一个成员的知识和技能协调工作，解决问题，达到共同的目标，它是企业组织基本的构成单位，也是团队学习的基本单位。团队学习对组织的发展十分重要，团队学习可以通过对群体意识的培养，从而将个人的学习转化为团队的学习，成为整个组织学习的一个有机组成部分。简而言之，只有通过团队学习才能建立学习型组织。

第五项修炼：系统思考（Systems Thinking）。系统学习是整个学习型理论最核心的部分，因为只有经过系统的思考与学习才能使个人和团队的学习整体发挥出最大效力。在现实的企业组织中进行系统思考，必须把企业放在一个大的宏观环境下，避免“只见树木不见森林”的片面性，以开放的心态和系统的思维方式，多角度、全方位地审视事物的运动和发展的规律，从而正确地判断企业变革方向。其目的在于培养组织和成员系统观察和思考问题的能力，这种能力对组织和员工通过对外部世界的观察来审视自己的组织，做出决定组织成败的决策是十分必要的。

（1）倡导实现共同愿景。建立共同愿景能够鼓励员工积极主动地为组织作出贡献。任何一项管理理念能在组织中一直鼓励员工的行为，那就是拥有一种巨大凝聚力的共同愿景。企业的发展离不开员工对组织价值观的认同和共同愿景的坚持。只有当员工致力于为实现组织的共同愿景而努力时，才会进行自觉地创造性学习，才会积极主动地为组织作出自己的贡献。在建立共同愿景的过程中必须考虑不同文化背景的员工的个人愿景。《财富》杂志排出的世界500强中，其中有80%的公司有自己的愿景陈述，并且业绩好的公司比业绩差的公司有更详细、更完美的愿景陈述。① 优秀的愿景陈述是员工主动性和工作驱动力的来源。这样企业的员工不会为一些细碎和烦琐的工作而烦恼，因为他们在为一个美好的愿景而工作。

（2）加强员工教育培训，突出跨文化沟通能力的培养。教育培训的目的是让员工获得一种新的理念或一种处理问题的方式，或者一项新的技能。我们不应该把教育培训仅仅作为企业生存的需要，而应该看做是企业生存和发展过程中必须贯穿始终的工作。伟大的组织不是成立那天就是的，而是通过不断地学习如何创造新的惊人成果发展起来的。学习的内容不仅包括专业技能和管理技巧，还应该包括跨文化沟通能力、交际能力以及处理文化差异的能力等。在合资企业的人力资源培训过程中，这些培训内容尤其重要。

（3）要强调团队学习。团队学习是发展团队成员之间相互协作、整体配合以及实现共同目标的动态过程。团队是企业组织最关键的组成部分，企业可以通过建立许多学习型团队，进而经过系统化组合在组织内部建立起一种学习的风气。在合资企业的跨文化管理过程中，一定要加强不同文化背景员工之间的交流与沟通，以增加他们之间的相互理解与尊重。“有效的不同文化的交流与对话是实现文化整合和文化共享的重要途径。”② 与传统的着眼于员工个人学习提高的管理模式不同，合资企业学习型组织强调以团队为基础，不同文化背景的员工之间进行有效地沟通与交流。这种沟通和交流的方式分为两种：一种是深度会谈；另一种是讨论。深度会谈是大家自由和轻松地探讨某一重要议题，在这一过程中要摒弃自己个人的主观偏见，彼此静心倾听。讨论是指大家依据自己对问题的理解说出自己的看法，并且为自己的看法加以辩论。通常我们对提出的问题进行讨论式对话比较多，而深度会谈则应用相对较少。深度会谈出自希腊语，它的原意是思想“在人们之间自由流动，就像流荡在两岸之间的水流那般”。深度会谈是在一个轻松、无拘无束的环境中让员工能够自由地探讨心中的想法，交流彼此的经验教训，相互鼓励和启发，获得共同心智的汇集。其目的在于突破个人知识和眼界的局限性，使每个人都获得独自无法得到的见解，从而使团体的智慧大于个

① 章海容：《论企业人力资源的跨文化管理》，《贵州财经学院学报》2002年第5期，第71～73页。

② 赵曙明、彼得·J. 道林、丹尼斯·E. 韦尔奇：《跨国公司人力资源管理》，中国人民大学出版社2001年版，第249页。

人的智慧之和。

（4）学习要注意系统思考。系统思考要求企业员工从系统或整体出发来看待企业的生存和发展问题，它引导员工从看局部到综观整体，从看时间的表面到洞察其变化背后的结构，以及从静态的分析到认识各种因素的相互影响，进而寻找一种动态的平衡。系统思考能够使员工发现企业组织中各种事物或问题之间的相互联系以及其逐渐发展的动态过程，也可以让人敏锐地察觉到系统中各个部分之间的微妙组合，还可以培训员工处理各种复杂业务的能力，特别是当前企业面临的不确定性增多的情况下，增强了企业察觉、预防和抵御风险的能力。

3. 注重跨文化管理人才的培养，实现人才本土化

合资企业对员工进行文化培训的目的在于：培养员工识别文化差异的意识；了解影响人们行为的文化要素；对不同文化的适应能力，使之具备能促进文化协同的技能；与来自不同文化背景的其他员工该如何交流与合作等。

要求一个刚来中国开展工作的外方经理人员具备所有在中国经营获胜的素质是不可能的，何况也不存在这样一套公认的、有效的评估标准来挑选那些能够胜任在中国任职的外方人员。但是，合资企业要想经营成功，与外方管理人员的素质高低、经验是否充足以及其对中国文化以及管理模式的了解紧密相关。目前，国际上出现了很多培训经理人员和员工跨国界或跨文化工作能力的培训咨询公司，为了适应中国的文化，顺利和有效地完成母公司交代的任务，母公司应该在外派人员到中国工作之前对其进行大量的有关中国文化的培训，使外派人员具备以下能力：

（1）业务能力。适应环境并不是外方管理人员任职的目的，其真正目的在于在适应派遣地环境的基础上如何更好地实现合资企业的经营目标和与派遣地利益相关者建立起友好的关系。因此必须注重对外派经理业务能力的培养与考察。通常，母国选聘外派人员时，业务能力的考察主要体现在以下几个方面：教育程度、技术水平、工作经验及经历、组织能力、独立性、管理意识等。

（2）工作的适应能力。来中国工作的外方员工必须在中国的文化环境下建立起新的人际关系，这就要求其对中国文化必须有一个全面而透彻的了解。中国文化中的一些特征关系到这些外方人员如何与上级、下级、同级以及外界处理工作关系，例如如何处理与政府的关系问题，这也是外方管理者在中国工作最为头疼的问题。他们必须使自己的交际方式和管理理念适应中国的特殊环境，同时还会遇到比本国更为复杂的经济、政治问题。

（3）社会的适应能力。外派人员在中国遇到的最大的差异是社会环境方面的差异。所以外方管理人员要学习中国的法律法规、宏观经济政策以及怎样与政府官员打交道等，这样才能适应中国的经济社会环境，为企业制定出适合本土化

经营的战略决策，更好地为企业服务。在中国特色社会主义市场经济继续发展的今天，企业如何针对外部急速变化的环境作出决策，关系到企业能否抓住机会以及经营成败的关键问题。我们可以看出现在一个普遍的现象，在中国工作的外籍人员大多会中文，从中可以看出中国经济以及市场的影响力，但更重要的是语言在跨文化沟通中的重要作用。

合资企业也应该有意识地培养一些高素质的本土化管理人才。通常的做法是将中方一些素质比较高的管理人员派到海外总部，进行一段时间有关企业文化、企业目标、经营管理理念和管理技能方面的培训，等培训期结束，再将其派回国内担任一些重要的管理职位。或者采取“就地培训”的原则，由母公司的人力资源部外派专门的培训人员对合资公司的中方员工进行培训，这样做的好处是可以使一些管理理念和方法更加适合本地需求，另外也可以减少培训成本。对中方管理人员进行培训，使他们具备以下技能：

（1）冲突管理技能。在经营管理过程中，中外合资企业不仅面临一般企业面对的个人冲突和部门冲突的问题，还面临着因为文化差异而导致的价值观、处事方式、行为方式等差异所带来的冲突问题。所以说冲突管理在合资企业经营过程中尤为重要，它直接关系到中外管理人员以及员工之间能否进行有效地沟通、母公司的政策能否在合资企业里完全贯彻和实施、双方的合作能否持续和长久以及合资企业外部形象好坏问题等，所以企业高层管理者必须具备解决冲突的能力。当然冲突管理有许多有效的处理方法，比如共同决策法、组织变化法、协调法和共同目标法等。

（2）人力资源管理技能。企业之间的竞争本质上就是人才优势之间的竞争，因为人才质量的高低才是决定企业生存和发展的关键。在中外合资企业中，由于市场环境的复杂性和管理模式的特殊性，培训和激励具有国际眼光、创新意识强、技术能力过硬以及适合跨国开展工作的人才是中外合资企业长期稳定发展的重要保证。

（3）营销管理技能。中外合资企业的市场管理人员应该在现代市场营销管理理念的指导下，立足于目标市场营销策略的开发，建立相应的营销管理体系和经营管理系统。并且要根据外部环境的变化，创新营销管理技能，采用多市场策略，开发国内外市场。营销管理其中有一项内容就是产品创新，这就要求企业根据目标市场偏好设计和生产产品，并且提高劳动生产率，降低生产成本，为顾客提供质优价廉的商品。

（4）创新管理技能。所谓创新，就是发展新方法、新技术和新工作方式的过程，它可以适用于工具和技术、流程、组织、个人的行为方式、工作模式等。在中外合资企业中，创新管理技能的目的是为了企业适应内外部环境的变化，达到管理技能的有效性，即“管理技能的适应性”。“创新”和“适应性”似乎是一对矛盾的词语，前者要求“变”，后者要求“稳”，但是它们却存在着内在的逻辑性，因为面对复杂的内外部环境，只有创新才能产生管理技能的适应性。创新的管理技能包含以下内容：整合中外方文化要素，形成新的、适合本土化要求的管理理念和技能；对内外部环境的适应能力；能从量和质的角度分析影响企业经营管理的因素，学会运用不同的方式解决问题。在力求获得对方更多协助和信息的基础上，持续地对管理技能进行创新，增强其适应性等。

在合资企业经营初期，母公司一般会安排外派人员担任企业经营管理工作，因为这样有利于加强母公司对创建初期合资公司的控制，并且这种做法往往也是很有效的。随着企业的进一步发展，这种策略就逐渐暴露出其弊端：首先，打击中方管理人员的积极性，因为这种人事策略就意味着高层管理岗位不对中方员工开放，其实质就是文化差异矛盾的进一步激化和扩大。其次，它会导致公司的一些经营策略和管理理念不适合本土化，完全是国外模式的生搬硬套，没有任何改变，后果可能是经营管理的失败。最后，就是运营成本的增加，因为如果母公司在合资公司安排外派人员过多，其所带来的效益往往低于其为此付出的成本。

人才的本土化是当今中外合资公司的一个普遍做法，它可以在很大程度上消除语言差异带来的障碍，企业不用为此花费昂贵的语言培训成本，同时还能解决社会和文化适应问题。培养本土化人才，并由本土人才担任合资企业一些核心岗位和进行战略性决策，增强企业的文化适应性。母国或第三国雇来的外籍员工只是作为一种暂时的、辅助性的支持。由于本土人才人从语言到文化背景更能与当地情况融合，而且对本土人才的培养、重用和升迁也是对本土人才的一种激励。

本地化策略可以使合资企业利用中国劳动力低廉的优势，以有限的代价吸引高质量的人才。另外，对于合资企业来说，是否能够留住人才也是一项重大的挑战。而人才的本土化是应对人才流失的一个重要手段。从企业的发展角度来讲，人才本土化能够降低运营成本，改善内外部环境和更快、更好地与当地文化融合。通过“海外培训”和“本地培训”的方式来实现人才的本土化是当今中外合资企业普遍采用的方式，这也就意味着跨国企业的国别性越来越模糊。

二、统一管理制度模块的实施

合资企业的投资双方拥有对合资公司的共同产权，是公司的所有者，按照现代企业管理制度，投资双方派专门人员组成董事会，由董事会任命一个职业经理人作为企业的经理，即管理者，这样才能实现真正意义上的所有权与经营权分离。其次，合资企业实行董事会领导下的总经理负责制，董事会做出公司的重大经营决策并且监督经理人员的经营业绩和战略决策的执行情况，总经理则负责企业的日常经营管理，一些重大决策的制定要经董事会的授权，董事会的战略决策权与总经理的日常经营权相分离，这样才真正实现了现代企业体制下的所有权与管理权的第二次分离。

合资企业的投资双方为合资企业的管理提供指导、建议和信息方面的支持，并且对企业进行监督。除了重要战略决策需要双方母公司作出外，合资公司的日常管理不应该受其干涉太多，应该给合资企业更多的自主决策权，放手让企业去发展，但是总经理必须对双方成立的董事会负责。当双方在管理上发生冲突时，应该站在合资企业整体利益的基础上，从全局出发为公司做出决策。这样能够增进了解和互信，逐步达成共识，减少管理冲突，有利于合资企业的发展，为创建统一管理文化的形成创造条件。

合资企业应该建立起一套规章制度和标准，保证企业日常经营活动按照正常的秩序进行，并且这些规章制度必须与合资企业和中国国情相符合。如员工的激励政策、休假政策和违规处罚政策等，可以在员工手册上反映出来，使企业的每位员工都知道企业的规章制度，对于没有在规章制度中标明的，合资企业的管理部门应该视部门的具体情况而定，双方同意后执行。中外双方通过正式的规则和程序建立起企业正常的运营机制，可以保证企业经营活动的规范化管理。

企业的规章制度一旦形成，就具备相对的固定性和稳定性，违反者将受到处罚。规章制度在企业的实际执行过程中，可能会产生很多不和谐的现象，这就要求制定者进一步完善和修订，使之更趋合理。规范的规章制度能够使企业有序地运转，从而保证生产的稳定性。特别地，规章制度规范化还能给合资企业的发展带来其他益处：其一，可以减少中外方管理人员以及员工之间的冲突。由于规章制度具有很强的规范性和强制性，权责分明，只要按照规章制度行事，就可以避免冲突的发生。其二，可以避免企业出现“人治”的现象。在中国，人际关系网对个人或组织行事十分重要。如果企业采取“法治”的形式管理公司，即用规章制度来约束员工的行为，而不用“感情”或“关系”作为行事的依据，企业就不会存在管理效率低下的情况。

根据中国合资企业的实际情况，合资企业应注重以下制度建设：

（1）进行人力资本投资，建立人力资源终身教育培训制度。人力资本投资是人力资源开发的重要方面。但是，现在很多合资企业的员工教育培训缺乏系统的规划或者企业在这方面的投资不足，企业对员工教育培训的重要性、急迫性认识不足。科学技术是第一生产力，其实科学技术的发展归根结底要靠人才，人才的发展靠教育，因此对教育进行投资是必不可少的。同理，企业的开拓与发展也是如此。加大员工的教育培训投资，对员工进行多途径、多形式的培训是企业发展的强大后劲所在，是企业持续经营的根本所在，是企业建成学习型组织的关键，也是时代对企业提出的新要求。但是实际情况并不乐观，2000 年对北京市 30 家大中型企业的人力资源部门就人力资源状况做了调查，调查的一个问题是该企业人力资源能否适应生产经营的需要。结果只有 8 家企业回答“能适应企业发展需要”（占 24%）。有 20 家回答“能适应目前生产经营需要，但很难适应发展需要”（占 60.6%）。还有 5 家企业认为“不太适应目前经营需要”（占 15.2%）。培训制度的缺乏是合资企业普遍存在的一个状况，合资企业在使用人力资源时存在一种短视行为，不太注重人才招聘、培训和使用的可持续性，这种做法对企业的长期经营是不利的。而且合资企业应该更加注重培训员工的跨文化沟通能力，因为企业员工必须通过沟通来寻求双方利益的一致，因此对员工进行文化敏感性和跨文化人际交往等培训应该是合资企业人力资源培训的重要内容。

（2）建立职业生涯管理制度，最大限度实现员工个人价值。所谓生涯，根据美国组织行为专家托马斯的观念，是指将个人职业需求与组织机构的劳动力需要相联系而做出的有计划的努力。职业生涯管理，就是“企业帮助员工制定其生涯计划和帮助其生涯发展的一系列活动”。职业生涯管理能够充分调动员工的内在积极性，能更好地实现企业组织的目标，也是企业长盛不衰的保证。职业生涯管理能够增强员工对工作环境的把握能力和对工作困难的控制能力。

（3）在合资企业中建立长期科学的核心员工人力资源规划制度。根据合资企业的发展战略、目标以及内外部环境的变化，预测企业未来的发展情况以及外部环境对企业提出的新的要求，评估企业的人力资源现状及其发展趋势，收集和分析人力资源供求资料和信息，对企业未来的人力需求情况进行预测，制定人力资源招聘、培训与发展计划，这也是人力资源规划制度的重要内容。① 为了实现合资企业的战略目标，必须构建一套与其远景和战略相一致的人力资源规划体系。企业的人力资源规划是指“从企业的战略规划和发展目标出发，根据内外部环境的变化，预测企业未来发展对人力资源的需求，以满足这种需要所提供人力资源的活动过程”。② 人力资源规划一般分为年度规划和中长期规划。年度规范又称执行规划，是对中长期规划的贯彻和落实，中长期规划是指在一个较长的时间内对企业人力资源管理起指导作用，具体来说中期规范为 5 ~ 10 年，长期规范为 10 年以上。本书建议合资企业人力资源管理部门对组织结构、岗位信息和人才结构进行详细的记录，并时常更新，建立企业人力资源报表。

接下来是具体的人力资源规划了，主要有岗位职务规划、人员补充规划、教育培训规划、人力分配规划等。岗位职务规划主要解决的是企业定员定编的问题。人力资源部门应该根据企业的短期和长期目标、技术设备和劳动生产率等状

---

① 韩承敏：《跨文化管理人力资源开发与管理》，东南大学出版社 2003 年版，第 146 ~ 172 页。

② 来源自 http：//baike. baidu. com/view/300417. htm。

况确定相应的组织结构、岗位职务标准和进行定员定编。人员补充规划就是在岗位职务规划的基础上使空缺的岗位从量上和质上得到合理的补充。人员补充规划要明确各个岗位需要员工的学历、知识结构、年龄和从业经历等要求。教育培训规划是指根据企业的发展需要，通过各种各样的方式和途径，为企业的现在和将来培养合格的人才。人力分配规划是指根据组织结构和岗位的需求，来合理安排企业的人力资源，包括具体专业分工安排和工作调动等。

欧美国家在几十年前就建立起了现代意义上的人力资源规划体系，所以对人力资源规划的看法比较一致，例如 1995 年，THAKUR 通过对 308 家英国公司调查发现，有 88% 的企业认为应该建立人力资源规划制度，但鲜有企业认真操作。一份对 500 家大企业的调查结果表明，即使在大型跨国企业中，也只有 50% 的企业拥有正式的人力资源规划程序，且其中只有 1/3 的企业认为其应该成为企业战略的一部分。原因之一是缺乏合格的规划人员和操作性强的规划模型。因此，可以看出缺乏科学的人力资源规划制度不仅仅是中国企业的困惑。合资企业应该致力于长期科学的人力资源规划制度的建设，这样企业的发展才能依靠强大的人力资源作为支撑。

（1）协助员工进行职业生涯设计。在协助员工进行职业生涯设计的初期，必须遵循循序渐进的原则。前期应该对部门的相关人员和管理者进行职业生涯相关知识的培训，提高其对员工进行职业生涯管理的重要性和必要性认识，增强其执行的准确性和有效性。由传统的、被动的人事管理转向现代的、主动的人力资源管理，员工的职业发展路径不可避免地被透明化，所以合资企业的人力资源管理部门应该成立相应的包括人力资源管理部门、领导层和员工本人在内的职业生涯管理小组，对员工的职业生涯发展进行评估并为其提供建议。

（2）科学描述个人职业生涯目标及其运行规则。为员工设定职业发展目标时，要综合各方面的因素进行考虑。从员工的自我诊断、分析和评价入手，进而由其所在部门根据专业技能、表现和绩效对其进行分析而设计初步的草案，再提交给人力资源部门做进一步的分析。人力资源部门在综合各方面的意见以及征询员工本人意见的基础上，形成一个阶段的员工职业生涯管理的指导意见或方案，内容包括与员工个人目标及长期发展目标相适应的长期职业生涯规划，还包括如何实现长期职业生涯规划的短期行动策略，然后提交给决策层审定。职业生涯管理一定要做到三方协同设计，考虑到员工个人能力强弱和专长、个人目标与组织目标的一致性、职业发展的动态性，突出用事业留住人才的宗旨。

（3）建立职业生涯管理反馈制度。员工的职业生涯设计完成以后必须有与之相配套的跟踪管理制度。生涯目标设定是一个动态的过程，它受到很多方面的影响，如个人的学习能力、适应能力等，在具体实现职业生涯各个阶段目标时，将会对预先设定的目标所产生的缺陷进行弥补。因为生涯目标设定好以后，员工的职业轨迹将会沿着规划的目标从一个岗位转向另一个岗位，从较低的层次向较高的层次上升，直到职业生涯最终目标达成。伴随着员工岗位和目标层次的变化，员工必须不断接受新的变化，改善素质和能力结构。因此，企业必须加强对员工职业生涯实现过程的跟踪管理，并提供指导意见，定期进行反馈和评点，肯定和勉励好的方面，帮助其改正或改善坏的方面，督促其朝着职业生涯的最终目标前进，最终实现目标。

管理制度中也包含管理技术，根据中国合资企业的实际情况，本书特别强调以下管理技术：

1. 完善人力资源管理诊断技术

人力资源诊断技术模型是欧美国家20世纪80年代开发出来的一种比较实用的模型。该理论模型认为，成功的人力资源管理者应该像一位医生或诊断者一样，在处理问题或做出决策时，应该从宏观上和系统上把握整个组织。他不仅要考虑组织的类型、规模、目标和结构，还应该考虑雇员的性质、岗位或任务的特点以及团队协作等。诊断性人力资源管理使得经理人员知道企业所制定的人力资源管理政策必须与上述因素相一致，这样才能最大限度地提高组织的效率。

其实人力资源管理诊断技术模型来源于医生为病人看病的过程。因为医生为病人治病的最终目的是改善其健康状况。以此为目的，医生可能通过对病人以及其家人的病史资料、观察、各种各样的化验和检查来确定病人的病症。然后医生综合自己所掌握的信息，根据自己的知识和经验来为病人开药，在病人服药过程中，医生要对药方所起作用进行评估。根据评估的结果，再决定是否需要对药方做出调整。

人力资源诊断首先就是要对整个人力资源系统做出深入的检查，通常情况下只需要鉴别和观察关键因素对工作环境所起的作用，找到其存在的缺陷，然后再进行修补。一旦诊断完成，根据存在的缺陷开出“药方”，实际上是针对诊断结果所采取的行动。接下来就是实施解决问题的措施，这需要十分详细的考虑，也是人力资源管理的重大挑战之一。最后，对所采取的措施实施的效果进行评估。通过对人力资源管理系统进行有效地诊断后，可以及时发现问题，改正错误，修补漏洞，使得人力资源管理与组织的战略目标相一致。

在TCHRM模型中，人力资源诊断技术为我们考察TCHRM模型提供了一种反馈技术，这种技术是由一系列随时对人力资源状况和管理效果进行评估的制度和技术构成的TCHRM模型的反馈机制。它们对组织的贡献、人力资源的工作态度和满意程度使得管理能够准备把握和了解组织内的问题和症结所在。同时为建立双向沟通和促进组织的发展奠定了基础，也会使TCHRM具有动态反馈的特性。

2. 加强对人力资源管理定量管理技术的使用

在人力资源管理技术的使用上，中方管理人员倾向于使用定性的管理技术，而外方管理人员更多强调定量管理技术的使用。欧美企业的人力资源管理在系统工程技术、心理测量技术和电子计算机技术等这些“硬技术”的使用上比我国企业早，成熟度也相对较高。据统计，目前发达国家在人力资源管理方面使用计算机的数量占 80%，科技方面占 8%，生产控制方面占 12%。而我国企业中，由于企业内部网络建设不完善，所以计算机在人力资源管理方面运用较少。在人力资源评价中，只注重定性评价，往往会使得结果受更多“人情”因素的影响，效度和信度不高，不能够真实地反映人力资源的能力和素质。所以，要加强人力资源管理定量技术的使用。因此，结合社会学、经济学、人类学和心理学的研究成果，提高其科学性和客观性。

3. 要加强思想政治工作的精神激励作用

思想政治工作是我国企业的传统优势，这种强调建立在人的思想觉悟基础上的人力资源技术是我国特有的。它是一种精神激励形式，体现对人的理解和尊重，是在肯定其个人价值的前提下激发其对组织的归属感和忠诚度。在很长一段时间里，欧美企业把物质作为激励员工最有效的工具。但是这种方法有其一定的局限性，并不是在所有情况下都能起到很好的效果。根据马斯诺需求层次理论，物质只能满足人们生理或安全等一些低层次的需求，但是思想政治工作是对员工精神的一种激励，能够满足其社会交往、受到尊重和自我实现等的高层次需求。① 知识经济需要知识性的组织，所以知识管理应该成为主要内容。只有在一种和谐、轻松的组织氛围里，员工才会自愿地发挥出自己的聪明才智和最大潜能。因此，现代合资企业要注重思想政治工作对员工的激励作用，而不是停留在物质激励或表扬等传统层面上，多给员工授权，让其感受到主人翁的地位。随着计算机技术和网络技术的进一步发展，传媒业发展也获得了一个更大的平台，通过网络这个平台，你可以感受各种思想、各种生活方式和价值观之间的碰撞，使我们的视界得到开拓，思想得到极大丰富。因此，合资企业的管理者应该创新管理方法，丰富思想政治工作的手段和方法，务必提高思想政治工作的科学性。合资企业的企业文化是多元文化精髓的一种融合，因此在这种背景下应该更加注重工作的灵活性和精神激励作用，并且在思想政治工作中要处理好“求同”与“存异”之间的关系，营造一种和谐的、积极向上的氛围，使得思想政治工作的激励作用在合资企业人力资源激励中大放光彩。

---

① 赵曙明：《国际企业：人力资源管理》，南京大学出版社 1998 年版，第 127～129 页。

4. 创建层次丰富的招聘渠道和灵活多变的招聘方法①

员工招聘的方式可以分为内部招聘和外部招聘两种。内部招聘方式可以增强员工对组织的忠诚度，提高其工作的积极性，从而降低企业的招聘和培训成本。一个透明、公开的内部招聘对于大中型合资企业来说具有非常积极的优势。而不公开、不合理的内部招聘则会打击员工的积极性，降低员工的工作绩效。

内部招聘首先就是将企业的岗位空缺信息在企业内部予以公开，如企业内部网、论坛、板报或内部刊物上，必须保证最大限度地让员工知道该信息。同时还应鼓励员工采取部门推荐、他人举荐和自我推荐等方式积极参与。要做好这一步，应该在绩效考核时将应聘者的积极性和员工或部门相联系，从而在制度上鼓励具备条件的员工参与内部招聘，让员工知道内部招聘是公平的、透明的。对于落选的员工，要向其详细地说明落选的原因并提出改进意见，让每个应聘者都能在这个过程中获得提高。当通过内部招聘无法找到合适的人选时，尤其是补充一些初级和对新知识与新技术要求比较高的岗位时，就应该进行外部招聘。

外部招聘的来源主要是职业学校或大专院校、人力资源派遣单位或组织、其他企事业单位、社会未就业人员等。选用适宜的员工来源途径要考虑组织的发展和职位的要求，因为在组织的不同发展阶段，同一个岗位的员工来源可能也是不同的。外部招聘的方式很多，这时候人力资源招聘部门就应该考虑如何组合招聘方式才能使花费同样的成本达到最大的效益。特别是在信息化高速发展的今天，采用公开、长效、经济、快捷的电子化招聘方式将是未来企业人力资源招聘的一个发展方向。

同样，在合资企业核心员工的薪酬、培训和绩效管理方面都需要培训模式、考核模式、薪酬激励模式多样化的技术手段，这些管理技术都将为更好管理核心员工、激励核心员工作出贡献。

三、统一企业文化模块的实施

1. 文化意识培训

国内企业不存在文化背景的差异和由此引发的矛盾和冲突，而在中外合资企业里，文化背景差异和由此引发的矛盾和冲突却是影响企业有效管理和经营成败的一个关键要素。对于许多即将进入合资企业或已经在合资企业工作的人，他们对由于中外文化差异导致的矛盾和冲突这个问题没有做好心理上的准备，甚至根本没有认识到这个问题的重要性和紧迫性。

进行文化意识培训就是要向企业的管理者和员工说明文化差异对企业人力资

① http：//www.chinahrd.net。

源管理带来的影响，向他们教授合资双方彼此的社会文化特征方面的知识，特别是有关思维方式、行为方式和价值观、社会风俗习惯等方面的知识，使他们能够清楚地了解不同文化之间的差异，培养其理解和适应能力，在心理上和行动上做好处理文化差异和冲突的准备。既要做到避免将本国的文化或行为方式强加于人，又要以宽广的胸怀理解和尊重不同文化之间的差异，正确处理矛盾和冲突。文化意识的提高往往有利于双方的理解与沟通，理解和沟通又是成功跨文化管理的关键。①

文化意识的培训主要包含以下方面：①合资双方国家或民族的历史文化；②社会文化背景因素对合资企业经营管理的影响；③合资双方思维方式、行为方式和价值观方面的一般特点；④合资双方国家的社会政治结构、经济体制和经济发展状况；⑤合资双方企业文化的特点；⑥合资双方国家人们在工作、生活中的交往习惯以及礼仪。

总之，文化意识培训就是中外合资双方在有关经营管理理念、员工培训方式、处理问题和做决策的方法方面能够消除矛盾和冲突，达成一致。

2. 合资企业 TCHRM 实施的程序

所谓程序就是指管理者按时间先后或依次安排的工作步骤。需要特别强调的是本书所讲的程序是一般概念上的程序，而不是针对某个特定的合资企业。企业在应用 TCHRM 模型时要根据企业自身的特点以及外部环境，做到具体问题具体对待。

(1) 明确企业整体战略目标。例如是成为一家地区性的，还是国内性或国际性的公司等。

(2) 跨文化沟通初步会谈。从管理意义和实践操作上分析两种不同的价值观和管理观念，对不同的战略目标进行选择，形成大家初步接受的方案。

(3) 管理制度初步会谈。对两种管理制度之间的差异进行比较分析，并根据跨文化沟通的结果做出选择。

(4) 管理制度深入会谈。从分析选择管理制度而产生的分歧入手，深入分析管理观念上的差异，并结合企业的管理政策（如生产政策、营销政策、市场政策和技术政策等）进行管理制度的深入选择。

(5) 管理制度初步确定。在上述工作完成以后，初步选择或设计统一管理制度的主要内容。

(6) 管理制度实施。以统一管理制度为基础进行管理技术的选择，并依照既定的规范严格执行。

① 帕特·乔恩特等：《跨文化管理》，东北财经大学出版社 1999 年版，第 6 ~ 7 页。

（7）管理制度修订。在管理制度实施过程中，如果出现问题，必须及时地进行修改和完善。通过沟通，再一次对管理制度和技术进行分析，系统地整理分析的结果，并以书面的形式固定下来。

（8）企业文化的确定。管理制度经过尝试、调整到确定执行的过程，在这一过程中，合资企业的文化也随之建立起来。同样，企业文化的建立也会经历尝试、调整到确立成熟的过程。它将是合资企业多元文化的完美融合与创新。最后，对确定成熟的文化进行系统整理，也以书面的形式稳定下来。

（9）滚动修正。以上八个步骤会在合资企业建立和运营的一个较短时间内完成。由于时间短，未经时间长期的检验，所以确定的统一管理制度、管理技术和企业文化需要在以后的经营过程中不断地完善和滚动修正，一般需要 2 ~3 年才能形成比较优秀的管理制度和企业文化。在具体的企业实践中，合资企业会先从初步交流、价值观和行为差异分析开始，然后引向管理制度和技术、企业文化方面的分析与选择。使用上述基本程序的好处在于，能在反复会谈中迅速找出合资双方文化、价值观之间的大致差异和细节，为避免误解和长期合作做铺垫。

3. TCHRM 模式应用的注意事项

（1）注重合资企业管理者的选择。我们以往向中外合资企业派驻管理者，特别是高层管理者时只注重对其政治素质和一般能力的考察，而很少考察派驻者的文化适应能力和协调差异的能力。结果，被派驻的管理者在与外方管理人员一起共事时，总是感觉一种无形的矛盾存在，难以协调和适应。有些人在原来的企业中是一个敢想敢做的优秀管理者，但是一到合资企业却业绩平平，管理工作无法有效地开展。基于此，为了使我们派驻的管理人员能够有效地开展管理工作，文化的适应能力和协调差异的能力必须作为选派的标准之一。

（2）综合运用各种有效的跨文化沟通方式。中外合资企业统一企业文化的形成过程中，交流和沟通十分重要。所以应该鼓励投资双方经常性地开展交流活动，促进彼此的了解，这样才能在工作中相互理解和信任。同时只有双方文化的经常碰撞，才能产生新的文化和新的思想。在中外合资企业统一文化建设中，各级领导及其示范作用对企业的影响较大。从某种程度上来讲，领导及其示范行为决定企业跨文化管理的成败。因为，一方面领导的一言一行是下属模仿的对象；另一方面，他们代表投资双方的形象，他们的行为直接影响到双方的继续合作。

对员工进行强制和诱导是中外合资企业统一文化建立过程中必须使用的手段。行为科学和社会心理学告诉我们，受强制和诱导的对象会产生强烈的反对情绪，但是在一定长的时间内这种措施还是必要的，直到最后统一文化成为企业员工的内在要求才会自然消失。因此，在中外合资企业中，通过制度性和非制度性的规范、规则有效地控制和约束员工的行为，对于统一企业文化的形成是有利的。

（3）处理问题要运用权变的思想。在跨文化的人力资源管理过程中，管理者会面临许多不确定的问题，如复杂的文化差异、工作方式的差异以及习惯的不同等，造成企业内发生冲突，这就要求管理者不能死板，要超越传统文化的束缚，在科学理论的指导下，理论联系实际，以科学和客观的态度分析问题，注意把握好原则性与灵活性的关系，具体问题具体对待，以创新的精神解决问题。

（4）克服种族文化优越感。在进行跨文化管理时，种族文化优越感会让人们认为本国家或民族的文化是最优秀的，自己的价值观是最正确的以及自己的思维和行为方式也是最好的，这就会导致把自己的文化价值观作为评判其他文化的标准，容易形成心理上和行为上的对立。从中外合资企业的实际运营情况来讲，外方常常因为母国的经济发达，拥有先进的技术和管理理念而形成一种文化上的优越感，在与中方合作处理问题时，往往认为其观点或意见是对的、科学的，而中方的观点是错的、落后的，从而导致矛盾和冲突的产生。在这种情况下，合资双方的冲突和矛盾已经从针对具体的事物上升到文化或民族尊严的维护方面。基于此，外方应该克服种族文化的优越感所产生的偏见，多站在中方文化或立场上考虑问题，这样才能长期愉快地合作下去。

第七章

结论与展望

第一节　主要结论

中外合资企业是中方与外方资本、技术和管理相结合的载体，其经营管理过程也是多元文化由碰撞、冲突到融合的过程。由于东西方在社会文化背景、管理制度和理念、决策方式等方面存在着差异，合资企业在核心员工的管理上会因为以上方面的差异而产生矛盾和冲突，具体表现在显性文化冲突、制度文化冲突和文化价值观冲突等。中外合资企业双方在管理理念和方法上的冲突和差异虽然不直接表现为直接的对抗性和难以调和性，但是对整个合资企业的经营管理成败影响很大，因为跨文化矛盾和冲突直接影响企业内部员工的稳定和谐关系，导致企业低效率运转，决策效率和管理效率低下，丧失市场机会，甚至使双方关系趋于紧张。

因此本书提出了在华合资企业核心员工 TCHRM 模型，即从有效的沟通到统一的管理制度建立再到统一企业文化形成的合资企业核心员工跨文化人力资源管理模型。在有效的多元文化沟通的基础上，建立相应的管理制度，选用合适的管理技术，促使统一企业文化的形成，再反过来强化和优化管理制度，促进多方之间的沟通，这就是 TCHRM 模型构建的逻辑关系，也分别构成了该模型的三个层次，对整个系统的运行发挥导向、规范和支持作用。只有按照三个层次之间的内在逻辑关系，建立协调组合系统，才能形成系统的整合力量，实现管理功能的整体化。

将学习型理论运用到跨文化人力资源管理研究中，适时地进行组织变革，使合资公司成为一个跨文化的学习型组织。合资企业在建立共同愿景、团队学习过程中应逐步减少摩擦，使企业的每位成员的行为与合资企业的战略目标和宗旨相一致，增强合资企业的跨文化管理能力，形成“合金”企业文化。

第二节 进一步展望

企业文化是企业组织在长期实践活动中形成的，并且为企业成员认同和遵守的行为方式、思维方式、管理制度和价值观的总和，跨文化人力资源管理是合资企业文化的一个重要组成部分，也是人力资源管理的一个新的前沿领域和研究重点。但是对于国内学术界来讲，跨文化管理的研究历史相对比较短，跨文化人力资源管理的研究时间则更短，所以还有许多新的研究成果需要在实践中进一步完善和修正，许多新的领域需要去探索，这样才能为企业实践做出更好的指导。本书对在华合资企业核心员工的跨文化管理问题进行了研究，并在此基础上构建了TCHRM模型，即跨文化人力资源管理模型，同时还阐述了在合资企业管理中运用该模型的一般原则和方法，为企业的跨文化人力资源管理进行了有效的指导。

研究的不足之处：

（1）由于时间和精力的限制，所调查的企业和核心员工数量有限，因而普适性不强，希望以后学者增加调查样本的来源，并增强对跨文化差异因素的研究，使得研究的成果能在大多数合资企业中得到运用。

（2）由于笔者学术能力有限，从人力资源 $4P_s$ 管理活动、Hofstede 五个文化分析维度以及核心员工来源国三个维度构建的立体分析框架，可能对合资企业的核心员工跨文化管理的分析不够全面和充分，希望其他学者在此基础上进一步补充和完善。

（3）对于构建的 TCHRM 模型，包括其运用的一般原则和方法，在大量地、充分地实践论证方面有所欠缺，可能造成一定的理论和实践脱节的情况，希望其他学者在实践论证的基础上进一步对模型进行补充和修正。

（4）本书研究的范围为合资企业的核心员工，具有特定的指向性，希望其他学者在未来的研究过程中扩大研究范围，使研究成果更具一般性。

参考文献

[1] 陈晓萍:《跨文化管理》,清华大学出版社 2005 年版。

[2] 马尔科姆·沃纳、帕特·乔恩特:《跨文化管理》,郝继涛译,机械工业出版社 2004 年版。

[3] 孙健:《管理核心员工的艺术》,企业管理出版社 2003 年版。

[4] 贝弗利·凯:《26 个策略留住核心员工》,陈颖译,中信出版社 2005 年 8 月。

[5] 李常仓:《如何管理核心员工——职业经理人十万人怎么办》,北京大学出版社 2005 年版。

[6] 曾鸿燕:《我国企业跨国经营的文化准备研究》,四川大学,2007 年。

[7] 汤谷良、夏怡斐:《母公司文化控制力:中外合资企业文化陈述的差异与融合——基于中外合资汽车公司的多案例比较》,《管理世界》2009 年第 1 期。

[8] 彼得·德鲁克:《管理:任务、责任、实践》(第二部),陈小白译,华夏出版社 2007 年版。

[9] 马春光:《国际企业管理》,对外经济贸易大学出版社 2005 年版。

[10] 葛存根:《中国企业的跨文化战略思维文化融通》,经济管理出版社 2006 年版。

[11] 金怡、乌文兵:《中外战略联盟中的企业文化冲突及管理策略》,《科技与管理》2006 年第 5 期。

[12] 潘红英:《中外合资企业文化整合研究》,湖南农业大学,2007 年。

[13] 杨著:《个人策略与社会结构——制度的演化理论》,王勇译,格致出版社 2008 年版。

[14] 亨廷顿:《谁是美国人?美国国民特性面临的挑战》,程克雄译,新华

出版社 2010 年版。

［15］科特、赫斯克特：《企业文化与经营业绩》，李晓涛译，中国人民大学出版社 2004 年版。

［16］井润田、孟太生：《文化对合资企业高层管理团队的影响研究》，《科研管理》2007 年第 28 卷第 2 期。

［17］［日］熊译诚：《日本式企业管理的变革与发展》，黄咏岚译，商务印书馆 2003 年版。

［18］谭伟东：《西方企业文化纵横》，北京大学出版社 2001 年版。

［19］刘璞、井润田：《中外合资企业的跨文化冲突研究》，《管理学报》2006 年第 1 期。

［20］哈罗德·孔茨、海因茨·韦里克：《管理学》，张晓君等译，经济科学出版社 2005 年版。

［21］田晖：《中外合资企业跨文化冲突与绩效关系研究》，中南大学，2010 年。

［22］李桂荣：《创新型企业文化》，经济管理出版社 2002 年版。

［23］井润田、宁静、张远：《合资企业管理：文化、结构与行为》，科学出版社 2008 年版。

［24］刘建奇：《融合与创新相结合，培育包容文化差异的共同管理文化——对中外合资企业文化问题的探讨》，《中国生产力学会第十二届年会专辑》2003 年第 9 期。

［25］戎林海：《跨越文化障碍——与英美人交往面面观》，东南大学出版社 2005 年 9 月。

［26］彭汉香：《东西方管理文化的理念差异与融合》，《经济师》2005 年第 1 期。

［27］德斯勒：《人力资源管理》（第九版），吴雯芳、刘昕译，中国人民大学出版社 2005 年版。

［28］丰斯·特龙彭纳斯、查理斯汉普登·特纳：《在文化的波涛中冲浪：理解工商管理中的文化多样性》，关士杰译，华夏出版社 2003 年版。

［29］张德：《人力资源开发与管理》，清华大学出版社 2007 年版。

［30］马春光：《国际企业经营与管理——跨世纪课程教材》，中国对外经济贸易出版社 2002 年版。

［31］张佃友、王涛：《美国和日本企业人力资源管理的启示》，《中国劳动者》2002 年第 8 期。

［32］王朝晖：《跨文化管理》，北京大学出版社 2009 年版。

[33] 陈志、田莹：《浅议三资企业的跨文化管理》，《外国经济与管理》1999 年第 12 期。

[34] 朱象贤：《加快探索中国企业跨文化人力资源管理之路》，《上海综合经济》2000 年第 8 期。

[35] 白靖宇：《文化与管理》，科学出版社 2010 年版。

[36] 潘江楠：《浅析中外合资企业管理文化融合再造》，《市场论坛》2010 年第 10 期。

[37] 陈涛、张明毫：《美日企业人力资源管理比较及启示》，《合肥工业大学学报》（社会科学版）2004 年第 2 期。

[38] 哈曲波：《美国式管理》，西苑出版社 2000 年版。

[39] 谭一夫：《日本式管理》，西苑出版社 2000 年版。

[40] 侯贵生、吴士健、尹华：《中外合资企业合作冲突防范管理》，科学出版社 2009 年版。

[41] 秦春雷、刘栋：《跨国合资企业跨文化管理问题的研究》，《社会科学家》2005 年第 12 期。

[42] 韩承敏：《跨文化管理人力资源开发与管理》，东南大学出版社 2003 年版。

[43] 托马斯 · G. 格特里奇、赞迪 · B. 莱博维茨、简 · E. 肖尔：《有组织的职业生涯开发》，李元明等译，南开大学出版社 2001 年版。

[44] 赵曙明、冯芷艳、刘洪：《人力资源管理研究的新进展》，南京大学出版社 2002 年版。

[45] 赵曙明：《国际企业：人力资源管理》，南京大学出版社 2010 年版。

[46] 谢晋宇、吴国存、李新建：《企业人力资源开发与管理创新》，经济管理出版社 2000 年版。

[47] 彼得 · 圣吉：《第五项修炼：学习型组织的艺术与实践》，张成林译，中信出版社 2009 年版。

[48] 章海容：《论企业人力资源的跨文化管理》，《贵州财经学院学报》2002 年第 5 期。

[49] 赵曙明、彼得 · J. 道林、丹尼斯 · E. 韦尔奇：《跨国公司人力资源管理》，中国人民大学出版社 2001 年版。

[50] 谢光亚、郭松玲：《中外合资企业跨文化管理模式研究》，《经济问题探索》2007 年第 11 期。

[51] 刘光明：《企业文化》，经济管理出版社 2006 年版。

[52] 卢森斯、霍杰茨等：《跨文化沟通与管理》，人民邮电出版社 2008

年版。

[53] 菲利普·R. 哈里斯、罗伯特·T. 莫兰:《跨文化管理教程》,关士杰译,新华出版社2002年版。

[54] G. Hofstede. "Culture ' s Consequences – International Differences in Work – Related Values", Beverly Hills, C. A. Sage, 1980.

[55] Ma. Evelina Ascalon, Deidra J. Schleicher, Marise Ph. Born. "Cross – cultural social intelligence: An assessment for employees working in cross – national contexts". Cross Cultural Management: An International Journal. 2008 (02).

[56] V. V. Ramanadham. "Joint Venture and Public Enterprise in Developing Countries".

[57] Alan Fish, Ramudu Bhanugopan, Julie Cogin. "Value orientations as predictors of cultural and business impact: Individual suitability for cross – border assignments". Cross Cultural Management: An International Journal. 2008 (01).

[58] Rodrigue Fontaine. "Cross – cultural management: six perspectives". Cross Cultural Management: An International Journal. 2007 (02).

[59] Yuka Fujimoto, Nasya Bahfen, Jan Fermelis, Charmine E. J. Härtel. "The global village: online cross – cultural communication and HRM". Cross Cultural Management: An International Journal. 2007 (01).

[60] Keyong Dong, Ying Liu. Cross – cultural management in China. Cross Cultural Management: An International Journal. 2010 (03).

[61] Cristiano C and Rino F. "Trust and control: a dialectic link". Applied Artificial Intelligence, 2000 (14).

[62] Balbir B. Bhasin. "Succeeding in China: cultural adjustments for Indian businesses". Cross Cultural Management: An International Journal. 2007 (01).

[63] Suku Bhaskaran, Nishal Sukumaran. "National culture, business culture and management practices: consequential relationships?". Cross Cultural Management: An International Journal. 2007 (01).

[64] Yue Pan, Xuebao Song, Ayalla Goldschmidt, Warren French. "A cross – cultural investigation of work values among young executives in China and the USA". Cross Cultural Management: An International Journal. 2010 (03).

[65] Toke Bjerregaard, Jakob Lauring, Anders Klitm? ller. "A critical analysis of intercultural communication research in cross – cultural management: Introducing newer developments in anthropology". Critical perspectives on international business. 2009 (03)

[66] Jane Terpstra – Tong, "Moving Toward a Global Understanding of Upward Influence Strategies: An Asian Perspective with Directions for Cross – Cultural Research". 2002.

[67] Ronald J. Burke. "Workplace stress and well – being across cultures: research and practice". Cross Cultural Management: An International Journal. 2010 (01).

[68] Luo Yadong. "Strategic Response to a Volatile Environment: The Case of Cross – Cultural Cooperative Ventures". 2001.

[69] Yingying Zhang, Simon Dolan, Yu Zhou. "Management by values: A theoretical proposal for strategic human resource management in China". Chinese Management Studies. 2009 (04).

[70] Nancy J. "Adler, International Dimensions of Organizational Behavior". McGill University. 2002.

[71] Robert Day. "Developing the multi – cultural organisation: managing diversity or understanding differences?". Industrial and Commercial Training. 2007 (04).

[72] S. C. Schneider. "Managing Across Culutres". Prentice Hall Europe. 2001.